LOCUS

LOCUS

from
vision

from 145

甘迺迪：美國願景
JFK : A Vision for America

編者：史蒂芬‧甘迺迪‧史密斯 Stephen Kennedy Smith、
　　　道格拉斯‧布林克利 Douglas Brinkley
審訂：尹麗喬 George Yin
譯者：尚和平
編輯：李清瑞
封面設計、內頁排版：簡廷昇

出版者｜大塊文化出版股份有限公司
105022 台北市南京東路四段 25 號 11 樓
www.locuspublishing.com
電子信箱｜locus@locuspublishing.com
服務專線｜0800-006-689
電話｜（02）8712-3898
傳真｜（02）8712-3897
郵撥帳號｜1895-5675 戶名｜大塊文化出版股份有限公司

法律顧問｜董安丹律師、顧慕堯律師
版權所有 翻印必究

總經銷｜大和書報圖書股份有限公司
地址｜新北市新莊區五工五路 2 號
電話｜（02）8990-2588

初版一刷｜2023 年 5 月
定價｜新台幣 880 元
ISBN：978-626-7206-90-4

甘迺迪：美國願景/史蒂芬.甘迺迪.史密斯
(Stephen Kennedy Smith), 道格拉斯.布林克
利(Douglas Brinkley)編；尚和平譯. -- 初版. --
臺北市：大塊文化出版股份有限公司, 2023.05
　　面；　　公分. -- (from ; 145)
譯自：JFK : a vision for America
ISBN 978-626-7206-90-4(平裝).

1.CST: 甘迺迪(Kennedy, John F. (John
Fitzgerald), 1917-1963.) 2.CST: 元首 3.CST:
傳記 4.CST: 美國

785.28　　　　　　　　　　　112002974

# 甘迺迪：美國願景

## JFK : A VISION FOR AMERICA

史蒂芬・甘迺迪・史密斯
Stephen Kennedy Smith

道格拉斯・布林克利
Douglas Brinkley

編

尹麗喬
George Yin

審訂

尚和平

譯

致希望，
直到希望在殘骸中涅槃重生，
創出心之所向。

——雪萊（Percy Bysshe Shelley），《解放了的普羅米修士》（Prometheus Unbound）

這是一本記錄甘迺迪總統傳奇一生和思想的專書，在他逝世六十週年之際出版，以茲紀念。甘迺迪一如偉大的中國思想家老子，能夠理解世間的複雜運作，進而體察人性本質與政治真理。愛爾蘭裔美國作家史考特・費茲傑羅（Scott Fitzgerald）曾寫道：「只有一流的智者，才有可能在腦中存有兩個對立想法的同時，還能夠持續運作。舉例而言，這樣的智者在看出很多事已然無望的同時，仍能下定決心化不可能為可能。」

甘迺迪總統曾在第二次世界大戰中受傷但生還。之後他參加過聯合國成立大會，並在一九六二年古巴飛彈危機期間，巧妙而驚險地避免了美國與蘇聯之間的毀滅性核戰——那是讓世界最接近徹底毀滅的一次危機。

由於經歷了這些事件以及一生不間斷的病痛，甘迺迪一方面對生命的絕望和困難有深刻的理解，另一方面又成為堅定的樂觀主義者。他堅信「在人類命運的問題上，沒有什麼是人力所不能及。人類的理性與意志曾經解決許多看似無法解決的問題，我們相信人類可以再次克服一切。」

我們所處的當下，可說是自韓戰以來中美關係最緊張的時期。此刻，我們可以回顧甘迺迪總統任內發生的古巴飛彈危機；那是歷史上最近一次領導人一同安然度過對峙、危險和困難的時刻，並於危機之後制定了大國競逐的護欄及維護世界和平的基本準則，裁減核武，並最終促成遏阻核武擴散的《赫爾辛基協定》（Helsinki Accords）。真正的領導人不只需要傾聽，也需要卓越的溝通能力。危機期間，甘迺迪與蘇聯保持正式和祕密的溝通管道，敦促美國人民不要理會蘇聯充滿挑釁意味的宣傳，籲請大家一同體察「即使是蘇聯人也可能有合理的擔憂」。危機過後，他在美利堅大學（American University）發表著名演講——後來被列入二十世紀十大演講——對蘇聯喊話，「歸根結柢，我們生活在同一個星球上。我們呼吸著同樣的空氣。我們都珍視子女的未來。我們都是凡人。」

如果說甘迺迪是一個理想主義者，那麼他應該正如自己的描述，是「一個沒有幻想的理想主義者」。他明白「沒有一個國家有足夠的能力或智慧，可以解決世界上所有的問題」。同時他也能夠務實面對人類的本質，

封面圖
麻薩諸塞州參議員約翰・甘迺迪，一九五七年。／攝影：菲力浦・哈爾斯曼（Philippe Halsman）

左圖
甘迺迪參議員的私人飛機「卡洛琳號」（Caroline），飛機以其女兒的名字命名，由老約瑟夫・甘迺迪（Joseph Kennedy Sr.）於一九六〇年競選期間購置。甘迺迪家族的龐大資源使甘迺迪參議員在競選總統之路上獨具優勢。／攝影：雅克・洛（Jacques Lowe）

如果他還在世，或許不會對這個不幸的事實感到驚訝——儘管已經來到二十一世紀，我們仍然面對如二戰一般的慘烈衝突（俄烏戰爭）以及新冷戰的蓄勢待發。和二十世紀中期相比，今日儘管國際合作有長足的進展，科技發展迅速，但全世界對於如何理解和處理國家、民族和政治陣營之間的對抗，改善幅度並不符合我們的期待。

甘迺迪總統是一位理想主義者，他相信和平，並為和平奮鬥。但他也是一位現實主義者，認為沒有堅強的軍事防禦就無法確保和平，相信「所有國家的自由與平等」都值得吾人支持。如果甘迺迪總統今天在這裡，他可能會提醒我們：「在漫長的世界歷史中，只有幾代人有這樣的機會，在最危險時刻挺身捍衛自由。」正如他在就職演說中所說：「現在，號角再次響起，在召喚我們——不是要我們拿起武器，儘管我們需要武器；不是要我們戰鬥，儘管我們嚴陣以待——而是召喚我們承擔重任，在漫漫長夜中繼續奮鬥，年復一年，『在希望中歡欣鼓舞，在磨難中保持耐心』——對抗人類共同的敵人：暴政、貧困、疾病和戰爭本身。」

今日，中美關係日益緊張，臺灣不無可能成為下一個戰場。我的朋友 Bill Wang 和尹麗喬（George Yin）博士策畫並推動了這本《甘迺迪：美國願景》中文版的出版。本書反映了甘迺迪總統對美國及世界公共議題的思考，我希望它能激勵中文世界的眾多「仁者」利用中國古代的深厚智慧，與美國及世界各地熱愛和平的人一起，站在人類新文明的最前線，重新思考並找到東方與西方和平共處的方式。大國競逐之餘，我們不應忘記老子的名言：「我有三寶，持而保之。一曰慈，二曰儉，三曰不敢為天下先。……善為士者，不武；善戰者，不怒；善勝敵者，不與；善用人者，為之下。是謂不爭之德，是謂用人之力，是謂配天古之極。」

當然，追求和平並不像出版一本書那麼容易，儘管這本書的出版需要傑出的出版社和我臺灣的朋友們付出巨大的努力。我要感謝他們，特別是尹麗喬博士的費心辛勞。我對尹博士要致上我最深的感謝，處理本書的籌備、發想及審訂。

追求和平要願景、智慧和勇氣。我們選擇追求和平，並不是因為它很容易，而是因為它很困難。

親愛的中文世界讀者，讓我們採取行動。

願和平永遠與我們同在。

謹將這篇拙文和這本書，作為我舅舅逝世六十週年的紀念。

過去的英勇事蹟能夠給人以教誨，給人以希望，給人以激勵。但這些事蹟本身不能給人以勇氣。想要獲得勇氣，每個人都應該審視自己的靈魂。

——約翰·甘迺迪，《當仁不讓》（Profiles in Courage）

序
第十四世達賴喇嘛

　　一九六〇年十二月二十九日，美國大選後不久，我向當選總統的甘迺迪發出了賀電。作為一名剛抵達印度的難民，我所關注的是是否能確保像我一樣流亡海外的數萬藏人的福祉，及如何保護留在西藏的人的生命、文化和身分等這些緊迫的問題。

　　我回憶起在大選的前幾週，當時的總統候選人甘迺迪曾在大休士頓牧師聯合會上發表演講。在演說中，他試圖減輕人們的疑慮——因為他身為一名天主教徒，某種程度上來說似乎被認為無法公正履行總統職務。他毫不浪費時間捍衛自己的宗教信仰，他認為這是私事，他更感興趣的是關於如何戰勝貧困。當他說「戰爭、饑餓、無知和絕望，這些問題無關宗教」時，也同時表示他認為作為人類，誰都不想遭遇到這些我們有權克服的問題。

　　五十多年前，甘迺迪在還是參議員時曾說，身為一個候選人，比起他所屬的教會，對他來說更重要的是他所信仰的美國願景。借著這句話，我們可以問問自己，我們所信仰的世界願景為何，然後再尋找如何共同努力實現這理想世界的方法。他昔日的演說中提到的許多問題仍然存在。今天世界上還是有太多的人飽受戰爭、饑餓、無知和絕望的折磨。僅是美好的祝福和祈禱並不能幫助他們，我們需要採取實際的作為來終結衝突，保障人們的生活福祉，促進並改善教育。

　　甘迺迪總統期待著一個沒有宗教衝突、不論任何信仰的人都將受到平等對待和尊重的未來。時至今日，這仍是一個至關重要的問題，而我相信，如果不同信仰的人能夠更好地瞭解彼此，認同和理解世界上所有主要宗教都是以宣揚愛、和平與同情為共同理念，我們便能實現甘迺迪以上的

願景。

甘迺迪認為，總統和任何政治領導人的宗教觀點都屬個人私事。重要的是，在他或她的公共行為中應該對所有人負責，而不是對任何特定群體或宗教信仰負責。他呼籲人們以此方式來檢視政治人物，根據他們的政治軌跡以及所做過的事，而不是根據其信仰來評價他們。甘迺迪參議員自敘為民主黨總統候選人，只是恰好是天主教徒。他誠實而明確地闡述了個人信念的優先順序。

甘迺迪明確表示，美國是一個政教分離的國家。他這是在遵循美國開國元勳的精神。而在我的家鄉西藏有一個悠久的傳統。在這個傳統中，宗教和世俗事務 ── 寺院和國家 ── 攜手合作。在我還是個孩子時，我越來越意識到這種狀況的弊端。我瞭解到我的上一輩 ── 第十三世達賴喇嘛 ── 改革教育、政府和國際關係的努力是如何被既得利益者所阻礙。我也曾試圖推行社會和經濟改革，但由於受到中國共產黨的干涉而無法實現深遠的變革。而在那之後，更激烈的事件發生了。

在流亡期間 ── 約是一九六三年時 ── 我們起草了一部西藏新憲法，引入了民主代表制。在運行推動了一段時間後，領導階層於二〇〇一年透過直接選舉產生，我則半退出了政治舞台。二〇一一年，我將政權完全移交給民選的領導階層。我不僅退休了，還終結了達賴喇嘛在擔任宗教領袖之餘，同時擔任西藏政治領導人的傳統。我是自願、快樂和自豪地這樣做的。我相信未來的西藏將政教分離；精神信仰是西藏人民個人的事，但西藏領導人需對投票給他們的人負責。

時至今日，在大休士頓牧師聯合會演講首次發表半個多世紀後，再有機會讀到這篇講稿，讓我回想起甘迺迪先生在參選總統時所帶來的坦率和奉獻精神，這不僅激勵了美國人民，也為世界各地的人們帶來希望。今天，我們迫切需要重新點燃希望。將甘迺迪過往重要演講彙集在一起編成專書，以慶祝他誕辰一百週年[1]，相信是朝著這個方向邁出的一步。

我和我的人民一同祈禱，不僅是美國，整個世界都能夠從……自由、和平、繁榮和幸福的偉大任務中受益。

── 第十四世達賴喇嘛，
致甘迺迪賀電，
一九六〇年十二月二十九日

右圖
一九六三年，甘迺迪任職最後一百天期間的某次記者招待會，甘迺迪總統鼓勵民眾支持即將簽署的禁止核子試驗條約。／攝影者不明

1 本書原文版出版於二〇一七年，適逢甘迺迪一百週年誕辰。

重讀偉人，會發現我們無需成為自己所認定環境的被動
受害者……但是，通過文字與偉人連通，我們可以更好
地釋放自我，成為心中所希冀、所仰慕的自己。

——貝特（Walter Jackson Bate），《過去的負擔》（The Burden of the Past）

# 目錄
## CONTENTS

我不想乘坐任何
跑不快的船；因
為我要走一條危
險之路。

—— 約翰 · 瓊斯
(John Paul Jones)，
摘自《傑克喜愛的名言》

　　像林肯一樣，甘迺迪的言語睿智，充滿自嘲。有一次他說：「當我
成為總統時，唯一讓我驚訝的是，事情跟我們之前說過的一樣糟。」有
時，他故意打破政治上的左右派之分：任命共和黨人進入他的內閣，承認
自己的錯誤，在冷戰高峰期主動向蘇聯提出和平倡議。從這個意義上說，
甘迺迪的哲學價值就是是反對自我宣傳、分裂社會的詭辯、僵化的意識形
態以及用冰冷的社會類別來定義個人的自我意識。一九六〇年，甘迺迪接
受民主黨提名時，發表了著名的〈新邊疆〉（New Frontier）演講。演
說中他描述了一個強大而充滿活力的總統，以及一個決心實現宏偉意圖的
政府。他讀過歷史學家施萊辛格（Arthur Schlesinger Jr.）在一九四九
年出版的名作《關鍵抉擇》（The Vital Center）。此書假定資本主義和
科技已經使公民失去歸屬。為了維護個人和社會之間適當的平衡，很有
必要恢復老羅斯福（Theodore Roosevelt）總統和小羅斯福（Franklin
Roosevelt）總統所實踐之以人為本，而不是以資本為本的自由主義。甘
迺迪對此表示贊同。他認為政府需要積極推動有益於普通公民的政治和社
會措施。他同時也認為政府應保護人民利益不受市場經濟的無序擴張損
害。在這個意義上，甘迺迪是典型的自由主義者。在與鋼鐵公司的對峙中，
他向美國人民展示了自己的言行一致，最終，那些鋼鐵公司做出讓步。「我
父親經常對我說，商人都是混蛋。」他事後開玩笑說，這絕對是老約瑟夫 ·
甘迺迪的說話風格。同時他也有一些大膽的新舉措，很多在後來都取得了
豐碩的成果。他成功地平衡了聯邦預算，並減稅，如果有人說政府不可能
有效地保護公眾利益，甘迺迪可能會十分惱怒。

　　托克維爾（Alexis de Tocqueville）曾寫道，歐洲的愛國主義根植
於古老的習俗，而美國人民「對共和國的熱愛」則隨著「公民權利的實踐」

上圖
一九六二年八月，甘迺迪在緬因州
泛舟，沉浸在詩歌中。「他走路時
在讀，書桌前在讀，吃飯時在讀，
吃完飯還在讀，他甚至在浴盆裡也
讀，」賈姬回憶道，「他一直都在
讀詩。」／攝影：愛德華 · 馬斯基
（Edward Muskie）

右圖
一九六〇年，在甘迺迪家的遊艇
「馬琳號」（Marlin）上。甘迺迪
寫道：「我一到海恩尼斯港就恢復
了活力，航行讓我再一次感受到大
海的力量，以及主宰它和我們所有
人的主。」／攝影：保羅 · 舒策

MARLIN

HYANNISPORT

而增長。他的意思是，通過公民參與，可以提高民眾對國家福祉的關注。而通過平等的法律，保證每個人都受到保護，可使每個人都不得不關注國家這個大群體的命運。但是甘迺迪深知，美國的成功不僅僅仰賴於公民權利以及公民參與，同樣也仰賴於愛國主義的儀式感和「公民宗教」中的共同神話與象徵。甘迺迪的祖先因饑荒逃離了愛爾蘭，成功地在波士頓開始了新的生活，建構了自己的「美國神話」。這在一定程度上解釋了他深沉的愛國主義情結。但是「美國神話」中有各種各樣的使徒，有時為了遵循自己的信仰而藐視公共輿論。甘迺迪對此雖然持有懷疑態度，還是在《當仁不讓》中對他們進行了生動的刻畫，展現了他複雜的愛國主義情懷。

今天，建設有為的聯邦政府這一觀念不斷遭受攻擊。有見識的政治論述經常被新聞摘要、推特文化、娛樂新聞和膚淺的言論所淹沒。美國的政治版圖已變得支離破碎。市場價值似乎比公民價值更為重要，而科技與房地產界的巨頭們則成為我們生活中的英雄。

德爾班科援引伯里克里斯的話說：「當一個人到了風燭殘年時，他最後的樂趣不是賺錢，而是贏得自己同胞的尊重……」他寫道：「如果沒有建立在服務，且不是利益這個原則上的社會架構，『好社會』是不會存在的。……今天，希望已經日益渺茫，只能靠個體孤軍奮戰……現代人已經切身感覺到自己與本真的脫節，因而試圖用故作姿態和競相自我展示來加以彌補。」在這個追求利益和自我實現的時代，甘迺迪的演說觸碰到了我們最基本的、但被忽視的集體道德意識和傳統，及一個更完美的聯邦。

甘迺迪明白，種族不平等帶來的分裂會妨礙美國對共同目標的追求。因而，他不惜以自己的民意基礎為代價，挑戰種族歧視。當他對全國人民發表賦予少數族裔更多權利之急迫性的演講後，他的支持率從百分之六十降到百分之四十四。但也正是因為他那振奮人心的演講和行動，二十世紀六〇年代早期的美國，儘管面臨挑戰，仍然極好地體現了美國人對犧牲小我、共同努力和追求一致目標的信念。雖然甘迺迪在職僅僅三年，但他改變了我們對美國的感受，及我們與世界的關係。

這就是為什麼我們要在甘迺迪總統誕辰一百週年之際，將他偉大的演說結集成冊，並邀請卓越的思想家對這些演講的影響力和恆久的意義進行評論。儘管很多人都熟悉他迷人的鏡頭形象和充滿魅力的個人風格，但很少有人熟悉甘迺迪見解的廣博與深度，或者他的道德和文化視野如何影響了我們對當代美國社會及美國國際地位的認知。甘迺迪總統英年早逝，沒能有機會撰寫自傳，但這些演說包含了他思想的主體。我們從中可以看出

拯救一個文明，
是教育和災難之
間的一場競賽。

—— 韋伯斯特，
摘自《傑克喜愛的名言》

他如何看待人生，如美國人民對自己國家的憧憬。我們希望，閱讀這些文
字，美國人能重溫仍然蘊藏在我們內心的能量。

　　從很多方面看，二十世紀六○年代以及甘迺迪的總統任期是當代美國
的萌芽時期。電視政治、藝術投資、民主權利、報酬平等、醫療保險、移
民法案、環保運動、太空探索、網際網路、全球定位系統和太陽能電池板
——所有這些都是在甘迺迪政府時期孕育並啟動的。或許，甘迺迪是第一
位預見到全球化的總統。他不僅將美國視為一個國際大國，也把美國視作
地球村的一員。他現在仍是國際認可的一位象徵性人物，代表著美國特色
中最優秀及最有普世意義的元素。

　　也許最值得稱道的是，約翰·甘迺迪自我反思的能力遠超過我們對一
般政治家的期待。他的做法就是——全力以赴，接受結果。對自己的生命，
他內心淡定，這也跟他多次生病住院有關，或是與他在太平洋戰爭期間與
死亡擦肩而過的經歷相關。他的顧問施萊辛格曾斷言，甘迺迪已經「解決
了他的自我認同問題。長期的疾病之苦使他的內心在一定程度上變得更為
堅定」。

　　甘迺迪也是一位目光敏銳的現實主義者。在公眾記憶中，他是一位塑
造媒體形象的大師，同時也是一位在政治遊戲中從未失去自己道德理想的
政治家。他肯定知道，自己的一些大膽計畫可能遭遇挫折或無法實現，但
他仍然堅持說：「讓我們動手吧。」當被問到如何被世人記住時，甘迺迪

答道：「作一個沒有幻想的理想主義者。」

今天，不同的宗教、部族、民族和種族群體之間的矛盾日益增長，甘迺迪當年所提出「世界一家」的全球共同體的遠景，是本於和平共處、思想言論自由、社會與經濟發展機遇、參與式治國理念以及國際合作制度。這些遠景似乎有些可望不可即，但是我們還有更好的選擇嗎？在我們這個全球化迅速發展的時代，他對美國民眾的呼籲似乎比任何時候都更加令人嘆服。我於二〇一六年總統競選塵埃落定時開始本書的編撰。當我讀到我舅舅給弗羅斯特（Robert Frost）[4]的頌詞——〈詩與力量〉（Poetry and Power）時，我開始相信，他的理念在當今比任何時候都更加有意義。同時，我也切實感受到他的先見之明，認為美國的作家、藝術家和公民，可以跟我們的政治家們一道，為拯救我們的國家做出自己的貢獻。本著這種精神，我將此書視作一次對話——與藝術家、作家、記者、歷史學家和領導人的一場對話，他們是我們這個時代「最優秀、最智慧」的群體，他們中的一些人還是歷史的見證者，他們在過去和現在都見證了我舅舅的觀念的意義。我們希望，這些演講以及甘迺迪的雄辯、歷史使命感、對道德行為和共同努力的呼籲，將樹立一個有思想之領導者的典範，並提醒我們不能忘記我們思辯及合作的潛能。

達萊克（Robert Dallek）[5]和索倫森（Ted Sorensen）[6]曾編撰過一本甘迺迪演講集，該書內容全面，編纂出色，本書無意對其取而代之。由於篇幅所限，我們不得不壓縮或省略一些重要的演講。此舉並非要降低由索倫森、施萊辛格和古德溫（Richard Goodwin）組成的甘迺迪演講撰稿團隊的貢獻。沒有哪位總統能夠寫下他演講中的每一個詞。不過，用索倫森的話說：「約翰·甘迺迪確實是他的演講和文章的真正作者。它們呈現了他的理想和理念、他的決策和政策、他的歷史和政治見識。對每一份重要的演講稿，他都發揮著積極的作用，選擇演講主題和主旨，如何論證和總結。……更重要的是，是他決定每個重要演講中的核心……這些核心反映著美國歷史的折轉點。而他要為這些歷史負責。」

無論是在美國，還是在世界範圍內，我舅舅的個人故事和傳說仍然可以引起很大的心理共鳴。斯人已逝，但是他語言的力量和思想的品質仍被廣為稱頌。這些思想就是一本公民生存手冊，它們來自甘迺迪所生活在的那個「亂世」之中。

上圖
一九六二年四月，在為諾貝爾獎得主舉行的白宮慶祝晚宴上，甘迺迪夫婦對藝術與科學的貢獻得到讚揚。詩人弗羅斯特作為榮譽嘉賓出席。／攝影：阿特·瑞克貝（Art Rickerby）

右圖
一九六〇年六月，甘迺迪接受民主黨提名後，回到麻薩諸塞州家中。／攝影：保羅·舒策

4 弗羅斯特（1874-1963），詩人，曾四次贏得普利茲獎。
5 達萊克（1934- ），歷史學家，專門研究美國歷任總統。
6 索倫森（1928-2010），作家，著名的演講稿撰稿人。美國總統約翰·甘迺迪的主要演講稿撰稿人，在甘迺迪去世後出版回憶錄《甘迺迪》（Kennedy）。

# 喜劇世界觀

## 康納・歐布萊恩談甘迺迪的幽默

康納・歐布萊恩（Conan O'Brien），喜劇作家、製片人和深夜談話節目的主持人。他是愛爾蘭裔天主教徒，在麻薩諸塞州的布魯克林長大，畢業於哈佛大學。

很遺憾，我不是歷史學家；比起本書其他撰稿人，我也沒有太多閃耀的資歷。這只能怪我的父母——倒不是因為他們做錯了什麼，而是因為他們不是這本書的一部分，可能沒有人搭理我的這一控訴。不管怎樣，關於甘迺迪總統，我可能還是有些話可說。我一生的大部分時間都在思考一個問題——是什麼讓一個人風趣，真正的風趣。在過去的二十三年裡，我採訪了數以千計的人，經常一晚上就採訪數人，目的就是發掘他們與生俱來的幽默感。因而，我自認為對這個問題已經有了一定的瞭解。有些人通過學習和練習造就了自己的機智。這樣的人，從本質上說，是表演者；另一種人是與生俱來就以諷刺的眼光來看待這個世界。對這兩者的區別，我已經了然於心。我一生愛好喜劇和美國歷史，也認真地思考過誰是美國歷史上真正風趣的總統。我想，就這個問題，我們已經達成共識，這一稱號非這兩位總統莫屬：林肯和甘迺迪。

每當滾石公布年度「最佳吉他獨奏」排行榜時，勢必會引起各種爭議，把我們的最高領導人進行風趣榜排名勢必也會引起熱議，所以我們必須要措辭清晰。沒錯，我們有一些總統很擅長演講，甚至是出色的喜劇表演者。雷根（Ronald Reagan）總統天生就會講故事，他的腦子裝滿了好萊塢逸聞趣事，而且他總能自如地把握好時間節點，這是他作為演員的一種天賦。小羅斯福亦極具魅力，在進行全國講話或與媒體交談時，他總是親切而幽默。杜魯門的趣聞軼事也不少，他的風趣簡潔明快，充滿中西部風情，看杜魯門模仿全國廣播公司（NBC）電臺明星卡滕伯恩（H. V. Kaltenborn）的著名片段，就像是在俱樂部裡觀賞經驗豐富的喜劇大咖的表演。當然，歐巴馬（Barack Obama）總統在過去八年的白宮記者協會年度晚宴上的表現證明，他也有絕佳的演講風格和嫻熟的時機掌控能力。在華盛頓希爾頓酒店的最後表演中，歐巴馬很搞笑地扔掉手中的麥克

上頁圖
一九五八年三月二十五日，喬治城，甘迺迪與四個月大的女兒卡洛琳・甘迺迪（Caroline Bouvier Kennedy）。／攝影：埃德・克拉克（Ed Clark）

左圖
一九六三年十月，小約翰在橢圓形辦公室。這樣的照片吸引了整個國家的關注，大家還不習慣在白宮裡看到孩子。／攝影：史丹利・特里蒂克

風。我是真心同情這位總統還得要把麥克風給撿起來。

然而，能引起我共鳴的幽默，與此不同，也更難以用言語表達清楚。我所說的幽默感，源於悲劇和歷經風雨之後的信念，那就是——人類，以及我們所塑造的世界，有著深層的缺陷和顯而易見的荒謬。看清楚這一點需要一種自我反省式的幽默：當攝影機停止轉動，當世界和公眾都安靜下來的時候，這種幽默也不會消失。最重要的是，它不是本於表演或趣聞的幽默，而是一種喜劇世界觀。對我來說，最風趣的人總是那些能在內心深處看到這個世界瘋狂性的人。這是約瑟夫·海勒（Joseph Heller）[7]、馮內果（Kurt Vonnegut）[8]或馬克·吐溫（Mark Twain）[9]的悲喜劇式幽默。如果一個人認為我們在地球上的生活既無比美麗而又無比淒慘，那麼他就需要這種幽默來容納這兩種截然不同的觀點。這就是約翰·甘迺迪的幽默。

跟林肯一樣，甘迺迪的幽默也被很好地記錄了下來。甘迺迪並不是即興表現，他以超然的冷靜和諷刺，故事脫口而出，他的才能有完美的展現平臺，那就是總統記者招待會。當有記者告訴他，共和黨全國委員會通過一項決議，認為這一屆的總統「很失敗」時，甘迺迪答道：「我估計這肯定是全票通過。」當被問及他如何看待自上任以來的新聞報導時，他說：「嗯⋯⋯我看得比以前多了，但是卻覺得沒有以前有趣了。」無論口頭上還是書面上，他言語睿智，卻暗含諷刺，偶爾還有一點自嘲。一位對他毫無幫助的熟人請他在親筆簽名照片上題詞，甘迺迪寫道：「現在請你在下次大選中支持我為時尚早，如果要表達對你過去支持的感謝，又不太客觀。」當他看到新出生的侄子的照片時，他說：「他看起來像個好孩子——但我們未來才會知道。」甘迺迪的喜劇風格自然、即興、簡短而不動聲色。像林肯一樣，甘迺迪的佳句簡短而敏銳。一個孩子問他關於他成為戰爭英雄的經歷，他的回答完美地體現著這位總統的風格：「我是被迫的——他們把我的船炸沉了。」 這是他最為著名的即興妙語。

這種深刻歷練而又尖酸的機智從何而來？

在最近三十多年裡，我們對甘迺迪的病痛才有所瞭解，他終身都在與病痛抗爭。我對甘迺迪越是瞭解，就越是相信，他的幽默感、他的陰沉而略帶偏見的世界觀，很可能是由此塑造而成的。甘迺迪在童年時期便與愛迪生氏病[10]奮戰，早期經歷了無休止的治療，這些都記錄在他寫給好友的信中，諸如給比林斯（Lem Billings）的信件。年輕的甘迺迪很長一段時間只能待在醫院，歷經了無數次痛苦的治療，但他在信中並沒有自怨自

世上確鑿之事有三：上帝、人類的愚昧和笑聲。前兩個超出了我們的理解力，所以我們要盡可能做到第三個。

—— 甘迺迪總統喜歡引用的句子，
出自梅農（Aubery Menen）
《羅摩傳》（The Ramayana）

7 約瑟夫·海勒（1923-1999），美國小說家、劇作家。代表作《第二十二條軍規》（Catch-22）是諷刺文學的經典之作。
8 馮內果（1922-2007），美國作家。代表作有《第五號屠宰場》（Slaughterhouse-Five）等。
9 馬克·吐溫（1835-1910），美國小說家、作家。代表作有《湯姆歷險記》（The Adventures of Tom Sawyer）等。
10 愛迪生氏病，又稱為原發性腎上腺機能不全，常因結核及自身免疫性病變引起腎上腺萎縮，導致慢性腎上腺皮質功能減退的疾病。主要表現為疲乏無力、食欲不振、噁心、嘔吐、血壓偏低等。

艾，只是以甘迺迪式的黑色幽默進行了描述。

「昨天瞅了一眼病例，我就看出來了，他們正在腦子裡為我量身訂製棺材呢。」甘迺迪在二十世紀三〇年代給朋友的信中寫道，「吃好、喝好、玩好，說不定是明天，或者下週，我們就要一起參加我的葬禮了。」有一次他測量完胃酸值後寫道：「胃酸值到了一千五百就會死人，他們叫我『還差兩千的甘迺迪』。」（他入院時的胃酸值是六千，三週後降至三千五百。）我認為，甘迺迪明白他的醫生不知道該怎麼診治他。後來，他參軍入伍，在作戰時，他的魚雷艇遭到轟炸而擱淺所羅門群島，在等待救援時，甘迺迪又親身體會到，他所服役的軍隊也不太清楚自己在做什麼。這是艱難的一課。豬玀灣事件（Bay of Pigs invasion）[11] 的失敗使他又痛苦地再次體驗這一點。儘管手握大權，甘迺迪還是清楚地知道，很少有什麼能夠正常運轉，五角大樓和他自己的身體都一樣。

甘迺迪喜歡開盛大莊嚴場面的玩笑，甚至在他宣誓就職之時也沒有差別，那可謂是他此生中最莊重的時刻，他依然如此。他向蒂普・奧尼爾（Tip O'Neill）吐露，在那個歷史性的時刻，他看到臭名昭著、專愛鑽營的波士頓商人喬治・卡拉（George Kara）坐在前排中間：「蒂普，你永遠都不會相信，我左手放在《聖經》上，右手舉起，正要宣誓就職時，我對自己說，卡拉究竟是怎麼弄到那個座位的？」

最後，甘迺迪所成長的那個世界，我還真是有一點瞭解──他成長於一個愛爾蘭天主教大家庭，這樣的家庭生活就像一部滑稽劇，包含了各種荒謬的矛盾衝突。年輕的甘迺迪常被同齡人取笑為吉星高照之人。他一個哥哥和一個妹妹英年早逝，並得眼看著另外一個妹妹精神失常被送進精神病醫院。與林肯總統一樣，甘迺迪沉重而尖銳的機智，也許是他最好的生存機制。

甘迺迪曾經送給朋友一個碗，並在上面題詞：「世上確鑿之事有三：上帝、人類的愚昧和笑聲。前兩個超出了我們的理解力，所以我們要盡可能做到第三個。」甘迺迪的言語中，這是我最喜歡的一段。在我看來，這段話體現了他的本質。我相信，他清楚地看到周圍的人、他所服務的體制和他自己身上的缺陷。面對生命的荒謬及不盡人意，他的苦笑，他平淡、從容而冷靜的態度，使他變風趣。這不是練出來的，而是骨子裡的一種幽默。

左圖
一九六三年，海恩尼斯港，卡洛琳在萬聖節帶著甘迺迪面具玩耍。／攝影者不明

上圖
一九六〇年十一月十日，在洛杉磯的好萊塢與藤街街角處，甘迺迪的支持者向尼克森（Richard Nixon）的假人選民臉上砸蛋糕。／攝影者不明

11 豬玀灣事件，又稱吉隆灘戰役。一九六一年四月十七日，美國協助一千餘名古巴流亡分子組成的雇傭軍在古巴南部豬玀灣附近的吉隆灘登陸，試圖推翻卡斯楚（Fidel Castro）領導的古巴革命政府，行動以失敗告終。

# THE MAKING OF JFK
# 甘迺迪的成長
## 1906-1945

1

第一章

# 1906 ╫ 1945

1906　被稱為「甜心菲茨」（Honey Fitz）的約翰·費茲傑羅（John Fitzgerald）當選波士頓市長。

1914.10.7　派翠克·甘迺迪（Patrick Kennedy）的長子老約瑟夫·甘迺迪迎娶波士頓市長「甜心菲茨」的長女羅絲·費茲傑羅（Rose Fitzgerald），兩個卓越的政治家族（也是前對手）聯姻。

1917.5.29　約翰·甘迺迪出生在麻薩諸塞州布魯克林區，在甘迺迪家族的九個孩子中排行第二。

1917.6.19　約翰·甘迺迪在聖艾丹羅馬天主教堂受洗禮。

1918.11.11　第一次世界大戰結束。

1919 春　甘迺迪三歲生日前不久，染上猩紅熱，住院兩個月。

1919.10.28　國會通過全國禁酒令——推翻了威爾遜（Woodrow Wilson）總統的否決——禁止售賣烈酒，導致全國各地黑酒吧激增。

1920.8.26　給予婦女投票權的《第十九修正案》（The 19th Amendment）正式寫入《美國憲法》。

1926 夏　老約瑟夫租下了位於麻薩諸塞州科德角的海恩尼斯港，這裡後來成為全家人消暑的住所。

1929.7.28　賈桂琳·布維爾（Jacqueline Bouvier）出生於紐約州南安普頓。她是股票經紀人約翰·布維爾三世（John Bouvier III）和社交名媛珍妮特·布維爾（Janet Bouvier）的長女。

1929.10.29　黑色星期二，華爾街崩盤，引發了美國經濟大蕭條（Great Depression），持續了十年。

1930–1931　「傑克」·甘迺迪進入坎特伯雷中學，後因患闌尾炎退學。這是一所位於康乃狄克州新米爾福區的羅馬天主教寄宿學校。

1931–1935　甘迺迪就讀位於康乃狄克州沃靈福德的精英寄宿學校喬特中學，成績中等。

1932　小羅斯福總統頒發了「羅斯福新政」（New Deal），提出一系列舉措和社會計畫，旨在應對美國經濟危機。

1934.6.6　老約瑟夫·甘迺迪被小羅斯福總統任命為第一任證券交易委員會主席。

他就是賦予「約翰·費茲傑羅·甘迺迪」中間名字的那位「費茲傑羅」。他擔任過民主黨國會議員，波士頓市兩任市長。他是甘迺迪的外祖父，他極具說服魅力，並因此贏得「甜心菲茨」的暱稱。

甘迺迪的求學之路常常被疾病和康復期打斷，但他仍然通過努力，在一九四〇年以優秀的成績從哈佛畢業。

作為家裡九個孩子中的老二，甘迺迪出生於波士頓郊區，後來居住在河谷區和布朗克斯維爾，在康乃狄克州上寄宿學校，與家人一起在海恩尼斯港避暑。

1935 夏　十八歲的甘迺迪第一次出國旅行，追隨哥哥小約瑟夫・派翠克・甘迺迪（Joseph Patrick Kennedy, Jr.）的腳步，就讀於倫敦政經學院。

1936.1 月　小羅斯福總統任命老約瑟夫・甘迺迪為美國駐英大使。

1936 秋　甘迺迪進入位於麻薩諸塞州的哈佛大學。

1937 夏　與童年好友比林斯一起進行了為期十週的旅行，踏足英國、法國、義大利、德國、奧地利和荷蘭。

1938.7.4　與哥哥小約瑟夫航海去英國，住在倫敦的美國大使館，兩人與老約瑟夫一起工作。

1939 冬　在巴黎的美國大使館工作，度過了三年級下學期。遊歷波蘭、莫斯科和柏林。

1939.3.12　甘迺迪一家在羅馬出席教皇庇護十二世（Pope Pius XII）的加冕禮，次日得到教皇的私下接見。

1939.8.1　他的哈佛畢業論文〈慕尼黑的綏靖政策〉（Appeasement at Munich）作為他的第一本著作出版，書名為《英國為何沉睡》（Why England Slept）。

1939.9.1 在英國議會下院旁聽席聆聽英國首相張伯倫（Neville Chamberlain）對德宣戰。第二次世界大戰爆發。

1940.9 月 作為研究生短暫就讀於史丹佛大學，研修課程主要為商業、經濟學和政治科學等。

1941 春　協助父親撰寫其擔任大使期間的回憶錄。花幾週遊歷了南美洲諸國：哥倫比亞、厄瓜多爾、秘魯、烏拉圭、阿根廷和智利。

1941.9.25　加入美國海軍。

1941.12.7　日軍轟炸珍珠港。美國參戰。

1943.8.2　甘迺迪上尉指揮的魚雷快艇 PT-109 正在所羅門群島布萊克特海峽執行任務，被日軍驅逐艦撞擊，船身被擊沉，兩名船員犧牲。

1943.8.8　甘迺迪和 PT-109 倖存的十名船員獲救。

1944.6.11　因指揮 PT-109 的出色表現，獲美國海軍及海軍陸戰隊勳章和紫心勳章 [12]。

1944.8.12　海軍飛行員小約瑟夫在歐洲陣亡，他的飛機在起飛後不久爆炸。

1945.4 月　約翰・甘迺迪成為《赫斯特報》（Hearst Newspapers）的記者，報導聯合國在舊金山的成立、波茨坦會議、倫敦大選，與美國高層官員建立起關係。

1945.8.15　美國於八月六日和八月九日用原子彈轟炸廣島和長崎後，日本宣布投降。九月二日簽署投降，第二次世界大戰正式結束。

---

12 紫心勳章是美國軍方的榮譽獎章，主要授予在軍事行動中受傷的軍人或陣亡者的直系親屬。

特權、為公眾服務，以及小羅斯福總統對老約瑟夫・甘迺迪的任命，影響了年輕的甘迺迪，使他年輕時就能到世界各地旅行，與政治領袖和世界名流近距離接觸。

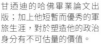

甘迺迪的哈佛畢業論文出版，以及他短暫而優秀的軍旅生涯，對於塑造他的政治身分有不可估量的價值。

美國會敞開胸懷，不僅接納富裕而受人尊重的陌生人，也接納來自所有國家和宗教中那些受到壓迫與摧殘的人，我們歡迎他們分享我們的權利與權益，只要來者行為正當、得體，他們值得享有這一切。

——華盛頓（George Washington），摘自《傑克喜愛的名言》

引言
道格拉斯‧布林克利

　　約翰‧甘迺迪生於一九一七年五月二十九日，在家中排行第二，兄弟姊妹一共九人。除了二戰期間在海軍服役三年，他的一生都由自己在這個家庭中的位置所定義。無論是在精神上還是在現實生活中，父母和兄弟姊妹們鍥而不捨的個性使甘迺迪生活在各種抱負之中；他們實力雄厚，把他的每個夢想都變成現實。他也從來沒有偏離正軌：沒有浪跡天涯，從不質疑自己的信仰，教養、婚姻得當，也沒有虛度年華。如果他叛逆過，那也是針對社會規範，但絕不是甘迺迪家族的規範。二十九歲之前，甘迺迪一直尋找自己在家族中的位置。完成在家族中的定位之後，他的自我定位就簡單多了。

　　早在約翰‧甘迺迪出生之前，一股前進的動力已經在醞釀。他的曾祖那一代是愛爾蘭移民，在十九世紀中期定居於波士頓地區。一個桶匠、一個商店店員、兩個商人、一個建築工和幾個主婦，他們努力地工作。儘管當時的波士頓社會動盪，對羅馬天主教、特別是愛爾蘭天主教徒存在極大的偏見，他們還是成功地躋身於中產階級。對大多數移民家庭來說，能立足於中產階級已經算是功成名就了。

　　如果說約翰‧甘迺迪的第一代美國先祖立志於戰勝偏見，那麼他們的決心在下一代——約翰‧甘迺迪的祖父母那裡就更堅定了。派翠克和瑪麗‧甘迺迪擁有多家酒吧，同時派翠克還在政界銳意進取，在州政府裡謀得一職。大約與此同時，約翰‧費茲傑羅從保險業裡抽身，向第二個領域擴展，成為波士頓市長。他的妻子瑪麗‧約瑟芬（Mary Josephine）對政治毫無興趣，但他們的長女羅絲卻對此十分著迷。兩個家族都變得很富有，甘迺迪家族擁有自己的遊艇、船長和船員。費茲傑羅家族住在波士頓

多切斯特區的時尚豪宅裡。對大多數移民家庭來說，擁有如此多的財富，得到整個城市的尊敬，這已經足夠啦。但是，當甘迺迪家族的兒子約瑟夫娶了費茲傑羅的女兒羅絲後，這對年輕的夫妻看得更加高遠。

他們的第一個孩子是小約瑟夫・派翠克（暱稱小喬）。在某種意義上，用父親的名字為他取名是很合適的。這樣，第二個孩子可以用父母兩家的姓氏取名——約翰・費茲傑羅・甘迺迪。這樣的名字本身就是實力的彰顯。約翰後面還有五個妹妹和兩個弟弟。他生活在波士頓郊區，在布魯克林傳統的環境中成長。後來，一家人搬到紐約市更為富裕的河谷地區。在他自己的世界裡，家人都喊他傑克，但是他卻一直生活在小約瑟夫的陰影之下，他哥哥個性沉穩、身體健壯，但是傑克體弱多病，有時需要長時間住院，讓人十分操心。

二十世紀二〇年代，這個家庭日益壯大。這是老約瑟夫・甘迺迪的輝煌十年。一九一二年，他從哈佛大學畢業，作為一名愛爾蘭天主教徒，他盡其所能地擠入波士頓的上流商業圈，投資銀行系統，大獲全勝（鼎盛時期，控股數家好萊塢製片廠）。老約瑟夫在華爾街也很活躍，在悲劇性的一九二九年，他提前預測到股票市場的崩盤，及時調整策略，財富反而暴增。他利用收益購買地產和其他資產，給他的家族帶來更為巨大的回報。老約瑟夫和羅絲可能永遠改變不了波士頓的社會現狀，但是他們卻設法超越了它，同時也突破了他們祖籍的限制。到了二十世紀三〇年代初，甘迺迪已成為當時美國最富有的家族。

因而，年輕的傑克並沒有感受到國家經濟的衰敗。他後來說，他幾乎不知道美國正處於經濟大蕭條之中，直到他進入寄宿學校，他才在報紙上讀到相關的資訊。實際上，在康乃狄克州喬特學校讀書的四年期間（1931-1935），他每天都會把《紐約時報》（New York Times）從頭讀到尾，這在同學當中廣為流傳。他的學業並不出色，但卻在運動場上大顯身手，並且慢慢彰顯自己熱情奔放的個性；儘管如此，他卻一直生活在自己大哥的陰影之下，魅力十足的小約瑟夫已經是喬特學校影響非凡的學長了，與他相比，傑克總是自慚形穢。後來，傑克追隨哥哥的足跡，也去了哈佛，甘迺迪家的長子在這裡主攻法律。甘迺迪家族已經開始栽培小喬成為未來的總統，這已經是家人皆知的事實。小喬和父親甚至已經制定好總統大業的第一步：法學院畢業後，小喬會先在麻薩諸塞州第十一選區競選國會議員。

在大學期間，傑克以狂歡作樂而出名：一有機會就逛夜總會，處處留

上圖
一九二三年，傑克與兄弟姊妹在麻薩諸塞州科哈西特的沙灘上。從左至右：尤妮絲（Eunice Mary Kennedy；又稱 Eunice Kennedy Shriver）、傑克、小喬、羅斯瑪麗（Rosemary Kennedy）、凱薩琳（Kathleen Agnes Kennedy；又稱 Kathleen "Kick" Cavendish）。／攝影者不明

右圖
一九二八年，麻薩諸塞州海恩尼斯港，甘迺迪家的孩子們在他們的夏季寓所，最小到最大：珍妮、羅伯特（Robert Francis "Bobby" Kennedy）、派翠西亞、尤妮絲、凱薩琳、羅斯瑪麗、傑克和小喬。／攝影者不明

下頁圖
一九三七年，甘迺迪一家在紐約布朗克斯維爾的家中。由左至右：老喬、派翠西亞、傑克、珍妮、尤妮絲、羅伯特、凱薩琳、泰德、羅絲瑪麗、小喬以及母親羅絲。／攝影：布拉德福德・巴卡拉克（Bradford Bachrach）

當我想撰寫一部外來移民史的時候，我才發現外來移民史就是一部美國史。

——漢德林（Oscar Handlin），
《拔根者》（the Uprooted），
記載於甘迺迪的日記本

情。與此同時，他每天的《紐約時報》閱讀，使他對世界事務有了濃厚的興趣。老約瑟夫曾於一九三七年至一九四〇年期間作為駐英大使效力於小羅斯福總統，當時傑克正在讀大學。在倫敦有了據點後，甘迺迪家族有了更廣闊的國際視野。尤其是傑克，長時間住在倫敦，深受影響。哥哥把目標鎖定於白宮。傑克則認為自己可以成為一名新聞記者或歷史學家，就像邱吉爾，把兩次大戰之間的全部時間都用來寫作。

傑克對邱吉爾的興趣，給了他完成哈佛大學學業的契機。邱吉爾曾經就納粹主義的興起寫過一本《英國沉睡之際》（While England Slept），此書廣為流傳。甘迺迪的大學畢業論文，即是對邱吉爾之書的回應。在老喬的幫助下，傑克的畢業論文〈慕尼黑的綏靖政策〉最終以《英國為何沉睡》為名出版發行了精裝本。這本書銷路不錯，足以為二十三歲的約翰·甘迺迪樹立起嚴肅評論家的名聲。一九四〇年，甘迺迪一家從不列顛回國，老約瑟夫公開譴責美國的孤立主義路線，為此惹惱了小羅斯福總統。

珍珠港事件[13]爆發，美國宣布參加二戰。而就在此前的幾個月，傑克

13 指的是日本海軍於一九四一年十二月七日偷襲美國在太平洋地區的主要海空軍基地珍珠港的事件。次日，美國對日本宣戰，太平洋戰爭爆發。

設法想要加入海軍。再一次，他借助父親的影響力來達到自己的目的。因為他的健康問題，正常情況下他無法參軍入伍；但在一九四一年的十月，他適時收到了入伍令，被授予海軍上尉軍銜，作為一名下級軍官被派往太平洋戰場。小喬也在海軍服役，他受訓成了飛行員，在歐洲執行飛行任務。

一九四三年四月，傑克在所羅門群島指揮一艘魚雷偵查艇。該艇長約八十英尺，用於攻擊敵人的戰艦。但是，在八月一日，一艘日軍驅逐艦夜間撞上了甘迺迪的 PT-109 號，船身被撞得粉碎，船上的十一名船員中有兩名犧牲。處境很可怕，甘迺迪設法帶領倖存者在海中游了三英里多，歷時四個多小時，終於到達一座荒島。一名船員身受重傷，處境危險，甘迺迪一直拖著他往前游，還不時用牙齒緊咬傷患的救生衣帶子，艱難前行。當時的所羅門群島大都被日軍控制，甘迺迪帶領 PT-109 號的船員們費盡周折，終於獲救。但是，傑克·甘迺迪的英雄事蹟又給他的身體造成了損傷。在取得無數榮譽和勳章之後，甘迺迪回到家中。一家人正在團圓之際，兩名牧師卻帶來了小喬在行動中陣亡的噩耗。

這可能也是不可避免的，甘迺迪家族的謀劃轉移到了傑克身上。在父親的支持和外祖父費茲傑羅的指導下，他開始不折不扣地執行小喬的計畫。一九四六年，在麻薩諸塞第十一個國會選區公開席位的民主黨初選中，約翰·甘迺迪和其他九名候選人進行角逐。他的經驗少得可憐，但是在家人的助陣下，他大獲全勝。他又在隨後的大選中獲勝。就這樣，甘迺迪來到了華盛頓，開始了他在海軍之外的第一個全職工作。

甘迺迪是戰後初期進入眾議院的九十一名新人之一。儘管他要忍受疾病之苦和父親在他每次參選時的專橫干預，傑克對自己的人生之路日益清晰。他認識到自己適合擔任公共職務，也適合參政。他關心自己的選民，能與他們通暢溝通，並積極回應他們的需要。他為能在華盛頓代表他們的利益而感到自豪。約翰·甘迺迪沒有像他哥哥那樣從小就夢想從政，但在他的第一個任期之初，他就把這作為自己畢生的事業。面對政治挑戰，他展現出巨大的氣勢、費茲傑羅式的風趣和甘迺迪家族的百折不撓。

他在委員會裡共事的另一位國會新人是來自加州的尼克森。不得不承認，此人非常優秀，但甘迺迪並不畏怯。不久之後，這兩人便捲入了友好而激烈的競爭，看誰能先進入參議院。

上圖
一九四二年，小喬、傑克和他們的母親在甘迺迪家族位於佛羅里達州棕櫚灘的冬季寓所。／攝影者不明

右圖
一九四三年，所羅門群島，海軍中尉甘迺迪在指揮魚雷艇 PT-109。在他執行第三十一次任務時，日本驅逐艦撞沉了這艘魚雷艇。兩名船員犧牲，甘迺迪帶領其餘人脫險。／攝影者不明

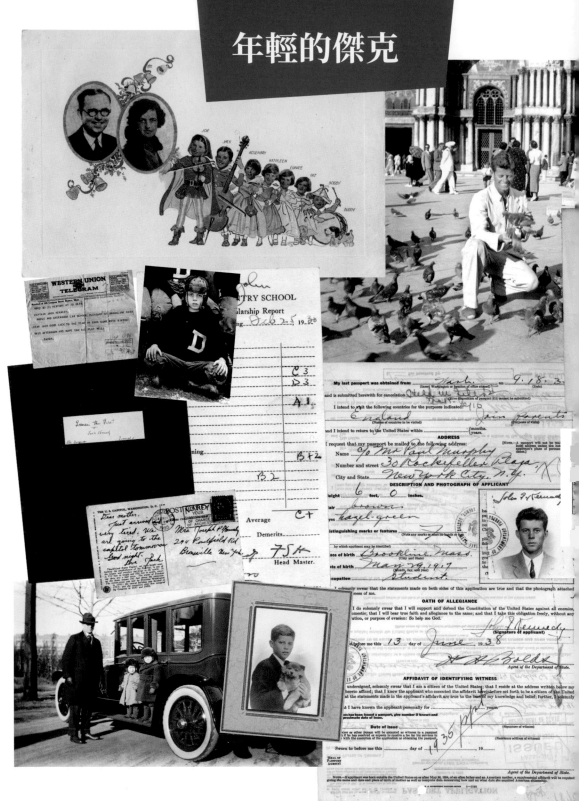

年輕的傑克

甘迺迪成績平平，卻極為聰明，他從小養成了閱讀的嗜好，對英國和歐洲歷史尤其感興趣。賈桂琳，甘迺迪後來談到：「與政治理論和政治科學相比，傑克更喜歡神話、魔法、傳說、傳奇和故事。你要知道，當他還是個小男孩的時候，他總是生病，臥床休養時就讀書，讀歷史書、讀圓桌騎士的故事，讀馬爾博羅（Marlborough）公爵的故事。」年輕的傑克已經顯現出寫作的天賦。從海軍退役後，他在《赫斯特報》擔任通訊記者，有過短暫的記者生涯。

莫琳‧多德（Maureen Dowd），普利茲獎得主，《紐約時報》撰稿人和專欄作者，以其不羈的文風和對時政熱點的報導著稱。

# 公民記者

## 莫琳‧多德談甘迺迪──初出茅廬的記者

左圖
一九四四年，甘迺迪中尉因為在 PT-109 事件中的英勇表現而獲得獎章，圖為甘迺迪中尉身穿獎章的照片。一年後，甘迺迪成了聯合國成立的一千六百名認證記者之一。
／攝影者不明

上圖
甘迺迪在《赫斯特報》的工作為他贏得二戰後在倫敦報導大選的工作。

14 巴特利特（1899-1965），美國著名的足球運動員。

在如今這個總統和總統候選人都對新聞界不屑的時代，回顧昔日，有一位政治家不但喜歡與記者打成一片，而且自己就是一位記者，想到這著實讓人感到愉快。

約翰‧甘迺迪認為新聞業是一種高尚的事業。它對教育公眾和維護國家利益至關重要──雖然新聞報導也在其中進行各種搗亂活動。歷史學家施萊辛格是甘迺迪一九六〇年競選時的演講撰稿人，他說，他和傑克喜歡被記者環圍，因為他們比其他人更粗俗不羈。

在巴特利特（Charles Bartlett）[14] 家中的一次晚宴上，甘迺迪作為年輕的參議員，經人介紹並認識了賈姬‧布維爾。當時，她是《查塔努加時報》（Chattanooga Times）駐華盛頓的記者。而大家都知道，當時甘迺迪經常與布蘭得利（Ben Bradlee）廝混在一起，布蘭得利是一位銳氣十足的記者，任職於《新聞週刊》（Newsweek），後來在《華盛頓郵報》（Washington Post）上主導了水門事件的報導。

雖然他們總提出很刁難的問題，作為總統，甘迺迪對媒體的工作感激有加。「我認為媒體是總統不可缺少的左膀右臂，」他在一九六二年的新聞發布會上說，「我認為，赫魯雪夫（Nikita Khrushchev）操縱的極權體制雖然有很多優勢，比如可以採取祕密行動等──但是，它有一個致命的劣勢，那就是沒有每天都會折磨你的媒體……雖然我們希望他們不報導，雖然我們對他們的報導有不同的意見，但毫無疑問的是，沒有積極活躍的媒體，我們無法在自由社會中成就任何事。」

也許這就是甘迺迪總統的記者招待會為何現在看來仍然有趣的原因，因為他似乎很喜歡與白宮的記者團比武競技，更奇怪的是，他實際上卻很

尊重他們。

傑克・甘迺迪的志向是成為一名作家。他的哥哥小喬才是命中註定的政治家。但小喬的飛機，一架裝滿了兩萬兩千磅炸彈的笨拙轟炸機，在英吉利海峽上空爆炸成碎片，之後，父親指定傑克成為小喬的繼任者。

為了寄託自己的悲傷，甘迺迪將有關哥哥的文章編纂成冊出版，但沒有公開發行，書名是《我們記憶中的小喬》（As We Remember Joe），以此來紀念自己的哥哥。後來，史學家達萊克在《讓每個國家都知道》（Let Every Nation Know）中寫道，戰後，傑克在背部手術康復時，給雜誌社撰寫了一篇長文，裡面有這樣一句話：「民主時而沉睡於軍營之中。」這篇文章被《大西洋月刊》（The Atlantic Monthly）和《讀者文摘》（Reader's Digest）拒退，自此從未發表。

雖然老喬現在把白宮夢壓在了傑克身上，但是內斂的傑克更喜歡記錄對生活的感悟，而不是廣結人緣、四處演講。達萊克寫道：「他的講話風格勉強而呆板，話音短促而緊張……與他外祖父菲茨・費茲傑羅相去甚遠，後者討人喜歡，很喜歡在競選中與人交往。」

足智多謀的老喬要一箭雙雕：他讓朋友赫斯特（William Hearst）給他兒子在《赫斯特報》謀取了一個記者的職務，為期兩個月，讓兒子從一個期待美國人在歐洲和太平洋戰場所做出的犧牲不會徒勞的年輕退伍軍人之視角寫作，而《赫斯特報》可以保證甘迺迪的文章廣為流通。

老喬毫不懷疑地推斷，他兒子將在戰後世界政治的形成過程中穩坐前排，可以近身目睹世界領導人的政治斡旋和交易。達萊克說，甘迺迪為報紙寫了十七篇報導（每篇稿酬二百五十美元），「分析反納粹德國的戰爭期間，東西方的緊張關係就已經開始累積」。

傑克利用自己的關係訪問美英兩國的政治領導人。他自己的想法很多，但他也想知道別人的觀點。歷史學家奧布萊恩（Michael O'Brien）在《甘迺迪傳》（John F. Kennedy: A Biography）中寫道，甘迺迪家族的一個熟人沃德（Barbara Ward）[15] 在倫敦目睹了傑克和英國政治領導人在一起的情形：「我對這個小夥子第一印象主要是，一個初出茅廬的年輕人──他看上去太年輕了──對政治表現出不同尋常且很有見地的興趣。」

他的報導被貼上「軍人視角」這一標籤，括弧裡簡介他為「約翰・甘迺迪，曾任海軍上尉，魚雷艇指揮者，因表現英勇被授予獎章，以軍人的視角報導舊金山聯合國大會……他是前大使約瑟夫・甘迺迪的兒子，戰前

**Serviceman's View:**

# Sees Old League Improved Upon

*(John F. Kennedy, one-time Navy lieutenant in command of a P-T boat, decorated for bravery in action, is covering the United Nations Conference from a serviceman's viewpoint for the N. Y. Journal-American. He is the son of former Ambassador Joseph P. Kennedy, and before the war author of the best seller "Why England Slept.")*

**By JOHN F. KENNEDY**

SAN FRANCISCO, May 24.— The League of Nations was set up in 1919 to keep the peace. It failed. Now in 1945 we are attempting to set up another world organization. Will it be more effective? What are the significant changes? First and most important is the membership of the United

JOHN F. KENNEDY

States, the most powerful nation on earth. The old League never got over the paralyzing blow administered by our failure to join.

上圖
一九四五年，甘迺迪初入新聞界，他為《赫斯特報》報導聯合國成立的舊金山大會。

右圖
一九四五年六月二十六日，杜魯門總統（左）在舊金山見證《聯合國憲章》的簽署。多年後甘迺迪在聯合國說：「我們在追尋和平的道路上再次相會。」那時他已是總統。／攝影：湯瑪斯・麥卡沃伊（Thomas D. McAvoy）

15 沃德（1914-1981），英國著名經濟學家，主要關注發展中國家的經濟問題，二十世紀六〇年代開始關注環境問題，倡導可持續發展。

## ……全體代表一致認為，人類不能承受另外一場戰爭了。

——約翰·甘迺迪評
一九四五年聯合國大會

暢銷書《英國為何沉睡》的作者。」

他在記者這個行業風生水起。從一開始，他就無懼於直敘感觀，採用清晰流暢的文筆，展示自己的歷史知識和對體育比喻的喜愛。他不拘泥於當時新聞界的常規（何人，何事，何地，何時），而是以一種輕鬆愜意的喬特學校式文風表明自己強烈的觀點。

「舊金山大會上即將誕生的世界組織，與《凡爾賽條約》（Treaty of Versailles）締結的原因一樣，都是欲望與自私的產物。」他在早先一篇報導的結尾處說道，「不過這裡尚有一線希望，那就是，全體代表一致認為，人類已經不能再承受另一場戰爭了。」

一篇以平等為題的報導如此寫道：「因此我認為，有關未來十年會有另一場戰爭的預言是毫無必要的悲觀。只要我們保持強大，堅強而自信地採取行動，我們可以贏得多年的和平，因為我們已經為之犧牲太多。」

不難想見，甘迺迪就像狄更斯（Charles Dickens）和莎士比亞（William Shakespeare）一樣，如果他們上了推特，會圈粉無數。

他在大事上很有先見之明。他對蘇聯充滿警惕，儘管在他入主白宮時無法預見，這個國家會如何把他推到戰爭的邊緣。

「美英對蘇聯顯然採取了新的強硬態度，」他在聯合國大會的報導中說，「大多數觀察家認為這正是時候。我們對戰爭的擔憂，我們想與紅色同盟和睦相處的願望，使得我們面對俄國對歐洲的滲透，無法採取強硬立場。那個時代已經過去了，三巨頭的關係正處於十字路口，這已經是不爭的事實。」

他對史達林的外交部長莫托洛夫（Vyacheslav Molotov）很不放心，認為此人「極難看透，」他寫道：「莫洛托夫似乎隨時準備在小問題上挑起爭端，比如誰將擔任安全會議常任主席——這個職位通常由東道國的外交部長擔任——這就暗示了俄國人的意圖。他們打算在小事上力爭不讓，這樣就可以按照他們的意圖來定義重要的事情。」

一九四五年英國大選兩週前，甘迺迪從倫敦發回報導，預言邱吉爾會落選。「這可能讓大多數美國人感到吃驚，他們覺得邱吉爾在選舉中是不可戰勝的，就像在戰爭中一樣。」甘迺迪寫道。他在報導中清晰地解釋了工黨會取勝的原因，「整體來說是社會主義——國有化和國家控制工業及土地，從礦山、鋼鐵企業、交通運輸和英格蘭銀行開始，逐步向下延伸。國家不會向私營業主屈服，在我們美國，即使是最開明的政治家，也會認為國家必須要顧及私營業主。資本主義必須繼續，私人企業必須繼續。」

著名的《時代》（Time）雜誌作家賽迪（Hugh Sidey），曾批評甘迺迪的消息來源主要是上層精英而不是普通民眾，但也稱讚他「永不懈怠的好奇心、敏銳的眼睛和耳朵」。

　　作為記者的這段經歷永遠地改變了甘迺迪的生活。他斷定，行動比言語更有吸引力。就像奧布萊恩所說，甘迺迪告訴朋友們，他喜歡記者工作，但他經常覺得寫報導過於消極。他說：「你只是寫那些做事的人，而不是自己做事……我真心希望自己更重要一些。」

　　於是，一個政治家誕生了。

　　不過，如果從政之路沒有那麼順利的話，約翰・甘迺迪可能會成為一名出色的專欄作家。

# 歷史學家
# 約翰・甘迺迪

## 大衛・麥卡洛談甘迺迪對歷史的迷戀

杜魯門總統一生都在研究歷史。他喜歡說：「世界上唯一新鮮的事就是你所不知道的歷史。」馬歇爾（George C. Marshall）將軍是杜魯門最崇拜的同時代美國人，當別人問他是否在維吉尼亞軍事學院中受到了良好的教育時，他坦率地說沒有，課程表上沒有歷史課，他強調說，歷史意識，是領導藝術的根本。

自我們建國以來，最偉大、最有業績的總統都曾潛心研讀歷史著作。這絕不是什麼巧合，而我們可以確定地說，約翰・甘迺迪完全清楚這一點。

有一段時間，他對父子總統老亞當斯（John Adams）和小亞當斯（John Quincy Adams）產生了特殊的興趣。老亞當斯十五歲那年，正在哈佛大學學習。大學時他開始培養喜愛讀書的習慣，並由此「讀了一輩子的書」。在老亞當斯八十歲高齡時，他仍能興致勃勃地閱讀以法語撰寫、至少有十六卷的法國史。

老亞當斯和傑弗遜（Thomas Jefferson）卸任總統職務後，他們通過大量的通信重敘舊情，交流各種興趣愛好，其中就包括他們對歷史和書籍的熱愛。傑弗遜說：「沒有書，我無法生活下去。」

甘迺迪之前的幾位總統，他們自己就是歷史著作的作者。格蘭特（Ulysses S. Grant）因癌症身亡，他在去世前幾年完成的大作《個人回憶錄》（Personal Memoirs）是內戰史的巨著之一。老羅斯福在哈佛讀大學期間，就開始撰寫他的歷史著作《一八一二年海戰》（The Naval War of 1812）。有一次，當有人問這位總統應當讀什麼書時，他立刻提出一份博古通今的書單，從希羅多德（Herodotus）和修昔底德（Thucydides）到馬哈菲（Mahaffy）的《希臘世界研究》（Studies of the Greek World）（六卷本）、馬漢（A. T. Mahan）的《海軍官員的類型》（Types of Naval Officers）、卡萊爾（Thomas Carlyle）的《腓特烈大帝》（Frederick the Great），海約翰（John Hay）和約翰·尼古拉（John G. Nicolay）合著的《林肯傳》（Lincoln），以及其他二十多本名著。

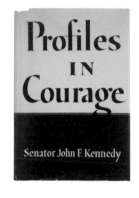

步入政界之前，威爾遜已經是一位功成名就的學者。他是布林莫爾學院的歷史教授，出版過多部有關國會政治和政治科學的著作。

艾森豪（Dwight Eisenhower）撰寫了有關第二次世界大戰最精彩、最重要的著作之一《歐洲遠征軍》（Crusade in Europe）。此書至今仍是經典之作，並且，書中的每個字都是他親自撰寫。

接著是甘迺迪的《當仁不讓》，此書於一九五五年初第一次出版，當時他還在參議院任職。甘迺迪在書的序言中寫道，自從第一次讀到前總統小亞當斯關於他擔任國會議員的經歷以及當時面對的矛盾鬥爭，他就對政治勇氣的作用和所引發的問題產生了興趣。

這本書立刻成為暢銷書，後來又榮獲普利茲獎。索倫森後來寫道，在甘迺迪一生中獲得的所有榮譽中，最讓他開心的就是普利茲獎。

他開篇第一章說的是小亞當斯，以及他如何孤身一人在國會反對奴隸制，其中，亞當斯父子之間勇氣與教導的互動寫得尤為感人。歷史展現了人性的偉大之處。

甘迺迪還寫了另外兩本歷史名著——《英國為何沉睡》和《移民國家》（A Nation of Immigrants）。《英國為何沉睡》出版於一九四〇年，當時甘迺迪只有二十三歲，這本書受到了《紐約時報》的讚譽，認為其「學識嚴謹、見解深刻、觀點合理、總結深刻而適時，是我們這個時代的重要著作」。《移民國家》在今天尤其適時，它不斷地提醒我們，我們都是移民，這個國家的巨大力量也是孕育於此。

甘迺迪喜讀歷史為世人皆知。他手不釋卷，閱讀速度遠超常人，而且過目不忘。他也喜歡讓自己的工作人員閱讀他認為重要的書。最著名的一次是，他讓白宮的全體人員和軍事將領讀塔奇曼（Babara Tuchman）的《八月的炮聲》（Guns of August）。書中按照時間的順序講述了一些糊塗的領導人如何受騙而發動了第一次世界大戰。這引起大家對這本書的關注，很多人因此閱讀了此書，我就是其中之一。

此外，甘迺迪在他的演講中充分發揮了歷史的作用，使歷史能關乎現在，並以史為鑑，擇取佳徑。

> 人要做他必須做的事，無論有什麼個人後果，也無論有什麼障礙、危險和壓力——這是全部人類道德的基礎。
>
> ——甘迺迪，《當仁不讓》

今日重讀這些演講，人們不禁會思索，如此的慎思博學，為何不見於當下的政治表達和領導？

甘迺迪關於歷史對於人類之重要性的認識，可以在一九六二年密西根葛蘭湖中學一個畢業班訪問白宮時做的講話中找到。「你們是這裡的貴客。這棟房子屬於你們每個人，」他告訴他們，「只要你們在華盛頓特區轉一圈，一種奉獻祖國的強烈感情必定會油然而生。」

他轉向窗戶，指著窗外的一棵木蘭樹，那正是傑克遜（Andrew Jackson）總統當年所栽，樹的那一邊就是財政部。當時，財政部的選址一直懸而未決，直到有一天，傑克遜外出散步，「他把手杖往地上一放，說道：『財政部就建在這裡。』」

華盛頓特區是充滿歷史感的一個地方，甘迺迪那天告訴這些學生：「你們在歷史課本中讀到的每一個人——林肯、亞當斯父子、門羅、威爾遜、羅斯福、杜魯門、艾森豪等，他們都在這裡居住過，他們每一代人的參與，都讓這個國家日益強盛。」

歷史可以教會我們領導的藝術，給予我們激勵。

一九六三年六月，在全國歷史文獻出版委員會舉辦的午宴上，甘迺迪就以華盛頓為主題發表了講話，其中談到了開國元勳們的重要性：

> 我不明白為什麼這些非凡的人物曾一度出現在一個小國的舞臺之上，且距離所謂的西方文明中心如此遙遠。但他們來了，且給我們的行為留下了持久的印記。我們越是瞭解他們的想法，我們越能更好地沿襲他們卓越的志向；在我看來，美國人民從歷史中得到的信心越多，他們對未來就越有信心。如果我們對自己的歷史一無所知，我們就失去了根基，無法走向未來。

由於這種真切的洞察力和具有天賦的表達力，甘迺迪本人也給歷史留下了持久的印記。

我本人就極為真切地感受到了這種印記的影響。甘迺迪總統在就職演說中呼籲我們要對國家有所作為，在我還是一個二十多歲的年輕人時，我深受激勵，放棄了在紐約的雜誌出版工作，來到華盛頓，成為「新邊疆」的一員。正是在美國新聞署當編輯時，我在國會圖書館看到了一些歷史資料，我突然萌生了寫書的念頭，而一旦開始寫作，我就知道，自己找到了此生最想做的事情。

# THE SENATOR FROM MASSACHUSETTS

# 麻薩諸塞州 的參議員

## 1946-1959

2

第二章

# 1946 - 1959

1946.9 月　甘迺迪被診斷患有「愛迪生氏病」，有腎上腺功能衰竭而致命的可能。他接受了藥物治療；病情對公眾保密。

1946.11.5　甘迺迪於波士頓第十一國會選區當選美國眾議員。

1946.12.19　胡志明（Ho Chi Minh）襲擊了河內的法國軍隊，第一次印度支那戰爭爆發。

1947.4.22　甘迺迪和尼克森[16] 兩位國會眾議員前往賓州西部，展開他們鮮為人知的第一次系列辯論。

1947.6.25　安妮·弗蘭克（Anne Frank）的日記《安妮日記》（Het Achterhuis）在荷蘭出版。

1947.11.20　為爭取麻薩諸塞州的義大利裔選民團體，甘迺迪在國會發表演講，支持向義大利提供價值二·二七億美元的援助，稱之為「共產主義勢力奪取西歐的首要戰場」。

1948.5.13　甘迺迪的妹妹凱薩琳從法國里維艾拉飛往巴黎時死於空難。

1949.10.1　毛澤東宣布中華人民共和國成立；次日得到蘇聯的承認。

1950.6.25　在北韓入侵南韓的次日，杜魯門總統下令美國空軍和海軍參與韓戰。

1950.12.19　中國入侵，達賴喇嘛逃離西藏。

1951.2.22　在剛剛結束為期五週的歐洲之行後，甘迺迪在參議院外交關係和參議院武裝部隊委員會就如何保護歐洲免於蘇聯的影響和控制進行論證。

1951.5 月　在一次晚宴上初識賈桂琳·布維爾。

1951.5.9　甘迺迪向國會提交法案，力求限制美國及其盟國與「紅色中國」[17] 的貿易。

1951.10.6　史達林宣布蘇聯擁有原子彈。

1951.10.15　到達越南西貢，與弟弟羅伯特（暱稱鮑比）和妹妹派翠西亞（暱稱派特）一起遠行至遠東。

1952.4.6　為參議院競選錄製宣傳磁帶，支援政府資助的中低收入者的住房保障計畫。

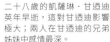

一九四六年，甘迺迪在父親的鼓勵下，在麻薩諸塞州參加美國眾議院議員的競選；老約瑟夫是甘迺迪整個政治生涯背後的強大動力，為他爭取民意支持、提供資金、提升形象。

二十八歲的凱薩琳·甘迺迪英年早逝，這對甘迺迪影響極大；兩人在甘迺迪的兄弟姊妹中感情最深。

1952.11.4 打敗現任參議員小亨利·洛奇（Henry Cabot Lodge Jr.），贏得參議院席位。

1953.9.12 傑克和賈姬在羅德島紐波特舉行的婚禮成為當季的社交盛事，共有一千兩百人出席。賈桂琳的繼父奧金克洛斯（Hugh D. Auchincloss）帶她步入教堂。

1953.10.30 這對新婚夫婦在他們位於波士頓的公寓裡接受了默羅（Edward R. Murrow）主持的《面對面》（Person to Person）節目的採訪。

1954.10.24 艾森豪承諾支持南越。

1955.2.25 甘迺迪在歷經幾乎使他喪命的高風險背部手術後，搭機前往佛羅里達州棕櫚灘開始康復治療。

1955.5.23 重返參議院。

1955.12.1 羅莎·帕克斯（Rosa Parks）在阿拉巴馬州蒙特馬利被捕，罪名是拒絕在公車上為白人乘客讓座並移至巴士後排座位。

1956.9.9 貓王艾維斯·普里斯萊（Elvis Presley）作為節目嘉賓，首次出現在《蘇利文秀》（The Ed Sullivan Show）的電視節目中。

1956.11.6 艾森豪擊敗阿德萊·史蒂文森（Adlai E. Stevenson）[18] 獲得連任。

1957.5.6 《當仁不讓》獲傳記類普利茲獎。甘迺迪堅稱此書是他本人所寫，但他將出版後前五年版稅的一半分給了顧問索倫森。

1957.11.27 甘迺迪夫婦的第一個孩子卡洛琳出世，孩子以賈姬的姊姊卡洛琳·李·布維爾（Caroline Lee Bouvier）命名。

1958.3.27 赫魯雪夫成為蘇聯總理兼共產黨第一書記。

1959.4.1 為甘迺迪一九六〇年參選總統的第一次組織充分的競選大會，在佛羅里達州棕櫚灘舉行。

16 此處原文使用 Dick Nixon，尼克森那時常被稱為「滑頭迪克」（Tricky Dick）。
17 一九四九年至一九七一年間，中華民國政府遷往臺灣，仍被國際視為中國政府，且在聯合國擁有席次。此時中華人民共和國常被國際間稱為「紅色中國」或「共產中國」。
18 阿德萊·史蒂文森（1900-1965），曾於一九五二年和一九五六年兩次代表民主黨參選美國總統，但皆敗給艾森豪。甘迺迪當選總統後，他被任命為美國駐聯合國大使。

在就任美國參議員之前，甘迺迪就已經廣泛遊歷了歐洲、南美、中東和遠東地區。

顯赫的社會地位使甘迺迪夫婦早在一九五七年就備受媒體的密切關注。賈姬懷上卡洛琳的時候，北美報業聯盟就發文報導：「甘迺迪計畫周全和資金充裕的競選，又增加了一個至關重要的因素，讓參議員如虎添翼，邁向總統之位。」

**The New Generation Offers a Leader**

JOHN F. **KENNEDY** *For* **CONGRESS**
**11th DISTRICT**

某些時代，得天獨厚；某些時代，被寄予厚望；這一代的美國人，任重道遠。

——小羅斯福，摘自《傑克喜愛的名言》

引言
道格拉斯‧布林克利

在戰後最初那批眾議員中，尼克森第一位進入了參議院。一九五〇年，尼克森經過艱苦的選戰，擊敗了來自加州德高望重的民主黨眾議員海倫‧道格拉斯（Helen Douglas）。而老約瑟夫‧甘迺迪就是他的重要支持者之一。當時，在眾議院工作的約翰‧甘迺迪更是在默默地支持尼克森。作為民主黨人，甘迺迪還在摸索自己的發展道路，成為公開支持勞工和解決住房短缺項目的一把火炬。不過他反對共產主義的觀點使他與主張打壓紅色勢力的尼克森有很多共同之處。

在一九五一到一九五二年間，甘迺迪對眾議院的權力結構失去耐心，也準備進軍參議院。更確切地說，他意識到如果要進入真正可以進行變革的委員會領導層，他需要花十幾年的時間。這使他很不看好自己的仕途。一九五二年，他決定冒險競選參議員。現任參議員小亨利‧洛奇似乎難以戰勝，他是老牌共和黨人，魅力獨特，曾擔任戰地指揮官，軍功顯赫。

儘管甘迺迪在競選參議員期間盡力與父親的極端保守主義立場保持距離，但老約瑟夫在其中發揮的作用無可否認。在那個時代，在這件事情上沒有人能超越他的貢獻。但是甘迺迪的競選努力屢遭挫折，直到一位朋友說服羅伯特‧甘迺迪負責競選的幕後事宜。自此，甘迺迪兄弟建立起一種不言自明的合作軸心，傑克與選民直接接觸，用演講營造出與選民更加自然的關係，而他的弟弟負責競選中的其他細節，並在必要時扮演「壞員警」的黑臉角色。

甘迺迪在十一月的勝利是逆風的意外。這時，艾森豪剛剛入主白宮，成為二十年來白宮的第一位共和黨房客。作為民主黨的一個亮點，甘迺迪在就職前已是眾望所歸。一九五三年，參議院為他提供了一個全新的、有

待征服的領域。甘迺迪在未來似乎可以按自己的方式行事。

　　共和黨東山再起，民主黨隨之成為參議院的少數黨，但民主黨做了一個明智的選擇，推舉詹森（Lyndon B. Johnson）作為黨的領導人。作為少數黨的領袖，銳意進取的詹森沒有浪費任何時間。他上任後做的第一件事就是取消資深議員的事務優先權。

　　作為參議院的新人，甘迺迪得到的任命遠好於他在眾議院時的任命。其中之一就是成為勞工與公共福利委員會的成員。這使得他成為勞工階層的朋友，加強了他在勞工階層的影響力。不過，他擔任的最高職位是外交事務委員會成員。在擔任眾議員期間，甘迺迪已經廣泛遊歷，並且自費訪問了南美和亞洲數十個國家。他特別關注共產主義的擴張，尤其是在艾森豪總統任期的最初幾年。甘迺迪掌握了東南亞國家的第一手資訊，他警告參議院的同僚們共產勢力對中南半島、特別是越南的侵蝕，在那裡，老牌殖民大國法國正在與日益發展壯大的共產黨勢力開展鬥爭。

　　甘迺迪認為美國不能僅僅期望法國取得反共勝利，為此他與艾森豪的國務卿杜勒斯（John Foster Dulles）鬧翻；甘迺迪呼籲要給予反共地區最大限度的外交支援，這也遭到了眾多民主黨人士的反對。他也表達了對局勢的敏銳觀察，警告說：「無論美國給中南半島多少軍事援助，也都無法對抗既無處不在又不知所蹤的敵人。」

　　然而，對於國內的反共動議，甘迺迪卻沒有如此直言不諱。幾十年來，美國一直被「紅色恐慌」（Red Scare）[19] 所困擾，但是在二十世紀四〇年代末，這種擔憂進一步加強。一九五〇年，威斯康辛州的共和黨參議員麥卡錫（Joseph McCarthy）[20] 開始實施「獵巫行動」（witch hunt）[21]，紅色恐慌達到了高峰。四年來，麥卡錫堅稱他能搜查出共產主義者和包括同性戀在內的其他不良分子，這使整個國家都處於一種緊張狀態。他的一些指控純屬無中生有，且大多數指控都指向聯邦政府的兩大支柱：先是國務院，後是軍隊。甘迺迪在參議院的第一個任期開始時，麥卡錫正在組建參議院常設調查小組委員會，意在強行推銷他的論斷：國務院內部充斥著共產主義分子。

　　甘迺迪家族與麥卡錫私交甚密，而且老約瑟夫是「獵巫行動」的熱情擁護者。迫於老約瑟夫和傑克的壓力，麥卡錫任命羅伯特·甘迺迪為調查委員會的助理顧問。但是羅伯特不喜歡麥卡錫的行事方法，與其首席顧問科恩（Roy Cohn）也難以共事，因此，羅伯特任職僅七個月便隱身辭職。但是傑克從未主動與麥卡錫保持距離，他解釋說自己的很多選民都是極端

## 事情並不只是順其自然，而是有人推動它們的發生。

—— 約翰·甘迺迪

New Faces in Congress

John F. Kennedy, who succeeds James M. Curley as Representative from the 11th Massachusetts district (Boston), is a son of Joseph P. Kennedy, former Ambassador to England. The new member is famed for his exploits during the war. Navy Lt. Kennedy commanded a

JOHN F. KENNEDY.

PT boat which was rammed and sunk off Bougainville while attempting a torpedo attack on a Japanese destroyer. He was picked up after drifting at sea for eight days. He was decorated for heroic

conduct in saving three men's liv and also received the Purple Hea As a result of injuries, he was se to a hospital and later retired fro the Navy. Earlier in the war, had served on motor torpedo boa throughout the Solomon Islan

Mr. Kennedy also is widely know for his book, "Why England Slep which was published in 1940. had spent much time as a ai to his father in the London Amer Embassy.

He is one of five Democratic Re resentatives-elect who were chos despite the Republican gains Massachusetts. Mr. Kennedy graduated from Harvard, with bachelor of arts degree, cum lau in 1940.

反共主義者，支持這些調查。另一個原因是，麥卡錫極其善於使用敲詐勒索這些手段，而甘迺迪對此心知肚明。雖說甘迺迪在公眾面前展現出一種陽光的大男孩形象，但是實際上，單身二十多年的他放蕩不羈，韻事不斷。多年以來，甘迺迪小心翼翼，想方設法獨善其身，不受麥卡錫主義以及終結它的運動所影響。

　　上任不久，甘迺迪就意識到，自己應該結束單身生活了。一九五二年，他結識了攝影記者賈桂琳·布維爾。她如此自信，讓人難以相信她只有二十三歲。甘迺迪終於有了結婚的願望。賈桂琳顯然很崇拜他，他對她也很著迷。賈姬跟他一樣機智，還能彌補他欠缺的幽默，並且帶來他所沒有的優雅。從更深層的角度來說，甘迺迪從此不再生活在小喬的陰影中，不再受制於老喬，也不再是一匹孤獨的狼。在參議院期間，他有了兩個新同盟的支持，那就是他親弟弟羅伯特和新婚不久的甘迺迪夫人賈姬。他對他們的信任超過了他過去認識的任何人。

左圖
一九四六年十一月二十六日，《華盛頓星晚報》（Washington Evening Star）發布了甘迺迪當選眾議院議員的消息。

右圖
一九四六年，波士頓市政廳。甘迺迪與競選委員會委員約瑟夫·蘭貢（Joseph Langone）整理他的國會競選提名文件。
／攝影者不明

# 政治家與知識分子

甘迺迪在哈佛大學畢業典禮上的講話
麻薩諸塞州劍橋市，一九五六年六月十四日

　　再次回到這所致力於知識進步和真理傳播的校園，我感到無比欣慰。

　　我所從事的職業，其重心與此截然不同。我們的政黨和我們的政治家，勢必要關注如何贏得民心，得到大多數人的支援；真理只是政黨政治競爭的間接目標。我們期待普通大眾能夠明辨秋毫，在紛雜的黨派爭論中做出睿智的判斷。我們面臨的問題越來越複雜，而我們作為西方文明主要捍衛者的地位也越來越重要。由此，選民們作為終審法院，其責任也似乎過於沉重了。人們急切地追求客觀事實，像哈佛這樣一所大學恰好就可以履行這樣的職能。

　　政界需要到學術池塘的冷水中降降溫。我們既需要學者們的專業判斷，也需要他們公正的觀點，以防我們成為自己政治口號的囚徒。

　　因此，學術界與政界之間似乎鴻溝日益擴大，令人惋惜。多數時候，衝突與爭議取代了合作，成為雙方關係的特徵。作家、學者和知識分子可以讚譽美國社會的方方面面，唯獨政治除外。我的書桌上堆滿了批評國會的書籍、文章和小冊子。但我幾乎沒有見過知識分子對政界或任何政治團體所取得的成就、能力或正直的品質給予讚揚，更別提他們的政治智慧了。對很多大學和學者而言，政客所帶來的只有愚蠢的反智識主義狂熱及與其相關的審查、調查和迫害……

　　不過，說句公道話，知識分子一方也並非總是完全客觀冷靜的；事實上，他們對自己也心存疑慮。這種情感如此強烈，以至於一家頂尖的全國性雜誌最近針對美國知識分子做了一項調查，結果很多人都趨於謹慎，回覆道：「我不是知識分子。」

　　在我看來，這場爭論中的雙方基本上是由毫無根據的互不信任感所驅動的。政治家的權威來自民意的授權，可是學者們卻可以靈活地從一種立場轉向另一種立場，完全不受民意的羈絆。這讓政客們十分憤慨。正是學

者的這種技能，使墨爾本勳爵（Lord Melbourne）[22] 在談到年輕的歷史學家麥考萊（Thomas Macaulay）[23] 時說，他多希望自己能像麥考萊那樣對所有事情可以如此篤定。

另一方面，知識分子很難接受實驗室與立法機構的不同。前者的目標是真理，純粹而簡單，無需根據公眾的意見而改變思想動態。而在立法系統裡，什麼是正確的、公平的或有益的決定，最終要受到妥協、多數票、程序慣例和權力的影響。即使他們認識到這兩者之間的區別，大多數知識分子也認為他們主要承擔批評家的職責，但政治家對批評家都很敏感（可能是因為批評家太多了）。胡克（Sidney Hook）[24] 說過：「即使大多數人是正確的，當然這種情況很罕見，很多知識分子寧死也不願隨主流意見。」

知識分子和政治家們相互口誅筆伐，尖酸互諷，甚至還進行了修辭大戰。在我看來，我們該放下這些讓我們兩敗俱傷的可怕武器了。不要總強調我們的不同，而要尋找我們的共同點。不要總是考慮我們各自的恐懼，而要看到我們所共同擁有的一切。

首先，我想請雙方記住，今日的美國政治家和今日的美國知識分子同宗同源。我們國家的第一代偉大的政治家們正是我們國家第一代偉大的作家和學者。美國憲法的締造者也是美國學術的奠基人。傑弗遜、麥迪遜（James Madison Jr.）、漢彌爾頓（Alexander Hamilton）、富蘭克林（Benjamin Franklin）、潘恩（Thomas Paine）和老亞當斯──只提其中寥寥數人──他們的作品，不僅影響了世界文學，也影響了世界地理的劃分。書籍是他們的工具而不是敵人。洛克（John Locke）、彌爾頓（John Milton）、西德尼（Algernon Sydney）、孟德斯鳩（Montesquieu）、庫克（Edward Coke）和博林布魯克（Henry Bolingbroke）的作品被政界廣為傳閱，言語也經常出現在政治宣傳冊中。我們的政治領袖在思想的世界中自由貿易，在國內外造就了持久的影響力。

在那些黃金歲月，我們多才多藝、充滿活力的政治領導人，在不同的領域裡自如穿梭，著實讓人驚歎。傑弗遜和富蘭克林在許多知識領域至今影響深遠。一位傑弗遜的同代人這樣形容他：「這位三十二歲的紳士能測算日食的日期、進行地產測量、進行建築設計、審判案件、馴服馬匹、跳小步舞，還能拉小提琴。」

韋伯斯特能在參議院向海恩（Robert Hayne）大發雷霆，然後悠然穿過走廊，作為當時最重要的律師主持最高法院的工作[25]。雖然小亞當斯

22 墨爾本勳爵（1779-1848），英國輝格黨政治家，曾任內政大臣、首相。
23 麥考萊（1800-1859），英國歷史學家、政治家，被稱為「輝格派史學家」。
24 麥考萊（1800-1859），英國歷史學家、政治家，被稱為「輝格派史學家」。
25 海恩，律師，一八二三至一八三二年間任國會參議員。一八三〇年，海恩與韋伯斯特兩人在參議院進行了長達一個月的辯論。海恩是州權論者的代言人，主張州權，反對憲法中規定的聯邦政府對各州的控制。韋伯斯特極力維護聯邦及其權力，他發表的著名演說〈給海恩的答覆〉，是表達美國民族主義的經典之作。
26 本頓（1782-1858），美國政治人物。「一八一二年戰爭」期間，他是傑克遜將軍麾下的一名中校。他與傑克遜曾卷入一場衝突並打傷後者，兩人多年形同敵人。一八二一年密蘇里州創建後，本頓成為該州最早就職的兩位參議員之一。一八二四年民主共和黨分裂後，本頓成為參議院的民主黨領袖，是傑克遜總統和范布倫（Martin Van Buren）總統的重要盟友。
27 芬乃倫（1651-1715），法國作家、教育家。十八世紀啟蒙運動先驅之一。

因為自己的特立獨行很快被趕出參議院，他卻能夠成為哈佛大學教修辭學和演講術的教授，後來又成為偉大的國務卿。（在那個幸福的時光，哈佛大學的教授可以毫不費勁地得到參議院的認可。）

即使在偏遠地區，政治家們也彰顯出自己的各種才華。本頓（Thomas Hart Benton）[26] 是密蘇里州的第一位參議員，他曾在田納西裡的酒館裡與傑克遜打架，在擊傷對方後逃離該州，在他的訃告中，後人寫道：「他信手拈來的知識常令人驚歎，他能自如地旁徵博引，既包括羅馬法或希臘哲學，維吉爾（Virgil）的田園詩、阿拉伯民間故事《一千零一夜》（Arabian Nights）、希臘歷史學家希羅多德（Herodotus）的作品或《堂吉訶德》（Don Quijote）中桑丘‧潘沙（Sancho Panza）的論斷，他又通曉神毯的故事、德國的宗教改革或亞當‧史密斯（Adam Smith）的作品，既瞭解芬乃倫（François Fénelon）[27] 的思想、撒母耳‧巴特勒（Samuel Butler）筆下的《胡迪布拉斯》（Hudibras）[28]，又看得懂財務報告，熟知教會的特利騰大公會議（Council of Trent）[29] 中的事宜，還知曉有關《美國憲法》制定中的種種辯論、領導人內閣中的種種陰謀或已被遺忘的某位已故國會議員的演講。」

美國學者與美國政治家之間的這種關聯維持了一百多年。就在一百年前，在一八五六年的總統競選巡講中，共和黨派出三位卓越的演說家——詩人布賴恩特（William Cullen Bryant）、詩人朗費羅（Henry Wadsworth Longfellow）和思想家愛默生。那是一段快樂的時光，大學究們都是共和黨人。

我希望這兩個群體能夠追憶他們共同的傳統，再次建立起知識界和政界的連結。我知道學者們可能偏愛純學術的奧祕或喜歡抽象敘事所帶來的愉悅。但是正如科蒂斯（George William Curtis）[30] 在一個世紀前的堪薩斯和內布拉斯加之爭[31] 時所提出的：「在一個希臘的夏日，一個人在平靜地探討愛國主義，而此時，視死如歸的斯巴達國王列奧尼達（Leonidas）和他的三百勇士正絕望地佇立在溫泉關[32]，為了自己的自由而戰。你會把這個人當作古希臘的朋友嗎？當英國人的自由受到威脅時，彌爾頓會在他的書房裡列舉希臘動詞的詞形變化或談論古代書念地人（Shunamites）的自由嗎？」不會的，學者的職責，特別是在我們這樣的共和國，是將他的客觀意見和自由意識奉獻給他的家鄉和國家事務。

第二，我想提醒雙方，美國的政治家和知識分子，是在同一個框架內運作的。這個框架就是我們所說的自由。言論自由不分政治言論和學術言

論。從歷史上看，如果在國王、政委或元首的命令下，立法機構、議會或議事廳的大門緊鎖，那麼在此之前或者之後，大學、圖書館或印刷廠也會如此。在任何被征服的土地上，如果某位政治領導人首先為了自由而奮起抗爭，那麼，書籍、報紙和小冊子會隨之而來進行支持。

不幸的是，最近以來，政治家和知識分子之間的爭吵日益激烈，在某些領域甚至是過於激烈，特別是在雙方就當下如何應付自由在國內外受到的挑戰，更是爭執不下。政治家質疑知識分子在面對極左誘惑性宣傳時的辨別力，知識分子則指責政治家對限制自由所產生的毒害作用沒有清醒的意識，特別是在國內。

自由面臨何種威脅，對這個問題的判斷出現分歧大概在所難免，但是兩者應該在一些基本原則上達成共識。在這個領域，我們應當是天然的同盟，應該更加緊密地合作，對抗共同的敵人。

第三點，也是最後一點，我想強調，加強政治合作，可以為雙方帶來巨大收益。

美國的知識分子和學者今天必須做出決定，借用歌德（Johann Wolfgang von Goethe）的說法，決定他是要做鐵砧還是鐵錘。對於很多人來說，至少按正式的階段劃分來說，鐵砧階段已經完成。現在面臨的問題是，要不要成為鐵錘——把自己所學的知識盡可能回饋給養育他和栽培他的世界。作為政界的人士，我能證明我們需要你們這樣做。

舉例來說，無論哪個政黨推動的立法，其口號都是「進步」。但是，我們如何知道何為進步，何為倒退呢？我們身處政界，要麼與議案關係過於密切，要麼在政治上或者情感上與其過於關聯。為此，我們必須要尋求學者們客觀的意見。政治生活的日常運作就是這樣，我們甚至不得辯論真正重要的議題。

比如，在外交事務上，各黨派一直在爭論，什麼才是長期推進集體安全政策（collective security）和遏制蘇聯的最好方法。或許，這些政策已經不足以應對現狀；或許，這些目標已經沒有什麼意義了——但爭論還在繼續，因為兩黨的立場都不適宜對此爭論進行必要的重新評估，特別當提出的解決方案對於選民來說過於複雜，接受度又不高時，情況更是如此。

或者，我們可以農業項目舉例。長久以來，共和黨和民主黨一直在為實行靈活還是嚴格的價格補貼機制而爭論不休。但這也許根本就不是真正的問題所在——其實，我認為事實就是，兩黨的方案都不能解決我們農業發展長期存在的問題。學者和大學可以重新審視全域，提出一些真正的解

右側圖說：

上圖
在一九五六年的民主黨全國代表大會上，甘迺迪同賈姬和尤妮絲進行商談。在史蒂文森總統競選搭檔的競爭中，這位年輕的參議員以微弱劣勢敗給基福弗（Estes Kefauver）。／攝影者不明

右圖
一九五二年五月十八日，背部手術後，拄著拐杖的甘迺迪在競選茶會後，會見麻薩諸塞州伍斯特市的女性。／攝影者不明

28 十七世紀英國著名作家塞繆爾・巴特勒創作的仿英雄體敘事詩歌。
29 天主教會的第十九次大公會議，由教皇保羅三世發起，先後三次，會議主要討論在宗教改革後，如何採取措施平息種種宗教爭端。
30 科蒂斯（1824-1892），美國編輯、演說家、作家。一八六三年起，擔任《哈潑斯週刊》（Harper's Weekly）編輯。一八七一年，被格蘭特總統任命為公務員制度改革委員會的主席。
31 一八二〇年，美國國會通過了《密蘇里妥協案》，規定凡在西部地區建立的新州，以北緯三十六度三〇分為分界線，以南為蓄奴州，以北為自由州。堪薩斯和內布拉斯加按照該法案，應作為自由州加入聯邦。但一八五四年，美國南部種植園奴隸主操縱國會，通過了《堪薩斯 - 內布拉斯加法案》，規定由當地居民投票決定建立自由州或蓄奴州。一八五四年至一八五六年，南部和北部的武裝力量在堪薩斯境內為爭取當地居民發生流血鬥爭，實際上揭開了美國內戰的序幕。
32 在希波戰爭中，列奧尼達於公元前四八〇年率軍扼守北、中希臘交接的溫泉關（德摩比利隘口），阻擊波斯侵略軍，與約三百名斯巴達戰士奮勇抵抗，幾乎全部戰死。
33 北美殖民地時期第一個代議制機構。一六一九年由維吉尼亞總督亞德利（George Yeardley）創立。議會由總督、總督參事會和各個城鎮、種植園選出的各兩名代表組成。至十七世紀後半期，從中分出下院，代表由選舉產生，出現了兩院制州議會。
34 一九六三年根據英王威廉三世和王后瑪麗二世的特許狀創建，位於維吉尼亞州威廉斯堡。傑弗遜、門羅等多位美國總統畢業於該校。
35 約翰・羅素（1792-1878），兩度擔任英國首相（1846-1852、1865-1866），輝格黨自由改革派的主要人物之一，著述甚豐，有《歐洲事務回憶錄》等。

決辦法，這是政黨和政黨會議幾乎不可能做到的。

這樣的例子不勝枚舉：自由貿易和貿易保護的界線何在？稅收什麼時候會過高？我們目前的核潛力最有效的利用方式是什麼？如果知識分子能利用自己理性而中立的立場、自己的知識財富幫助我們重塑政治生活，他們就能夠為社會做出巨大貢獻，同時也為自己的群體贏得新的尊敬。

我並不是說應當把我們的政治和公共生活移交給專家，而忽視了民意。我也不會採納比利時一八九三年的憲法條款，給大學畢業生三張而不是一張選票；當年，維吉尼亞市民議會（Virginia House of Burgesses）[33] 曾經為威廉和瑪麗學院（College of William and Mary）[34] 專設代表席，然而，我也不會給哈佛大學一個國會席位。

但是，我迫切希望我們的政黨和大學都能認識到兩者之間形成更好的合作與理解的必要性。我們不需要約翰・羅素勳爵（Lord John Russell）[35] 那樣的學者或政治家，維多利亞女王曾這樣評價他：「如果他還知道第三件事情，他會是一個更出色的人——但除了一六八八年的憲法和他自己以外，他對其他事情都不感興趣。」那些能夠自如地馳騁於廣闊的知識領域，又能認識到我們這兩個領域相互依賴關係的人，才是我們需要的人才。

「不要教給我兒子詩歌，」最近一位英國母親給哈羅公學教務長的信中寫道，「別教我兒子詩歌；他將來是要進入議會的。」好吧，也許她是對的——但是，如果更多的政治家能懂得詩歌，更多的詩人能懂得政治，那麼在一九五六年的這個畢業典禮日上，我確信這個世界會更加美好。

# 共同的事業

## 德魯・福斯特談〈政治家與知識分子〉

一九五六年六月十四日，烈日炎炎，氣溫達華氏九十多度[36]，哈佛大
學迎來了第三〇五屆畢業典禮，三千多名畢業生、教職員、學生家人和朋
友齊聚一堂。十二位卓越人物——全部為男性——獲得榮譽學位，包括一
位諾貝爾獎得主，一位最高法院大法官，兩位艾森豪總統的內閣成員。來
自麻薩諸塞州的年輕參議員約翰・甘迺迪被推選發表畢業典禮講演，他是
一九四〇年這屆哈佛大學優秀畢業生。他最小的弟弟泰德也即將畢業，弟
弟羅伯特則作為校友代表參加了典禮。甘迺迪家族與哈佛大學的連結廣闊
而深遠；隔年，約翰就入選該校的監事會，任期六年。

一九五六年的畢業季，甘迺迪參議員一共進行了六次演講，哈佛大
學畢業典禮演講是其中之一。在這過去幾個月裡的演講中，至少有兩次，
他演講的主題都是政治家和知識分子之間的關係。在他的心裡，這個問
題相當重要，所以他在之前二月份的美國國家圖書獎（National Book
Award）晚宴上就講過；四月份，他又在《時尚》（Vogue）雜誌上發文，
哈佛講演的大部分內容源出於此。

從很多方面看，這個題目很適合一個政治家在大學的演說，正如《波
士頓環球報》（Boston Globe）的評論員所說，這位政治家「本人就是
一位優秀的作家」，所以這樣的題目特別適合他。《當仁不讓》於當年
一月剛剛發行，並於來年春天獲普利茲獎。但是甘迺迪的演講還有其他動
機。麥卡錫的時代和權勢行將終結，他提起的最後一樁案子是指控哈佛大
學的一名教員犯有顛覆罪，但是該案就在甘迺迪發表畢業典禮演講的兩天
前被駁回。甘迺迪發現自己在這些爭議中處境尷尬。他的弟弟羅伯特曾經
在這位威斯康辛州參議員的委員會擔任過顧問，而甘迺迪在兩年前譴責麥
卡錫的投票決議中是唯一一個沒有參加投票的民主黨參議員。因而，批判
甘迺迪之聲，不絕於耳。他向知識分子和政治家發出的呼籲，顯然是對這
些問題有所指涉。他承認政治家和知識分子在「激烈爭吵」，面對「極左

36 約攝氏三十二度到三十七度間。

的誘惑」和「限制自由的毒害」，探尋應如何追求為自由奉獻之「共同事業」。

　　一九五六年初夏時，甘迺迪也知道，大家都在猜測他是否會成為可能被民主黨提名的總統候選人史蒂文森的副總統人選。史蒂文森是位高傲的「學究」，對學究也推崇備至，而甘迺迪呼籲政界需要多瞭解一些知識和專業，這可能會很合乎他的心意。

　　不過，甘迺迪又等了四年才到達實現其總統政治的國家舞臺。一九六〇年的當選使他可以實現知識與政治的友好共處。有一次在談到自己的總統競選時，他說：「競選將政治家變成了學究，把學究變成了政治家，雙方都有收益。」這正是他在哈佛演講中所提出的目標。甘迺迪的執政團隊中有很多哈佛大學的教授，他們中可能有很多人聆聽過一九五六年的哈佛演講，甘迺迪也努力確保，正如他那天所言，世界能分享知識分子學識所帶來的「最為廣泛的收益」。

　　甘迺迪明確提到了稅收、農業政策和對外貿易，在這些領域，專業技能可以為政府所用。但有趣的是，這次演講就發表在蘇聯人造地球衛星發射的前一年，而他幾乎沒有談到政府與科學的關係。俄國衛星的成功發射引起了全國上下對蘇聯技術霸權的恐懼，教育和知識在各個層次得到加強──從小學到高等科研機構。一九五七年以後，學究們的地位有了顯著提升，一九六〇年大選後，這已經成為甘迺迪政府的典型特徵。

　　一九五六年六月甘迺迪在哈佛討論的問題，從很多方面看是當時的近慮，但是他的演說在當代產生了不可思議的共鳴。如今的政治家們很少提到博林布魯克和孟德斯鳩，也很少引用歌德的詩句。他們也並不為自己與知識界的隔閡而煩惱。反而是大學的領導人和學者們，他們在敦促政府為他們的研究工作給予接受和支持。現在是知識分子而非政治家更願意委曲求全──但他們之間仍有一條惱人的鴻溝存在。

　　現在，我們似乎已經忘卻了蘇聯人造衛星的教訓，美國的公共生活進入了一個所謂「後事實」（post-factual）的時代，而甘迺迪當年呼籲人們認識到政界和知識界的「相互依賴」，呼籲雙方讓學識和專業知識發揮核心作用，可以說是切中時弊。值得指出的是，甘迺迪並不是只關注對知識的實用性，而是從最寬廣的維度推崇一種智慧人生。「如果有更多的政治家懂得詩歌，」他最後說，「有更多的詩人懂得政治，我確信這個世界會變得更美好。」如果在今日有更多的參議員和總統認同甘迺迪的這個信念，這個世界肯定會更加美好。

> 我們國家的第一代偉大的政治家們正是我們國家第一代偉大的作家和學者……書籍是他們的工具而不是敵人。
>
> ── 約翰・甘迺迪

上圖
雜誌《紅皮書》，一九五七年十一月。

右圖
一九五四年，他們結婚一年後，已經讀過瓦薩學院、索邦大學和華盛頓大學的賈姬，在喬治城大學接受美國史專業的繼續教育課程。／攝影者不明

# 甘迺迪夫婦

一九五二年是甘迺迪在眾議院工作的第六個年頭。被稱為「喜歡探究的攝影女孩」的賈桂琳·布維爾擔任《華盛頓先驅時報》（Washington Times-Herald）寫作和攝影工作，專欄的特色就是「問與答」。作為華爾街股票經紀人和紐約社交名流的女兒，布維爾曾被冠以「年度名媛新秀」的稱號。在高中，她因為「她的智慧，作為女騎手的優異表現，及其拒絕成為家庭主婦的決心」而成為高中年鑑中的名人。她曾在格勒諾布爾大學和巴黎的索邦大學求學；她在華盛頓的一次晚宴上結識了傑克，在此之前，她已經獲得了喬治·華盛頓大學法國文學學士學位。在接受甘迺迪的求婚前，這位癡迷於騎馬的女騎手向朋友吐露，她可能真的要嫁給一個對馬毛過敏的男人了，這是她從來沒有想過的事。

# 越南問題

## 喬治・派克談〈印度支那戰爭〉

喬治・派克 (George Packer)，小說家、劇作家、《紐約客》 (New Yorker) 和《紐約時報》記者。派克以論述美國外交政策著稱，他是二〇一三年國家圖書獎非小說類獎得主。

左圖
一九五三年，海恩尼斯港。參議員甘迺迪已經在設法解決越南問題，越南戰爭在他任職期間一直困擾著他，以及繼他之後的總統們。／攝影：希・佩斯金 (HY Peskin)

37 越南獨立同盟會，簡稱越盟。一九四一年，胡志明主持召開印度支那共產黨中央委員會第八次會議，會議決定發展游擊戰，成立越盟，以帶領越南脫離法國的殖民統治及抵抗日軍的入侵。

38 羅格瓦爾 (1963-)，歷史學家，哈佛大學甘迺迪政府學院的教授以及哈佛大學藝術與科學學院的歷史教授，美國外交政策和越南戰爭的專家。二〇一三年，其作品《戰爭的餘燼》獲得普利茲歷史獎。

一九五一年秋，三十四歲的眾議員約翰・甘迺迪和弟弟羅伯特、妹妹派翠西亞進行了越南之旅，當時的他正在準備參議員競選。第一次印度支那戰爭（在法國與胡志明領導的越南獨立同盟會[37]游擊隊之間展開）已經進行了六年。儘管美國不斷增加援助，法國取勝的希望卻日益渺茫。就連法屬印度支那的核心城市西貢也四面受敵，甘迺迪一行剛到機場就聽到炮聲不斷。羅格瓦爾 (Fredrik Logevall)[38]在巨著《戰爭的餘燼》(Embers of War) 中曾對這段戰事有過精彩的記敘。書中提到，甘迺迪他們被禁止開車去城外。傑克・甘迺迪不滿足於官方報導。他在西貢費盡心思與他認識的美國人交談──《紐約時報》的一名記者，還有一位基層外交官員──並從他們那裡獲得真相：法國人就要敗了，胡志明是眾望所歸的民族獨立主義者和共產主義者，越南獨立同盟會正在無限制地招兵買馬。是美國將越南從日本人的侵占下解放出來，然而，此時美國與法國的合作正在破壞美國的國家名譽。甘迺迪在日記中寫道：「在越南人心目中，我們越來越像殖民者。」他的懷疑態度引起了駐西貢的美、法兩國高級官員的不悅。甘迺迪回國時確信：法國人不能滿足越南人民對自由、獨立和擺脫貧窮的要求，他們必敗無疑。

一九五四年春天，在一個叫奠邊府的隔離軍事哨所，法國人戰敗了。法屬印度支那陷落後，甘迺迪在參議院發言。他反對美國為法國提供援助以維護其在越南的殘留統治。他重提自己一九五一年越南之行期間就已獲悉的嚴峻事實（之後事態的發展也證實了甘迺迪的論點）：「坦率地說，我相信美國無論向中南半島提供多少軍事援助，都無法征服既無處不在又不見蹤跡的敵人，所謂的『人民的敵人』卻得到了人民的同情和默默的支援。」

甘迺迪反對美國與節節勝利的越南共產黨開戰。在一九五四年，這

樣的言論沒有再讓他成為孤立的異見者。在與抵抗同盟進行了激烈的內部辯論和與心存懷疑的同盟磋商之後，艾森豪當局採取了相同立場。然而，甘迺迪對越南形勢的深入分析和坦率剖析，在那個仍然奉行麥卡錫主義的時代具有不同尋常的預見性。能領會這場戰爭的社會和政治性質的政治家寥寥無幾。他的演說發出了結束越戰的聲音。

不到十年裡，在甘迺迪的主導下，美國卻極大地增加了對已成為南越的那個國家的干預。這又是怎麼回事？為什麼不看好越南戰爭的參議員甘迺迪在成為總統之後沒有帶領美國走出泥潭呢？答案在於一九五四年他發表觀點時的背景──法國殖民主義。抵抗法國人的共產黨擁有「人民的同情和默默的支持」。但是，如果能在越南找到一個反共的民族主義者，戰爭的社會和政治性質就會改變。以美國的民主和軍力做靠山，戰爭就有可能會贏。在二十世紀五〇年代末，南越第一任總統吳廷琰（Ngo Dinh Diem）[39] 似乎滿足了這種幻想。作為一名堅定的反共人士，甘迺迪在準備競選總統期間還為這位「傳奇人物」喝彩。

在冷戰意識形態橫掃一切的狀態下往往會忽略地區現實。在甘迺迪當政期間，越南深陷冷戰時期黑白分明，善惡對決的邏輯和美國政治的殘酷需求之中。當南越成了為「自由世界」而戰的全球競逐之一部分時，在美國決策者的心目中，越南戰爭就不僅僅是一場無望的內戰──因其中一方被對西方的軍隊和金錢的依賴所玷污。然而，甘迺迪總統身邊的美國精

39 吳廷琰（1901-1963），南越「越南共和國」總統（1955-1963）。一九三三年任阮朝皇帝保大的內政大臣。一九四〇至一九四五年日軍占領期間，投靠日本。一九五四年任保大政府總理。次年成立「越南共和國」，自任總統兼總理和國防部長。任內實行獨裁統治，阻撓越南統一。一九六三年十一月，在美國策劃的軍事政變中被擊斃。

英，並沒有理解到，在越南人的眼中，美國不過是另一個殖民強國。

甘迺迪對這場戰爭仍很糾結，對取勝持懷疑態度。一九五一年的事實在眼前揮之不去；他的明智和謹慎使他很難對其置之不理。一方面，他相信美國在世界上對自由的使命。另一方面，他也相信事實不可抗拒，尤其是扭曲的人性。他拒絕了自己的高級顧問提出派遣美國地面部隊的建議，但他也拒絕了開啟政治談判的無數機會。在一些場合，他說要努力使美國擺脫東南亞的紛爭；在另外一些場合，面對另一些聽眾，他又強調美國要不可動搖地致力於保持南越成為一個非共產主義國家。他儘量推遲對這個難題做出任何決定，希望能在一九六四年總統大選結束後再處理，寄望越南局勢扭轉，儘管他知道這可能性渺茫。在甘迺迪遇刺三週前，吳廷琰政權被美國所支持的軍事接管行動推翻，吳也被殺害。這次政變使美國更加難以全身而退。羅格瓦爾在他研究美國越戰升級的著作《選擇戰爭》（Choosing War）中寫道：「我們幾乎可斷言，約翰·甘迺迪直到離世那天，關於越南問題，他也沒有做出最後的決定。」

如果甘迺迪還活著，他會像他的繼任者詹森那樣徒勞地派遣五十萬美軍到越南嗎？羅格瓦爾不這麼認為：如果甘迺迪在一九六五年獲得連任，他充足的自信和對越南現狀的敏銳認識，一定會令他抵抗將越戰「美國化」的企圖。但是，在他生命的結尾，即他的西貢之行十二年之後，甘迺迪仍在努力的秉持「中庸之道」。一個領導人，只有具備了他那樣的智慧，才能充分領略這困境中的諷刺。

左上圖
第一次印度支那戰爭（1946-1954）以法國殖民軍屈辱的失敗和獨立國家北越和南越的建立而告終。／攝影者不明

左圖
二十世紀五〇年代美國國務院發行的護照。

右圖
一九五一年，甘迺迪作為一個真相調查團的成員前往越南。中南半島的法軍司令德·塔西尼（Jean de Lattre de Tassigny）將軍正在引領調查團。甘迺迪在後排右方。／攝影者不明

# 印度支那戰爭

甘迺迪在美國參議院的講話
華盛頓哥倫比亞特區，一九五四年四月六日

總統先生，是時候把在中南半島的真相告訴美國人民了。

我不希望我的發言讓人誤以為我對在奠邊府等地英勇戰鬥的法國人有所不敬，也不希望被人誤解是在國務卿即將前往日內瓦參加棘手的協商之際，站在黨派的立場發表批評。我也不是國會各部委的一員，在越南戰事上即使沒有被徵求意見，也已經得到通報——我也不希望自己對局勢的評價顯得唐突或危言聳聽。

但是，在看不到一絲勝利跡象的情況下就向中南半島的叢林投入大量的財力、物資和人力，這是危險又徒勞的自我毀滅行為。誠然，有關「聯合行動」的所有討論都是以必然的勝利為前提的，但是這樣的假設就如同對我們信心的期望，已誘惑了美國人民很多年，如果繼續下去，將為美國參與越南戰事的程度提供一個錯誤的基礎……

坦率地說，我相信美國無論向中南半島提供多少軍事援助，也無法征服那既無處不在又不見蹤跡的敵人。所謂的「人民的敵人」卻得到了人民的同情和默默的支持……當然，這並不是一個全新觀點。一九五一年十一月我從遠東地區回國時有過如下報告：

左圖
一九五九年，奧勒岡州庫斯灣。作為參議員，甘迺迪對美國捲入越戰持謹慎態度，視之為「危險而徒勞的自我毀滅」。／攝影：雅克・洛

**在中南半島，與我們結盟的法國政權為了維護帝制的殘餘力量正在拼死掙扎。在那片土地上，越南本土政府並沒有得到人民的廣泛支持。遏制南部的共產主義勢力沒有錯，但是不能只靠軍隊。毋寧說，我們**

的任務是要在這些地區建立起強烈的本土的反共情緒，以此作為防守利器，而不是依靠德·拉特爾（de Lattre）將軍的軍隊。這樣做背離並冒犯了當地根深蒂固的民族自決目標，註定會導致失敗。

所以，我們現在要正視眼前困境中赤裸裸的現實，對軍事上的勝利不要再抱有不切實際的幻想，對曾經信誓旦旦的完全獨立也不要再有所期盼。嚴酷的真相如下：首先，沒有中南半島聯邦人民全心全意的支持，沒有可信賴的軍官團體率領的可靠而有獻身精神的本土部隊，即使美國伸出

> 一個領導人，只有具備了他那樣的頭腦，才能充分領略其困境中的諷刺。
>
> ——約翰·甘迺迪

援手，在那個地區取得軍事勝利即便不是不可能，也是很困難的；第二，如果不改變目前法蘭西海外屬地和法蘭西聯邦之間的契約關係，就不可能獲得當地人民的支持。

如果法國堅持拒絕給予其海外屬地所期望之合法的獨立和自由；如果還像過去一樣，當地人民和亞洲其他地區的人民在這場衝突中繼續置身事外，那麼我希望國務卿杜勒斯在日內瓦做出我們的援助承諾之前能夠認識到，將美國的軍隊和裝備送進中南半島那無望的內戰，只能是徒勞無益。

總統先生，我們所面對的現實和選擇並不樂觀。但是在我們這樣的國家，只有對現實和選擇進行最全面、最坦誠的評估，才能最有效地執行我們的外交政策。在超音速攻擊和原子能報復的時代，一旦必須要貫徹這種政策，廣泛的公共辯論和教育普及就沒有任何意義了。而現在正是研究、質疑、檢討和修正的時候，因為我們的決定有可能決定著世界的和平與安全，甚至是人類的生存。如果我們不把這個決定權交給人民，那麼就像傑弗遜所言：「假如我們認為他們不夠明智，缺乏健全的判斷力，不足以對事態進行決斷，那麼解決辦法不是剝奪他們的決定權，而是通過教育使其具有判斷力。」

左上圖
奠邊府，一九五四年五月法國人在中南半島最終戰敗的地方。／攝影：霍華德·索丘雷克（Howard Sochurek）

左圖
甘迺迪一九六二年的筆記手跡。越南，五〇年代的一個小問題，卻慢慢演變為造成國家兩極分化的災難，一直到他離世後很長時間都在影響著這個國家。

右圖
一九六一年三月的記者招待會。甘迺迪總統堅定的反共立場將把美國引入難以脫身的東南亞困境之中。／攝影者不明

泰德‧威德默（Ted Widmer），歷史學家、
圖書管理員和作家，曾擔任總統柯林頓
（William Jefferson Clinton）的演講撰
稿人，與卡洛琳‧甘迺迪合著《聆聽約翰‧
甘迺迪的白宮祕密錄音》（Listening In:
The Secret White House Recordings of
John F. Kennedy）。

# 自由世界
# 的觀點

## 泰德‧威德默談〈帝國主義面臨的挑戰〉

一九五七年七月二日，一位來自麻薩諸塞州的資深參議員，雖年僅
四十，卻帶著他對白宮寶座的渴望，做了一次豪賭。在參議院驚愕的同事
面前，約翰‧甘迺迪發表了大膽的演說，幾乎質疑了美國所有外交政策的
前提，並且深入探究了一個沒有人願意討論的熱點話題。講話之後，他立
刻受到白宮、國務院、美國盟友和媒體的譴責。雖然如此，他的演講還是
禁得起考驗，最終以其清晰明瞭的觀點贏得了全世界的讚譽。

甘迺迪演說的直接主題是法國與阿爾及利亞暴亂者之間持續了三年的
戰爭 [40]。然而他以此為契機，深入討論，在一個不願意尊崇領導的世界，
美國如何能更加卓有成效地改變這個世界。這次演說預見到了很多我們
今天所面臨的問題，甘迺迪在演說中直指阿拉伯世界對西方不滿這個馬蜂
窩。他摒棄了「我們對抗他們」這一束縛我們思想的冷戰思維；他批評把
軍事行動作為外交政策的愚蠢工具，他認為真正為「自由」而戰的人不願
意相信他們中的任何一方。

乍看之下，阿爾及利亞算不上是美國的問題。為了將阿爾及利亞留在
法蘭西帝國內，法國進行了一場很不光彩的戰爭，他們投入四十多萬兵力
去制服桀驁不馴的伊斯蘭居民。雙方都極盡暴力所能，使用各種手段，包
括拷打、暗殺和路邊炸彈等——法國譴責這些行為，稱之為「恐怖主義」，
一個我們日益熟悉的用語。

甘迺迪曾廣泛遊歷，去過中東和中南半島，甚至還去了「鐵幕」的另
一邊。雖然出身於豪門，他卻十分關注世界上巨大的經濟差別和非洲、亞
洲及中東前殖民地人民的困境。這著實出人意料。大多數冷戰鬥士們都不
關心這種問題。但是，對於艾森豪當局和他滿嘴官腔的國務卿杜勒斯自滿
的答覆，甘迺迪已失去興趣。在當時，謠言四起，說甘迺迪的官位是他父
親花錢買來的，可是，從他談到阿爾及利亞的那一刻，就再也沒人將他視

左圖
一九五九年三月一日，甘迺迪參議
員和尼克森副總統一起參加參議院
的一次集會。十六個月後，他們
將為角逐總統職位正面交鋒。／攝
影：漢克‧沃克（Hank Walker）

40 十九世紀中葉，法國征服了阿爾
及利亞，將其變成原料基地和戰略大
後方。二戰期間，為了與軸心國作
戰，法國曾向阿爾及利亞人許諾，
只要幫助法國贏得戰爭勝利，就允
許其獨立。二戰結束後，法國如願以
償地成為戰勝國，但急於修補戰爭創
傷的法國不僅沒有履行承諾，反而
變本加厲地壓榨阿爾及利亞人民。
一九五四年，阿爾及利亞民族解放陣
線在三十多個地方發動武裝起義，雙
方展開戰爭。甘迺迪的相關演說時間
是一九五七年，故文中說「持續了三
年的戰爭」。

為一名羽翼未豐的年輕人而小覷他了。關於阿爾及利亞形勢的演說，充分證明他是一名嚴肅的外交政策思想家，可以勝任美國最高級別的官職。

　　一九五七年，約翰・甘迺迪還並不是一個家喻戶曉的人物。儘管他的形象正在提升，他沒能得到提名成為史蒂文森一九五六年競選的搭檔——相對來說，他仍然是個新手，與索頓斯托爾（Leverett Saltonstall）[41] 相比，他只是個來自麻薩諸塞州的年輕參議員。他早期的演說幾乎沒有給他帶來什麼名聲。大體上說，他關注的問題大都與他的選民有關，包括在二十世紀五〇年代初採取冷戰鬥士的強硬立場，不願對麥卡錫進行譴責（雖然我們不希望記起，但事實是，麥卡錫在麻薩諸塞州的藍領工人中很受歡迎）。

　　但是甘迺迪在不斷進步，僅僅這個事實就將他與大量的競爭對手拉開了差距。甘迺迪開始用文字表達他那不安分的才華，他癡迷於著書立說，定期為雜誌撰寫文章。《當仁不讓》在當年五月榮獲傳記類作品的普利茲獎，這份殊榮給了他信心，不管後果如何，他要堅定地表達自己內心的想法，這可能是關於阿爾及利亞形勢演說的誘因。

　　一九五七年的頭幾個月，他一直在全神貫注地斟酌這個題目。一月他獲選進入參議院外交關係委員會，整個春天，但凡能在阿爾及利亞問題上能給他啟發的任何人，他都與之交談，也包括阿爾及利亞人。甘迺迪的助手索倫森稱之為「他做過最細緻研究的演說之一」。

　　七月二日，人們滿懷期待。從開篇對帝國主義的炮轟起，甘迺迪就沒有令人失望。他對法國的許多攻擊似乎也是在對美國進行批評，他們在壓制一個民族追求自由的天然渴求。甘迺迪認為，事態發展的結果會加劇伊

上圖
一九五七年參議院關於勞工組織中的腐敗問題進行聽證會。甘迺迪聯合其他議員發起了一項勞工改革法案，雖然遭到否決，但這次經歷證明了他作為立法者的勇氣。／攝影：喬治・塔梅斯（George Tames）

右圖
一九六〇年法國與阿爾及利亞進行戰爭的期間，利比亞進行了的反殖民主義遊行，六〇年代，解放運動在全球風起雲湧。／攝影者不明

斯蘭世界對西方偽善面目的憎恨。法國不厭其煩地聲稱勝利唾手可及並拒絕談判,這樣的態度讓甘迺迪感到憤怒。他對艾森豪當局的「鴕鳥政策」[42]也感到惱怒,這種政策不注重實際情況,反而冠之以冗長的道德說教。他的若干批評直指副總統尼克森——美國在這地區的名義特使(並且有望成為「大佬黨」[43] 的總統候選人)。

甘迺迪對歷史的清醒認識,給在政治湍流中行進的他提供了必不可少的穩定力。他比大多數參議員的理解更深入,阿爾及利亞暴亂者跟美國的開國元勳們一樣在尋求民族的獨立,法國人也有過同樣的歷史。甘迺迪認為,我們應該同情各民族追求自治的合理願望。他厭惡那種把為主權而戰的人界定為「恐怖分子」或「共產主義分子」。

甘迺迪堅持認為,美國外交政策的關鍵,必須是「支援所有地區所有民族的自由和獨立」。他認為,如果我們幫助阿爾及利亞取得獨立主權,那麼「一個具有阿拉伯傳統的新國家,可以在西方傳統中屹立,既能成功避免其倒向阿拉伯封建主義和宗教狂熱,也能避免其陷入共產主義的專制統治」。

歷史已經證明,這個目標對總統們來說是多麼遙不可及。自從一九五七年以來,共和黨和民主黨的失敗可以說是半斤八兩。二〇一七年,在中東實現全面和平的前景更像天方夜譚一般。甘迺迪的抨擊者會說,他在總統任內並沒有展現這樣的見識,反而,他出兵古巴,加強了美國在中南半島的軍事力量。具體問題需要具體分析,但是仔細讀一下關於阿爾及利亞的演說就能看出,他對為打擊暴亂者而在地面展開的拉鋸戰深感懷疑,

41 索頓斯托爾(1892-1979),律師、政治家,擔任第五十五任麻薩諸塞州的州長,並且在二十多年中擔任參議員。
42 指那些不願正視現實的政策或不敢面對險情的行徑。
43 大佬黨,縮寫為 GOP(Grand Old Party),共和黨的別稱。

這個演說也印證了其助手索倫森和施萊辛格的觀點，他們認為，如果甘迺迪看到一九六四年開始的越戰升級，他肯定會感到恐懼。在「進步同盟」（Alliance for Progress）[44] 與「和平隊」[45] 這類基層組織的創議中彰顯了他此次演講的論點。

甘迺迪一離開參議院，就引起了巨大反響。外交政策世界的隱祕通道立刻傳來了反應，國務院和奧賽碼頭[46] 都怒不可遏。但它也在意想不到的地方引起了迴響，例如民主黨內部──他們通常會對自己人示以同情──和《紐約時報》。一些人認為，甘迺迪公開批評法國會削弱「北大西洋公約組織」（NATO）；還有人則擔心甘迺迪違反了不能站在黨派立場上批評美國外交政策的禁忌。民主黨前總統候選人史蒂文森批評了這個演說，杜魯門的國務卿艾奇遜（Dean Acheson）駁斥甘迺迪的演說為小屁孩「毫無耐心的打響指」。艾奇遜認為，法國從阿爾及利亞撤軍會引起「混亂」──這種論點之後還是被反覆利用。這個演說被廣泛報導，之後甘迺迪辦公室收到很多郵件，其數量超過他在參議院做過的任何演說。

在外交政策的高官們飽嘗苦澀之後，新一輪的反應緊接而來。出人意料的是，法國的思想家們高度讚揚了這個演說，並在獨立的報紙《快報》（L'Express）上全文刊發此文。非洲和中東人民也很興奮，終於有人在替他們說話了，一位在遙遠的阿爾及利亞工作的美國記者開始聽到暴亂者向他打聽甘迺迪獲得總統提名的可能性。最令人驚訝的是，演說主要的攻擊目標杜勒斯後來告訴甘迺迪，他利用此次演說趁機向法國政府施壓，儘快找到解決阿爾及利亞問題的辦法，產生了很好的效果。

甘迺迪緊接著就成為民主黨內最受關注的外交政策思想家。他寫了一篇文章對演說做出詳細的闡釋，發表於一九五七年十月的《外交事務》（Foreign Affairs）上，並且擔任了外交關係委員會下設的非洲事務專門小組的主席。在一九六○年的競選期間，他在演說中驚人地提到了非洲四百七十九次。

很多政治家討厭改變，唯恐自己表現得前後不一。但改變就是成長，正如林肯所言，重新思考的勇氣永遠不會過時。完成《當仁不讓》後，甘迺迪真正實踐了這本書的精神，與一九五七年的流行趨勢逆向而行。他的候選人資格可能就是從那一刻開始了。另外一名來自麻薩諸塞州的愛默生曾寫道：「邂逅與眾不同之思想乃是人生之大事。」當約翰·甘迺迪發表關於阿爾及利亞形勢的演說時，很多美國人邂逅了自己人生中重要的那一時刻。

上圖
一九五四年八月八日，甘迺迪在《紐約時報雜誌》（New York Times Magazine）評論說：「美國的輿論仍然有好戰的沙文主義和狹隘的孤立主義的陰暗角落。」

右圖
一九五七年，甘迺迪參議員和他的弟弟在麥克萊倫委員會（McClellan Committee）調查工會的腐敗和非法活動的聽證會上。羅伯特是該委員會的首席顧問。／攝影者不明

44 一九六一年由甘迺迪倡議成立，以推動美國和拉丁美洲間的經濟合作。
45 一九六一年由甘迺迪下令組建，該組織由志願人員組成，主要行動包括協助他進行開發、發展，提供有關教育、農業、衛生醫療、貿易、技術等領域的專業人員。
46 指法國外交部，因其位於法國巴黎的奧塞碼頭（Quai d'Orsay）。

# 帝國主義
# 面臨的挑戰

## 甘迺迪在美國參議院的發言
## 華盛頓哥倫比亞特區，一九五七年七月二日

總統先生，當今世界上最強大的一種武器，既不是共產主義也不是資本主義，既不是飛彈也不是導彈，而是人類對於自由和獨立的永恆渴望。自由是一股強大的力量，但是它卻有一個勁敵，因為缺少一個更準確的術語，我們姑且稱之為帝國主義——今天，它意味著蘇聯帝國主義和無論我們喜歡與否的西方帝國主義，雖然這兩者不能等同。

因此，對今天美國外交政策唯一重要的檢驗，就是我們如何應對帝國主義面臨的挑戰，我們如何進一步推進人類對自由的渴望。在這個檢驗中，我們的國家會更多地受到亞洲和非洲千百萬自由民眾的評判，並被鐵幕後面對自由仍抱有熱切希望的民眾所觀望。如果我們不能戰勝蘇聯或西方帝國主義的挑戰，那麼無論多少對外援助、軍備擴張、新的條約和主義，或者高層會談，都擋不住我們的事業和安全下滑的趨勢……

在西方世界，追求獨立與帝國主義之間衝突的很多案例都值得我們關注。不過，在所有案例當中，最引人關注的局勢是在阿爾及利亞。

不，阿爾及利亞已不再僅是法國人的問題——以後也不會如此。雖然我們都很理解我國或聯合國對這個問題的敏感性，然而，這個問題事關我們和他們的切身利益，如果大西洋聯盟是真正有意義的、團結的聯盟，那麼雙方就應該展開充分而坦誠的討論，並且真正重視這件事情。

這並不是否認美國之前在這個或類似問題上所進行的討論的價值——雙方相互進行的不溫不火的鼓勵和道德說教，對所有實質性問題的謹慎中立，重申我們對歐洲夥伴國的依賴，然而我們也明確了為獨立而獻身的原

左圖
動盪的阿爾及利亞。「阿爾及利亞問題不再是法國人自己的問題，」甘迺迪在一九五七年的美國參議院講話中說道，「而且永遠也不再是了。」／攝影：多明尼克·貝雷蒂（Dominique Berretty）

則，以及我們顯然不想捲入其中的願望。然而，我們自欺欺人，以為用這種「鴕鳥政策」就可以取悅雙方，誰都不冒犯——而事實上，我們讓所有人都對我們產生了懷疑。

所以，我們應該解決阿爾及利亞真正存在的問題了——無論是聯合國還是北大西洋公約組織都已經不能再對其進行回避了——問題的解決已變得越來越困難，就如同一場看不到盡頭的戰爭正在一個接一個地摧毀為數不多的和解機會。月復一月，形勢日益吃緊，法國和阿爾及利亞雙方的極端派的權力卻日益膨脹……

……在獨立日臨近之際，這不是一件值得驕傲的事。不管阿爾及利亞糾紛帶來的問題多麼複雜，美國在這件事上的表現，就像在其他地方一樣，儘管有外交上的禮節、法律上的細節或者是策略上的考慮，事實上，不管我們以什麼為藉口，但其實我們是在獨立和反殖民主義的原則上倒退……

有人說，恐怖主義只能予以打擊，不可姑息；「與殺人犯談判」是不對的。然而，這是一個拉鋸戰和武力征服都無法解決的問題。每次成功的革命的熱度表——當然也包括法國大革命——都顯示出恐怖主義和反恐怖主義熱度的上升；但是你不能因此否認點燃革命之火的合理初衷。大多數政治革命，包括我們自己國家的，都有來自他國的人員、武器和理念支援。

> 我們現在要正視眼前困境中赤裸裸的現實，對軍事上的勝利不要再抱有不切實際的幻想，對曾經信誓旦旦的完全獨立也不要再有所期盼。
>
> ——約翰·甘迺迪

作為政治革命產物的美國，必須付出加倍努力，贏得民族主義領導人的尊敬和友誼，而不能將非洲民族主義推向反西方的煽動家和希望獲取其領導權的蘇聯政治代表……

……不論法國喜歡與否，承認與否，得到我們的支持與否，他們的海外領土遲早會一個接一個、不可避免地衝向自由，並會以懷疑的目光看待阻礙其邁向獨立的西方各國。正如法國經濟學家杜爾哥（Anne Robert Jacques Turgot）所說：「殖民地就像樹上的果實，一旦成熟就不會再依附於樹。」

……然而，不僅是法國人需要明白，像阿爾及利亞這類的衝突最終只會是毫無意義的消耗。美國和其他西方盟國向中南半島投入了大量財力物力，徒勞地試圖為法國拯救一塊並不希望被拯救的土地，而且，正如我在國會若干次所指出的那樣，這場戰爭裡的敵人既無處不在又不知所蹤。多年以來，我們一直相信勝利就在眼前，也相信中南半島很快會獲得自由，我們也一直相信中南半島只是法國人的問題，我們一直在聽信這些預言、承諾和論調。

我們的躊躇不僅讓共產主義從中獲益，而且讓法國的軍事實力和政治效益遭受重創，即使目睹了這些悲劇性的後果，我們仍然在突尼西亞和摩洛哥問題上聽信同樣的預言、承諾和論調。儘管有東方共產主義的欺騙性提議，今天這些國家強烈的親西方路線對像布爾吉巴（Habib Bourguiba）[47]總統這樣的領導人是有益的，他在遭受法國監禁的那些年裡從沒減少對西方民主價值的認可……

47 布爾吉巴（1903-2000），突尼西亞總統（1957-1987）。早年留學法國巴黎。一九三四年建立新政黨，任總書記。曾兩次遭法國當局囚禁。一九四八年當選新憲政黨主席。一九五二年號召武裝起義又被囚禁。一九五五年《法突協定》簽訂後返國。次年突尼西亞獨立後，任首相兼外交大臣和國防大臣。一九五七年共和國成立後，任首任總統。一九六四年新憲政黨改名社會主義憲政黨任主席。一九七四年起為黨的終身主席和終身總統。一九八七年被總理阿里（Zine El Abidine Ben Ali, 1936-）廢黜。著有《憲政和法國》等。

我們的政府現在必須承認：這已經不再僅僅是法國人自己的問題；試圖通過一系列微調或最後一搏讓阿爾及利亞完全歸屬於法國，這樣的時代已經過去了。美國現在需要面對嚴峻的現實，履行其在自由世界——在聯合國，在北大西洋公約組織，在我們的援助項目和我們外交活動中——的領導責任，為阿爾及利亞的政治獨立開闢一條道路。

我們政府的目的不應是讓雙方強行接受某個解決方案，而是要致力於打破阿爾及利亞所陷入的惡性循環……

如果我們想保住與阿拉伯、非洲和亞洲人民的友誼——儘管杜勒斯先生說我們並不是在進行一場受歡迎度比賽——我們不能指望只用幾十億美元的對外援助計畫就能達到這個目標。我們也無法靠宣傳冊來贏得這些人民的友誼。而向他們推銷自由企業，描述共產主義的危害或美國的繁榮，或只跟他們簽訂軍事協議，這些都不能保證他們的自由。不，我們對這些人民的號召力在於我們可以理直氣壯地說——而不是共產黨人——為所有民族的自由和獨立而戰的哲學，深深地根植於我們的傳統中。

美國要把西方從阿爾及利亞的全面災難中拯救出來可能已經為時過晚；放棄我們在這些問題上的被動政策，打消幾十年反西方的質疑，堅定而勇敢地推動平等而獨立的國家之間建立新一代友誼，可能都為時已晚。但我們不敢放棄努力。

威爾遜在一九一三年說過：「人們的心在仰望著我們，人們的生命懸而未決，人們的希望在召喚我們有所作為。誰會辜負這偉大的信任？誰敢放棄嘗試？」

上圖
《時代》雜誌封面。到一九五七年十二月，甘迺迪已被視為參議院最具創新性和權威性的外交政策思想家。

右圖
一九五九年的甘迺迪。他已經贏得參議院的第二屆任期，並熱情地接受新的挑戰。甘迺迪開始將注意力轉向更大的舞臺。／攝影：納特·法布曼（Nat Farbman）

# 3

第三章

THE ROAD
TO THE WHITE HOUSE

# 通往
# 白宮之路

1960

# 1960

1.2　參議員甘迺迪宣布競選總統。

2月　法蘭克·辛納屈（Frank Sinatra）改編了他的流行歌曲〈厚望〉（High Hopes），把甘迺迪加入歌詞，支持其競選，此歌成為甘迺迪競選活動期間的非官方曲目。

2.1　四個黑人學生在北卡羅來納州格林斯博羅市的一個餐館舉行第一次民權靜坐。

4月　由於前一次流產，醫生建議懷孕的賈姬避免外出，於是甘迺迪的妹妹尤妮絲、派特和珍妮在競選中發揮了積極作用。

4.5　甘迺迪在威斯康辛州的初選中以一萬零六百票的優勢擊敗韓福瑞（Hubert Humphrey），儘管黨內大佬們仍然懷疑他的廣泛號召力。

5.1　美國偵察機在蘇聯上空被擊落。

5.4　韓福瑞和甘迺迪進行了電視辯論。

5.10　甘迺迪在西維吉尼亞州和內布拉斯加州的首輪選舉中獲勝。第二天韓福瑞退出競選。

6.10　前第一夫人、美國首任駐聯合國大使埃莉諾·羅斯福（Eleanor Roosevelt）[48]支持民主黨人史蒂文森競選總統，儘管他並未正式獲得黨內提名。

7.5　詹森正式宣布參加總統競選。

7.9　甘迺迪到達洛杉磯參加民主黨全國大會。

7.10　甘迺迪在「美國全國有色人種協進會」（NAACP）上講話，人群最初發出噓噓聲；此演說以甘迺迪立誓結束種族隔離結束。

7.10　甘迺迪在比佛利山莊的希爾頓酒店為主要捐款人舉辦晚宴，嘉賓近三千人，法蘭克·辛納屈和茱蒂·嘉蘭（Judy Garland）到場獻唱。

7.13　甘迺迪以八百零六票贏得提名，遠遠高出最低七百六十一票的要求。詹森僅獲四百零九票。

7.14　甘迺迪不顧顧問和羅伯特的反對，邀請詹森作為他的競選搭檔。出乎他的意料，詹森接受了提議。

7.15　甘迺迪接受提名，並發表題為〈新邊疆〉的演講。

7.23　美國中央情報局局長艾倫·杜勒斯（Allen Dulles）和坎貝爾將軍（General Charles Cabell）向甘迺迪簡要通報了在古巴採取游擊戰和軍事行動的計畫，但是甘迺迪在就職後才獲知全面的進攻計畫。

8.14　會見民主黨重要的權勢人物埃莉諾·羅斯福，承諾以堅定的立場捍衛民權；埃莉諾同意支持他競選總統。

9.3–5　大選開始，甘迺迪分別前往緬因州、阿拉斯加州、密西根州、愛達荷州、華盛頓州和奧勒岡州的各投票站；截至選舉日，甘迺迪到訪了三十二個州。

甘迺迪在正式宣布競選前，已經在四個州進行了幾次「非正式」的競選熱身活動，並且在競選一年前租下華盛頓的一套辦公室作為競選總部。

甘迺迪的妹妹尤妮絲、派翠西亞和珍妮，加上他的弟媳艾瑟爾（Ethel Kennedy），都積極地參與競選活動，使失利的韓福瑞抱怨說：「我覺得自己像是一家獨立商店，卻在與一家連鎖商店競爭。」

9.12　對大休士頓牧師聯合會上的講話，甘迺迪平息了公眾對他的天主教信仰的憂慮：「在公共事務上，我不代表我的教會——並且，教會也不代表我。」

9.26　與尼克森進行第一次全美轉播的美國總統電視辯論，吸引了大約七千萬的電視觀眾和一千五百萬的收音機聽眾。之後，甘迺迪被認為勝券在握。此後還進行了三場電視辯論。

10.12　在紐約市與羅斯福夫人共進早餐，參加了哥倫布日大遊行、長島博覽會和東哈林波多黎各人的集會。在紐約召開的全國婦女委員會上發表演講。

10.13　尼克森和甘迺迪的第三場電視辯論用分區螢幕展示候選人，甘迺迪身處紐約，尼克森則在洛杉磯。

10.19　在重新加入競選活動的前一週，身懷六甲的賈姬與丈夫一起出現在紐約街頭的盛大歡迎儀式和洛克菲勒廣場的集會上。

10.24　《生活》（Life）雜誌發文支持尼克森競選總統。

11.1　小馬丁·路德·金恩博士（Dr. Martin Luther King Jr.）[49]在喬治亞州里茲維爾監獄被關押了九天，之後在電視採訪中承認甘迺迪「為我的釋放發揮了主力」。

11.4　芝加哥舉行火炬遊行，約有一百五十萬人參加了沿線的遊行，並聆聽甘迺迪在芝加哥體育場的演說。

11.8　傑克和賈姬在他們波士頓的家附近投票，隨後與家人、朋友和競選團隊的核心成員在海恩尼斯港監看投票結果。

11.9　在明尼蘇達州，甘迺迪以十一票的領先優勢戰勝了尼克森，這是二十世紀總統競選票數最接近的一次。在海恩尼斯兵工廠，勝利在望的候選人向媒體和支持者發表了簡短的確認演講。

11.25　小約翰·甘迺迪（John F. Kennedy Jr.）出生。

11月–12月　在整個十一月和十二月的前兩週，甘迺迪公布了內閣成員。其中，他的弟弟羅伯特擔任司法部長一職引起廣泛的爭議。

12.11　前去做彌撒時，甘迺迪在棕櫚灘的家門外僥倖躲過自殺式襲擊。裝滿炸藥的轎車的司機因認出目送丈夫離開的賈姬而放棄了自殺計畫。

48 埃莉諾·羅斯福（1884-1962），政治家，美國第三十二任總統小羅斯福的妻子，晚年曾在甘迺迪政府任職。
49 小馬丁·路德·金恩，即發表著名演說〈我有一個夢想〉的馬丁·路德·金恩，因與其父同名，有時加「小」字以示區分。

Albany Vote Tables P. 6 | Ike Awakened for Bad News P. 2 | A President's Profile P. 2 | Meet Winners for Congress P. 5

TIMES UNION　Sunrise EXTRA

KENNEDY ELECTED

His Plurality Sets Albany Co. Record

Piles Up Vote In Big States

O'Brien Reelected By Record Margin

選之夜延長到次日清晨，甘迺迪的總統選舉似乎勝利在望，當選票還在統計之時，凌晨點半，尼克森發表聲明，沒有一絲退讓的感覺。看到這裡，聚集在海恩尼斯港觀看結果的手和家人流露出失望之情，甘迺迪對他們說：他為何要退讓？換做我，我也不會。」

Daily Mail
News Chronicle
REPUBLICAN STATE FALLS TO DEMOCRATS
But first million votes show only 14,000 lead
IT'S NECK AND NECK
I am: Kennedy begins to show a slight lead on Nixon
Baudouin shock

小約翰在父親贏得總統競選兩週後出生，這極大增強了了美國民眾對這個第一家庭的興趣。

Off West,' U.S. WARNS Russ
Los Angeles Times　FINAL
JOHNSON NOMINEE

## 我們成敗與否取決於四個問題：我們是否真正勇敢？我們是否真正有判斷力？我們是否真正誠實？我們是否真正有奉獻精神？

——約翰·甘迺迪，〈山巔之城〉，一九六一年一月

章名頁
民主黨最新提名的總統候選人，一九六○年七月十三日。／攝影：雅克·洛

左圖
一九六○年初選早期，甘迺迪在西維吉尼亞州的鄉村。甘迺迪在這個新教徒占絕對多數的州取得了勝利，這向民主黨人證明，天主教徒可以是合格的總統候選人。／攝影：漢克·沃克

上圖
韓福瑞和甘迺迪在一九六○年的第一次初選的競選活動中。甘迺迪在威斯康辛州戰勝了韓福瑞，並在接下來的十五次競選中贏得十次。

引言
道格拉斯·布林克利

　　一九五七年，在討論一九六○民主黨候選人時，約翰·甘迺迪的名字就已經躍入了大家的視野，但是多數人認為他的資歷不足，只夠當個副總統。甘迺迪當時只有四十歲，老資格的民主黨人認為他仍須磨練。他們並不瞭解他，並不知道他對未來已經有了清晰的規劃：這個國家已經可以開拓新的路線，已經具備接納新思想的勇氣。在過去的三十年，美國經歷了艱苦卓絕的階段、參與了一場世界大戰，並且隨時擔心核攻擊的發生，就是在這樣的大背景下，甘迺迪提出了「新邊疆」的設想。

　　為了展示自己的觀點，甘迺迪在把個人時間花在參議院之外，還周遊美國，與大大小小的團體對話——大多都是小團體，因為他很喜歡在居民家裡和社區活動室舉行的集會上演講。然而，在一九五八年，為了向政治實用主義證明他不僅僅只有理念和辯才，他暫停自己的行程。在以百分之四十七的優勢贏得參議員連任後，他毫無爭議地成為全國最能吸引選票的人。他也因此成為國內的主要發言人，就勞工、教育、公民權利、正在浮現的全球問題和冷戰問題接受各種採訪。他對強大的美國信心十足，又支持羅斯福新政，關心人民的福祉，這兩者結合在一起，使他在黨派內得到了民主黨人的支持。

　　一九五九年，一項「阻止甘迺迪」的運動在華盛頓發起，這諷刺挖苦之中也暗含著對他的肯定。如果他還不知道，他的政治熱度正在上升。民主黨黨內提名的主要角逐者是伊利諾州的史蒂文森、明尼蘇達州的韓福瑞和德州的詹森。不管是誰獲得黨內提名，都要面對副總統尼克森這個久經沙場的對手，他是共和黨陣營裡唯一有實力的候選人。在一九六○年初，

甘迺迪的政治優勢與對手們旗鼓相當，但他有兩項劣勢：一是他的年齡
——年輕意味著實踐經驗的缺乏；二是他的宗教信仰——從來沒有羅馬天
主教教徒當選為總統。

　　大選的挑戰對甘迺迪來說並不新鮮。他走遍國內各個角落，不只是為
了發表演說。他在沿途中瞭解了各州、各選區，並且最終很好地瞭解了選
民，這在一定程度上獲得了那些資深政治觀察家們的敬畏。沒有人懷疑甘
迺迪的智力，但是當此次總統競選發展成為美國歷史上最複雜的一次選舉
時，他的能力就開始彰顯。在計畫室內，他運籌帷幄；身處激烈的對峙，
他口若懸河；在緊張的競選季，他瀟灑上鏡；面對媒體，他淡定自如……
他被譽為具有「現代」風格的候選人。同時，他兼具劇作家的機智和大將
的風範，儘管如此，他還是難以贏得那些懷疑者的支持。

　　在爭取提名的艱苦戰鬥中，甘迺迪與選民連結的能力得到了磨礪。他
堅持不懈，留心細節，善解人意。在為期十個月的競選中，許多民眾（甚
至是懷疑論者）開始看到，他已經在實踐自己在一九六〇年反覆做出的承
諾：在公共事務方面，甘迺迪首先是美國人，其次才是天主教徒。他贏得
了所有的初選，然後在民主黨全國大會的首輪投票中大獲全勝。但是，黨
內鬥爭如此激烈，以至於民主黨似乎隨時可能發生分裂。甘迺迪一直堅持
讓詹森作為自己的副總統參選搭檔。這樣的選擇並不輕鬆，儘管這是強大
的競選陣容。而共和黨提名的候選人尼克森已經注意到，甘迺迪在參議院
「已經因自己出色的頭腦和高水準的團隊而贏得了聲譽，但他在具體專業
領域還毫無建樹」。尼克森認為他可以從經驗這個切入面擊垮對手。

　　尼克森在八月初的民意調查中領先甘迺迪，但是之後的風向就完全變
了。尼克森認為這是由於自己因病缺席了兩個星期的競選活動。政治觀察
家則認為轉捩點在美國史上首次舉行的候選人電視辯論。九月二十六日，
設在芝加哥的總統候選人電視辯論預計將吸引大量電視觀眾。兩位候選人
在應對媒體的特殊要求方面都經驗十足，但尼克森對競選的其他方面給予
了更多關注。甘迺迪則不然，他提前與製片人見面，參觀現場，選擇色調
合適的衣服，花了數小時進行練習，並拿出更多時間休息。然後，一到演
播室，他就像是一名經驗豐富的演員，接受了電視臺的化妝。實際上，甘
迺迪在辯論期間比尼克森更緊張。然而，在七千萬觀眾看來，他從容不迫，
緊張的反而是尼克森。

　　第二天的輿論一致認為甘迺迪贏得了辯論。儘管這次辯論並沒有改變
兩人的民調，但是此次辯論之夜已經被載入史冊，僅僅一場辯論並不能為

**只有敢於面對慘
敗，才能取得偉
大的成就。**

——約翰・甘迺迪

甘迺迪贏得選舉，但它展現出甘迺迪可以勝任總統之職所具備的素質，肯定了過去十年他與無數美國民眾在數千次會面時所建立起來的聯繫。他與民眾交談，心懷敬意，他們也對他抱以敬意。他的旅行為他積累了大量的經驗，而他的許多對手是無法領會他其中所得的。

十一月八日是美國的大選之夜，這對雙方來說都是既緊張又煎熬的時刻。此次選舉出現了美國歷史上票數最接近的一次全民投票，甘迺迪最終以百分之十七的優勢勝出，也就是說，在六八三〇萬張票中，甘迺迪的票數僅僅超出對手十萬張，但是在隨後總統選舉團的投票中，數量沒有這麼接近。十一月九日的上午，國會正式宣布，約翰·甘迺迪當選總統。雖然尼克森的陣營有些怨言，但是大多數美國人帶著樂觀的希望，期待著甘迺迪時代的到來。

左圖
甘迺迪宣布競選總統時的手寫講稿，該聲明於一九六〇年一月二日在美國參議院核心會議室發表。／照片提供，海瑞得拍賣行（Heritage Auctions）

右圖
一九五九年，奧勒岡州彭德爾頓，週日上午的彌撒結束後甘迺迪夫婦外出吃早餐，享受他們最後幾個月的平民百姓生活。／攝影：雅克·洛

諾曼・梅勒（Norman Mailer），新媒體工作者、作家，著有多部小說和非虛構類作品，包括《裸者與死者》（The Naked and the Dead）。他憑藉《夜幕下的軍隊》（The Armies of the Night）和《劊子手之歌》（The Exeutioner's Song）榮獲普利茲獎。

# 一位有存在主義意義的總統

## 諾曼・梅勒談候選人約翰・甘迺迪

左圖
一九六〇年四月威斯康辛州麥迪遜市。候選人著裝乾淨俐落，準備接受媒體採訪。／攝影：斯坦・韋曼（Stan Wayman）

上圖
甘迺迪在西雅圖，一九六〇年九月。他向華盛頓州的選民發表講話，在與蘇聯和中國的對抗中，強大的飛彈防禦力量對「捍衛和平的戰鬥」十分必要。／攝影：泰德・斯皮格（Ted Spiegel）

美國政壇很少因為某位政治家、某些政治理念或政治運動的風格而引人關注。人們更關注政治中的間隙、空白和未涉足的領域。地理上，我們的邊疆已經開發殆盡，但本文所討論的心理邊疆，卻如此真實地存在，其潛力尚待開發，然而，我們卻不幸地喪失了幾乎所有的機會……

傳統政治很少涉及美國真實的「底層經驗」，我們對美國真正的歷史特性知之甚少——也就是美國的潛能。如今這一切被深埋於冷漠、陳腔濫調和右派為聯邦調查局高唱的讚歌之下；深埋於自由派所宣導的福利方案之下；深埋於左翼和平運動憤怒的抗議之聲中。美國大眾並沒有被當作政治現實。他們對激進的新觀念會作何反應，沒有人知道。只有當國家的核心地帶、無人區、河谷遭到入侵時，人們才會發現民眾的現實存在……

然而，甘迺迪的潛力卻激發了這份活力，這讓我深感興趣；甘迺迪年輕英俊，妻子魅力十足，這些並不是無足輕重的瑣事，而是全新而重要的政治事實。我知道，如果他成為總統，這將是一個有存在意義的事件（existential event）：他將深入觸及美國生活中全新的領域。不管他的施政綱領如何，人們當然可以期待他會保持傳統的施政綱領，雖然他的個性並非如此，人們也可以期待他朝著常規的方向推進，正好中和他骨子裡不循常規的特質，但是人們知道，不管他公之於眾的政見是什麼，美國為尋求安全而苦苦掙扎的精神狀態，終將從那些為此而狂熱的老將軍——麥克阿瑟（Douglas MacArthur）主義者和艾森豪的支持者——的靈魂中脫離出來，但是尼克森可能還會堅持這一執念；作為一個民族，美國將最終再次暢遊於民族精神的歷史海洋，不管是否情願，這種精神最終將再次變得富有冒險精神。而這，在我看來，就是美國的希望……

以上內容摘自一九六三年《總統文件》（The Presidential Papers）

一九六〇年的民主黨大會以一個謎開始，又以另一個謎結束……但是你可以說——而且至今你仍可以這麼說——它是美國歷史上最重要的大會之一，歷史可以毫無爭議地證明它的重要性。大會所提名的候選人不同於美國歷史上任何一位競選過總統的政客，如果他當選，他將在美國深陷衰敗的危難之際上臺執政……

這真是一個謎……甘迺迪是如何走到這一步的，這並不是一個體制上的謎；他家財萬貫，在初選中獲勝，最重要的是，甘迺迪擁有鑽石級的政治團隊。他的團隊就像聖母大學的橄欖球隊[50]一樣出色，紀律嚴明、聰明能幹、勇往直前、訓練有素、不知疲倦、勢如尖刀、出類拔萃，是一個絕佳的團隊；任何一名合適的候選人來駕馭這麼一個團隊，老闆們都會將其視若珍寶，不管這人是杜魯門、史蒂文森還是能討上帝歡心的北方佬詹森，但是現在，這個團隊的領導者太年輕了，他看起來就像是新生球隊的教練，這讓人很不安。

的確，作為一名優秀、可靠、傳統而開明的候選人，其履歷無可挑剔，儘管如此，他還有閃耀的個人生活，美式生活的另一面，霓虹閃爍，徹夜不息；高速上的賓士，爵士樂的低語……

從他機場抵達會場的那個下午，巴爾的摩市的大街上自然是人山人海……很快就有人看到了他。他身穿深褐色滑雪教練服，向民眾微笑致意，他的牙齒潔白閃亮，五十碼以外也絕對清晰可見。他向潘興廣場的人群行禮致意，人群也向他致敬，人們無分貴賤，都在街上互相觀望，這是暗藏在世界歷史那十分特殊的時刻之一。他快速地從車裡出來，主動

他……還有閃耀的個人生活，美式生活的另一面，霓虹閃爍，徹夜不息，高速上的賓士，爵士樂的低語……

——諾曼‧梅勒

左圖
對於遍布全美的小鎮來講，甘迺迪的競選訪問是件大事。在九月的一次為期三天的旅行中，他訪問了加州的二十一個小鎮和城市。／攝影：康奈爾‧卡帕（Cornell Capa）

右上圖
一九六〇年四月的初選前，甘迺迪在威斯康辛州受到熱烈歡迎。這次初選是他首次迎戰對手。甘迺迪以五十六比四十四擊敗韓福瑞。／攝影：斯坦‧韋曼

右圖
由謝爾曼（Nat Sherman）煙草公司製作的「支持傑克」的「總統牌香煙」專門供應在甘迺迪的妹妹們主辦的競選站。

50 聖母大學的橄欖球隊名為「愛爾蘭戰士」（The Fighting Irish），獲得十一次全國聯賽冠軍。

走向人群，而不是踏上警方為他進入酒店清理出的通道，他被人群簇擁著前行，估計可能被人群抬起，就像鬥牛士從賽場凱旋回城一樣。樂隊邊走邊演奏著競選曲子，還有馬戲團音樂，恰似昨日重現，眼前的這一幕，過去在很多音樂喜劇中出現，現在卻真實地展現在他們的眼前；就如同一位女性心目中的明星偶像來到宮殿向公主求婚，或者打一個更本土的比方，一位橄欖球明星，校園之王，在一群高歌的學生簇擁之下來到教務長的家裡，索取教務長女兒的一個親吻，並請求教務長同意當晚舉辦大型音樂歌舞會。我望著會場恍然大悟，我明白了為什麼會場會籠罩著一股憂鬱的情緒，因為最終一切都很簡單：民主黨打算提名的這個人，無論其政治信仰多麼嚴肅，無論其政治信仰的堅定程度，都將毫無爭議地被視為票房大明星，對美國政治產生巨大而難以估量的影響。

第一次世界大戰之後，美國人一直過著一種雙重生活。我們的歷史之河流出了兩個分支，一條清晰可見，另一條暗藏地下；一條政治史之河是那麼的具體、真實、務實而又極其無聊；如果不是因為這些無聊的政治，對世界有時有重大影響，我們也不會關注這條政治之河。而隱藏於地下的尚未被發掘之河，則激流暗湧，充滿孤獨而浪漫的欲望，集聚著狂喜與熱烈，是這個民族最深沉的夢想與生活。

二十世紀可被視為一個將上層顯貴與下層貧民熔鑄成眾人的時代，十九世紀的鋼鐵讓位於傳遞訊息的電子線路。新世紀的明顯趨勢似乎是創造一種可以像商品一樣相互交換的新人類，他們個性的張揚之處被通信工具的力場所壓迫。個性的喪失對於想像力的未來是一場災難，但幾十億地

球人眼前可能會由此可以擁有足夠的食物而從中獲益—但我們不知道—而在歐洲仍然保存著抵禦二十世紀的城堡，那裡文化深厚，在古老的建築中，還可見其根部。

然而，沒有哪個地方像美國一樣，個人主體（individual man）和「大眾化」之人（mass man）的落差會如此強烈，因為美國是第一個進行大眾通信工具的創造者，也是產品最豐富的國家。同時，美國也是世界上最「無根」的一個國家，幾乎沒有美國人能夠聲稱，自己的家庭譜系沒有因為遷徙而切斷了與根脈的聯繫。但是，如果它「無根」，那麼從民族同質化角度來看，美國便是最不堪一擊的國家。然而美國同樣也是文藝復興的活神話——人人都有非凡的潛力——並有著激情的堅持。簡言之，在美國這一方土地，人們仍然相信英雄……

是的，政治生活和神話生活已經分道揚鑣，無法再讓其重合。它們沒有共同的敵人，沒有共同的事業，沒有共同的欲望，最重要的是，它們沒有共同的英雄。美國需要的恰恰就是一位英雄，一位對其時代至關重要的英雄，其個性矛盾而神祕，使其可以觸及被疏遠的地下領域，因為只有英雄才能抓住一個民族隱祕的想像力，借此為國家帶來活力；英雄代表著幻想，因此他也允許每個個體自由地想像，並找到一條成長之路。每個人都會更加明瞭自己的欲望，就不會把精力都浪費於排斥自己的欲望……受到性吸引及性饑渴的人、窮人、辛勤的勞動者和富有想像力的富人階層，都能從這位總統身上看到自己的影子，相信自己可以與他一樣……

太簡單了？沒錯。人們試圖構建一個簡單的榜樣。這個論點一點也不神祕；它不過是在推崇一種觀念：一個英雄代表著他的時代，他並不比

這就是美國需要的英雄，一個處於他的時代中心的英雄。

——諾曼·梅勒

他的時代優秀很多，但是他高於生活，因此能指明時代發展的方向，能夠鼓舞一個民族發掘其精神最深處的底色。從根本上講，英雄這個概念與客觀的社會進步是相悖的，也與通過社會立法解決社會弊病的信念相悖，因為它把一個國家看作一個完全受困於其自身精神的存在，直到一位英雄出現，讓國家的精神展現於自我面前⋯⋯

那些年，美國需要進行存在主義意義上的轉變，走進夢魘，面對那令人驚恐的歷史邏輯——它要求這個國家及其人民必須變得更不同凡響，更有冒險精神，否則便會衰亡⋯⋯

是的，美國最終與其神話的命運交鋒。這個民族的神話是要加速前進還是走向衰退，將取決於在兩個四十多歲的年輕人之間做出的選擇，不管他們宣布的政綱多麼接近、無聊或不痛不癢，這是兩個截然相反的年輕人，一位頭腦清醒，懂得抓住機會，威力四射；另外一位英俊瀟灑，就像美國夢裡沒有表明身分的貴族王子。最終，歷史呈獻給這個民族前所未有的抉擇——你可以投票給充滿光彩的那位，或投票給「相貌醜陋」的那位，這樣的選擇令人心靈震撼、暈頭轉向——這個國家是否足夠勇敢去追求自己的浪漫夢想，它是否會投票支持他們潛意識中反覆出現的形象，美國人民是否有足夠的勇氣去期待一個全速前進的時代，一種戲劇化的新生活？只要選擇他，一個顯然是我們民族精神脊柱和情感的繼承者，這樣的時代就會到來。你也許會躊躇不決：做總統可能會比過去任何時候更難，只有偉人才能擔此大任。

以上內容節選自〈超人造訪超市〉（Superman Comes to the Supermarket），最初刊載於一九六〇年十一月的《紳士》（Esquire）雜誌，發表於大選日的前幾天。

左圖
一九六〇年四月在西維吉尼亞州的一家超市裡。甘迺迪和他的顧問們想辦法讓群眾能在人山人海的狀態下看到他，拍到他。／照片，攝影：漢克・沃克

右圖
據甘迺迪的助手歐唐奈（Kenny O'Donnell）以及包爾斯（Dave Powers）的估算，從一九六〇年八月下旬到十一月八日，甘迺迪在二百三十七個城市舉行了選民見面會和集會。／攝影：雅克・洛

傑瑞・布朗（Jerry Brown），加州第三十四和三十九屆州長，近五十年裡，他一直是民主黨的重要政治人物。他也擔任過奧克蘭市長和加州的祕書長，曾三次競爭民主黨總統候選人提名。

# 人的權利

## 傑瑞・布朗談〈開拓新邊疆〉

一九六〇年七月十五日，約翰・甘迺迪在洛杉磯的民主黨全國代表大會上發表演講，並接受了總統候選人提名。那是一個很不同的時代，一個面臨越戰、城市種族騷亂、政府成為「問題」、蘇聯解體和伊斯蘭恐怖主義的一個時期。

與今天的候選人演講相比，甘迺迪的演講簡明扼要。他的講話持續了二十二分鐘，長度只有後繼者的一半。他的演講中沒有今天演講中的那些個人故事和瑣碎的問題，而是從大處著眼，提出了他的基本原則——民主權利和經濟權利是人類尊嚴的基礎。並且，他在演講中表達了一種希望，把國家面臨的機會和「繁重的責任」作為此次競選中要處理的「大事」。他的演講沒有任何煽情。他措辭簡潔，基調崇高，呼籲大家要「奉獻，而不是索取更多的保障」。

他引經據典，借古喻今，且假定他的聽眾能夠分辨理查一世（Richard I）[51] 和亨利二世（Henry II）[52] 的不同，或者理查・克倫威爾（Richard Cromwe II）[53] 和他父親奧利弗・克倫威爾（Oliver Cromwe II）[54] 的不同。他堅信選民清楚問題所在，並相信「變革的時間」已經到了，他也沒有過多地談論共和黨的失敗。他的焦點既不在過去，也不在現在，而是直指未來，因為「世界正在變化。舊時代就要結束，老路子行不通了」。

甘迺迪看到了即將發生的革命性變化。他呼籲關注過分擁擠的城市和學校，要求「在我們社區生活的方方面面終止種族歧視」。他注意到了人類過去的行為對人類的生存造成的威脅，警告人類「已經具備把所有物種消滅七次的力量」。

在充斥自滿氣氛的二十世紀五〇年代，很多人認為意識形態時代已經結束，所有重大的政治問題已經有了答案，有待解決的只有管理和技術問題。甘迺迪對此卻不以為然，令人印象深刻地宣稱：「我們今天站在一條新邊疆的邊緣——二十世紀六〇年代戰線的前線——這條戰線有未知的機

左圖
甘迺迪穿越全美的競選之旅，一個寒冷的黎明。／攝影：康奈爾・卡帕

51 理查一世（1157-1199），綽號「獅心王」，金雀花王朝的第二任國王。一一九〇年領導第三次十字軍東征。
52 亨利二世（1133-1189）英格蘭國王，安茹王朝（金雀花王朝）創立者。
53 理查・克倫威爾（1626-1712），英國護國公（1658-1659），即位後企圖繼承其父的獨裁政策，但被迫重新召開解散的議會。一六五九年議會恢復君主制，並迎接查理二世復位。後流亡法蘭西。
54 奧利弗・克倫威爾（1599-1658），英國資產階級革命時期資產階級新貴族集團的代表人物、獨立派首領。一六五三年解散長期議會，建立軍事獨裁統治，自認「護國公」。

遇和風險，未實現的希望和未爆發的威脅。」

在這鏗鏘有力的話語中，他濃縮了自己此次競選的核心內容和之後總統任期的精髓。這裡沒有民意調查後，針對這個或那個派別而設計的議題，只有對全體美國人民的呼籲，呼籲他們成為新邊疆的先鋒。

甘迺迪高舉「共產主義體制在世界上不斷攻城略地」的幽靈，他問道，在自由中組織和孕育起來的美國是否能夠經受得住如此的考驗。

「我們有沒有勇氣和決心？」美國能否贏得這場「探索天空和降雨、海洋和潮汐、外太空和人類思想奧祕的比賽」？這是甘迺迪向美國人民提出的大問題。

多年以後，我們更清楚地看到「新邊疆」所體現的一種執政方式，它激發了美國人內心的自豪感，鼓舞了一個更加團結的美國。一九六二年的我在耶魯法學院學習，我永遠忘不了甘迺迪在古巴飛彈危機期間領導我們時所展現的沉著和勇氣。他的將軍們要入侵古巴島，但自信的甘迺迪耐心地和赫魯雪夫進行溝通並最終找到了出路。當危機結束，世界被從核災難的邊緣拉回來時，我仍然記得自己那種如釋重負的感覺。

誠然，甘迺迪並非沒有缺陷，但是，他無疑是一位出色的領袖，是一位英雄人物。他的魅力與機智已離我們遠去，但他鮮活的精神即使現在仍在召喚我們走向新邊疆：建設一個走出恐懼、充滿生機和希望的美國。

左圖
在一九六〇年初選的早期階段，賈姬證明了她是甘迺迪的一筆寶貴財富，但因為懷上了小約翰，甘迺迪，她只能待在喬治城的家裡，直到一九六〇年七月十三日，她丈夫在民主黨全國代表大會上贏得提名，賈姬才出現在公眾面前。／攝影：斯坦・韋曼

右圖
羅伯特強烈反對讓詹森擔任競選搭檔。在獲得提名後的第二天，甘迺迪在洛杉磯飯店的房間裡告訴弟弟，他已經做出決定。／攝影：漢克・沃克

# 開拓新邊疆

## 甘迺迪在民主黨全國代表大會上接受總統候選人提名時的演說
## 加州洛杉磯市，一九六○年七月十五日

接受此次提名，我深感責任重大，同時也備受鼓舞。

我是全心全意、心懷感激、毫無保留地接受這一提名，此時，我的心中只有一個使命——那就是竭盡全力，奉獻出我的身心和智慧，帶領我們的黨贏得勝利，引領我們的國家再創輝煌……

我十分清楚，民主黨不畏我天主教的信仰，提名我為候選人，很多人認為這是一件新鮮而十分冒險的舉措——這的確很新鮮，自從一九二八年以後，這還是第一次。但我卻有不同的看法：又一次，民主黨對美國人民寄予信任，相信他們有能力做出自由公正的判斷。與此同時，你們也給予我信任，相信我有能力做出自由公正的判斷——堅決維護憲法，兌現我的就職誓言，並且，作為總統，摒除任何可能直接或間接干預國家利益的任何宗教壓力或義務。十四年來，我支持公共教育，支持政教的絕對分離，在任何問題上都不受來自任何一方的壓力，大家對我的履歷都已十分清楚……

然而，我們所尋求的在十一月的勝利，無論如何也不會容易。我們內心對此都十分明瞭。我們知道那些將會聯合起來對抗我們的勢力的威力，我們知道他們會以林肯的名義為自己的候選人助威——儘管事實上他們的候選人在政治生涯中似乎沒有對他人施以仁慈，而是敵意十足。

我們知道，與這樣的對手交鋒並不容易。在每個眾所周知的問題的任何方面，他都會發言或投票。在小羅斯福的新政和杜魯門的公平施政（Fair Deal）之後，尼克森先生可能覺得這回輪到他了——但在他發牌之前，最好「某個人」能搶占先機。

「某個人」可能是數百萬投票支持艾森豪的美國人，但他們對那位躍躍欲試、自封為繼承人的那位先生卻避之不及。因為正如歷史學家告訴我們的，亨利二世渾身是膽，他的鞋子不適合理查一世穿，理查·克倫威

上頁圖
甘迺迪到達洛杉磯體育館接受民主黨提名。左邊是俄亥俄州州長迪薩爾（Michael DiSalle），右邊則是康乃狄克州州長里比科夫（Abraham Ribicoff），一九六○年七月十五日。／攝影：格雷·維萊（Grey Villet）

左圖
大會現場，一九六○年七月。／攝影：拉爾夫·克蘭（Ralph Crane）

爾穿上他叔父的斗篷也不合身。在未來的歲月裡，歷史學家可以繼續補充——尼克森邁不出艾森豪的步伐。

或許他能夠沿襲該黨的政策——尼克森、以斯拉·本森（Ezra Taft Benson）[55]、迪肯斯（Everett Dirksen）[56] 和戈德華特（Barry Goldwater）[57] 的政策。但這個國家消受不起這般的奢華。我們也許能夠承受哈定（Warren G. Harding）之後的柯立芝（Calvin Coolidge），我們也許能夠承受菲爾莫爾（Millard Fillmore）[58] 之後的皮爾斯（Franklin Pierce）[59]。但是在布坎南（James Buchanan）之後，這個國家需要一個林肯；在塔夫脫（William Howard Taft）之後，我們需要一個威爾遜；在胡佛（Herbert Clark Hoover）之後，我們需要一個小羅斯福……渾渾噩噩、斷斷續續地酣睡了八年之後，這個國家需要強大而有創造力的民主黨領導團隊入主白宮。

但是，我們不僅是在與尼克森先生進行競選。我們的任務不僅僅是逐一列舉共和黨的失敗。這完全沒有必要。因為那些被迫離開農場的家庭，我們不需要說什麼，他們也知道該如何投票。那些失業的礦工和紡織工人，他們也知道該如何投票。那些沒有醫療保障的老人，沒有一所體面房子的家庭，那些不能餵飽孩子或者讓孩子上學的父母們，他們都知道變革的時機已到。

但是我認為，美國人民對我們有更多的期待，我們不能僅僅義憤填膺、惡言相向。現在的情勢嚴峻，挑戰迫在眉睫，風險太高，容不得我們像以前那樣進行慷慨激昂的政治辯論。我們步履維艱地前行，並不是為了詛咒黑暗，而是要點燃希望之光，引導我們穿越黑暗，走向安全、合理的未來。正如邱吉爾二十多年前在就職時所言：如果我們在現在和過去之間爭吵不休，我們將有失去未來的危險。

55 以斯拉·本森（1899-1994），共和黨人，曾任美國農業部長。
56 迪肯斯（1896-1969），共和黨人，二十世紀七〇年代是美國參議院少數黨領袖，幫助撰寫並通過了《一九六四年民權法案》以及《一九六八年民權法案》。
57 戈德華特（1909-1998），共和黨人，一九六四年美國總統選舉共和黨的總統候選人。
58 菲爾莫爾（1800-1874），第十三任美國總統。
59 皮爾斯（1804-1869），第十四任美國總統。
60 一九五二年十月，艾森豪在底特律發表演講，聲稱如果他當選總統的話，將親自前往北韓尋求解決衝突的辦法。上任後，艾森豪前往北韓視察，但從北韓回到美國以後，他的態度馬上發生大轉變，他聲稱對於敵人不能用言語感化它，只能用行動制止它。

今天的我們必須心繫未來。世界正在變化。舊時代正在終結。老路子已經走不通了。

在國外，權力平衡正在發生變化。更可怕的新式武器層出不窮，新成立的國家動盪不安，人口和貧困帶來了新的壓力。據說，世界上有三分之一的地區可能是自由的——但還有三分之一處於殘酷的鎮壓之下，另外三分之一則在貧困、饑荒和忌妒的痛苦中掙扎。這些新興國家的覺醒所釋放出來的能量甚至比原子裂變所釋放出來的能量還要多。

與此同時，共產主義勢力在亞洲進一步滲透，肆虐於中東，如今已侵蝕到弗羅里達海岸外大約九十英里的地方。友邦們已經悄悄轉向中立，中立國已經轉向敵對方。正如我黨主要發言人所提醒的那樣，那位通過訪問韓國開啟職業生涯的總統[60]，卻以躲避日本結束自己的職業生涯。

這個世界過去曾瀕臨過大戰，但如今，從先前所有致命威脅中倖存下來的人們，他們現在手中所掌握的武力足以把地球所有物種消滅不下七次。

在國內，變化的前景同樣也是革命性的。羅斯福的新政和杜魯門的公平施政對他們那一代人來說都是大膽的舉措，但現在是全新的一代。

農業科技革命導致產量暴增，但我們尚未學會有益地利用這種產量爆炸，同時保護農民的權利，使他們獲得公平的收入。

城市人口的劇增讓學校過於擁擠，郊區凌亂，貧民區更加髒亂不堪。

人類權利正在進行一場和平的革命——這要求在我們社會生活的全方位停止種族歧視——懦弱的領導人在人權上所設置的鎖鏈已經被拉緊。

醫學革命已經延長了我們老年公民的壽命，但是他們晚年應有的尊嚴和保障卻沒有到位。自動化革命使美國的礦場和工廠逐漸用機器取代人力，但是工人的收入卻沒有得到補償，他們也沒有受到應有的培訓，用於支付家庭醫生、雜貨商和房東所需的錢款也無以為繼。

進步與倒退並存，我們的智力和道德力量一直在下滑。這七年經歷了乾旱和饑荒的歲月已經讓思想之田枯萎。荒蕪籠罩著我們的管理機構。始於華盛頓特區的朽爛正向美國的每個角落擴散——行賄心態，開支報帳的生活方式，對於什麼是合法與正當的界定日益模糊。太多的美國人迷失了他們的方向、他們的意志、他們的歷史目的感。

簡言之，時代呼喚新一代的領導人，讓新人來應對新的問題，迎接新的機遇。

全世界，特別是在新興國家，年輕人正在執掌政權，他們不受傳統的

左圖
甘迺迪的妹妹珍妮和尤妮絲，一九六〇年七月十四日。她兩人在競選中扮演著重要角色。／攝影：康奈爾·卡帕

下圖
和母親羅斯一起。「對一個母親來講，還有什麼比培養一位偉大的兒子或女兒更加偉大的抱負和挑戰？」羅斯在其回憶錄中寫道。／攝影：朱利安·瓦塞爾（Julian Wasser）

束縛，沒有被過去的恐懼、怨恨和對手蒙住雙眼，這些年輕人能摒棄陳舊的口號、幻想和猜疑。

當然，共和黨將要提名的也是一位年輕人。但他的套路像麥金萊（William Mckinley）[61] 一樣陳舊。他的政黨是屬於過去的政黨。他的演講是對《窮理查年鑑》（Poor Richard's Almanack）[62] 的概述。他們的政綱只不過是由民主黨施政綱領的殘羹冷炙拼湊而成，他們堅持的是陳舊的信念。他們的誓言是要維持現狀，而今天，我們不能再讓這樣的現狀繼續下去了。

今晚，我站在這裡，面對西方，那裡曾是最後的邊疆。從我身後綿延三千英里的大地上，老一輩開拓者放棄了他們的安全，他們的舒適，有時甚至是他們的生命，在西部建立了一個新的世界。他們從來沒有動搖、從來沒有猶豫、從來沒有故步自封。他們的座右銘不是「人人為己」，而是「為了共同的事業而努力」。他們決心建立一個強大而自由的新世界，克服兇險障礙和惡劣的環境，戰勝來自國內外威脅他們的敵人。

今天有人會說，那些困難都已過去——所有的遠方都已開發，所有的戰鬥都已獲勝，美國已經沒有可以開發的邊疆了。

但是我相信，在這個大會上，沒有人會同意那些看法。因為問題並沒有都解決，戰鬥沒有全部取勝，今天我們站在一個新邊疆的邊緣——二十世紀六○年代的邊疆——未知的機遇與風險並存，未實現的希望與未爆發的威脅同在。

威爾遜的「新自由」許諾給我們國家一個新的政治經濟框架。小羅斯福的新政承諾給需要幫助的人以安全和救助。但是我所說的「新邊疆」不是一組承諾，而是一組挑戰。它的主要內容，不是我打算承諾給美國人民

61 麥金萊（1843-1901），第二十五任美國總統。領導美國在美西戰爭中擊敗西班牙，提高關稅，保護工業，維持金本位制等。
62 富蘭克林所作的年鑑，出版時間從一七三二年持續到一七五八年。年鑑中虛構了一個人物理查．桑德斯，內容包括日曆、天氣、詩歌、諺語等。
63 勞合．喬治（1863-1945），英國首相，自由黨領袖。一九一九年出席巴黎和會，凡爾賽體系策劃者之一。

不管你年齡幾
何，只要你擁有
一顆年輕的心；
不管你黨派為
何，只要你有一
份堅定的意志。

——約翰·甘迺迪

什麼，而是我打算向他們要求什麼。新邊疆向他們的自尊心而不是他們的錢包發出呼籲，要求美國人民做出更多的犧牲而不是索取更多保障。

但是我要告訴你們，不管我們是否尋找它，新邊疆就在這裡。在這個邊疆之外，是未知的科學與空間領域，未解決的和平與戰爭問題，未戰勝的無知與偏見，未克服的貧困與過剩問題。從新邊疆退縮回來，一心求穩的平庸之輩，被善良的意圖和華麗的辭藻所哄騙，這樣做容易得多。誰要是更喜歡這種路線，請不要把票投給我，不管你屬於哪個黨派。

但是我相信，這個時代需要發明、創新、想像和決心。我請求你們每個人都成為新邊疆的新開拓者。不管你年齡幾何，只要你擁有一顆年輕的心；不管你黨派為何，只要你有一份堅定的意志；我懇請所有響應《聖經》號召的人，「要剛強勇敢，無所畏懼，無所驚慌。」

因為我們今天所需要的，是勇氣而不是自滿，是領導力而不是行銷術。對領導唯一有效的檢驗就是領導能力，是強有力的領導。勞合·喬治（David Lloyd George）[63] 說，一個疲乏的國家就是一個保守黨的國家，今天的美國既經不起疲乏，也經不起保守主義。

這裡可能有人希望聽到更多對這個或那個團體的更多承諾，對克里姆林宮裡的人更多嚴詞指責，對一個金色未來的更多承諾——抵稅和高補貼。但我的承諾都在你們已採用的政綱裡；華麗的言辭實現不了我們的目標；只有我們對自己有信心，我們才能對未來有信心。

因為嚴酷的事實是，我們在歷史的轉捩點之時站在了這片邊疆之上。我們必須再次證明這個國家——或者任何如此孕育出的國家——能否長久存在下去；我們的社會擁有選擇的自由、豐富的機會和廣闊的可能性，能否與共產體制思想強勁的擴張一決高下。

左上圖
大會期間，詹森在洛杉磯酒店的房間裡。他未能參加初選，最終以很大落差在代表選票中位居第二，他本來是黨內領導人的意中人選。／攝影：湯瑪斯·麥卡沃伊

左圖
一九六〇年七月哈勃·馬克思（Harpo Marx）發來的電報。

右圖
懷有身孕的甘迺迪夫人在海恩尼斯港家中觀看丈夫的提名儀式。／攝影：泰德·波倫鮑姆（Ted Polumbum）

一個像我們這樣組織和管理的國家能否生存下去？這是一個很現實的問題。我們有沒有勇氣和意志？在這個時代，我們將不僅見證毀滅性武器的新突破，而且還能看到主宰天空和降雨、海洋和潮汐、太空和人類心智的競賽，我們能否度過這個時代？我們能否擔負起這項任務，我們能否應對挑戰？我們是否願意像俄國那樣為了未來而犧牲現在，還是我們只能為了享受當下而犧牲我們的未來？

這就是新邊疆的問題。這就是我們這個國家必須做出的選擇，這不僅僅是在兩個人或兩個黨之間做出選擇，也是在公共利益和個人安逸之間要做出的選擇，在強盛與衰落之間做出的選擇，在進步的新鮮空氣與國家的「常態」氣氛之間做出的選擇，在堅定的奉獻和四處蔓延的平庸之間做出的選擇。

全人類都在等著我們的決定。全世界都在期盼我們的行動。我們不能辜負他們的信任，我們不能不做嘗試。

從初雪的新罕布夏州到這人頭攢動的全國大會所在地有很長一段路。現在又要開始另外一段漫長的行程，它將把我帶到你們的城市和你們在全美國的家園。請你們幫助我，伸出你們的援助之手，發出你們的聲音，為我投上一票。現在，讓我們一起回憶一下《以賽亞書》（Book of Isaiah）中所言：「侍奉耶和華的，必重新得力，他們將如鷹一般展翅翱翔，他們將奔跑不息而不知倦怠。」

面對即將到來的挑戰，我們也需要侍奉耶和華，請求他給我注入新的力量。這樣我們就能經受住考驗，這樣我們就不會倦怠，這樣我們就會勝出！

上圖
甘迺迪發表提名演說時使用的文字提示器，上面顯示這是他第一次公開使用「新邊疆」這個說法。

左圖
一九六〇年七月十五日，甘迺迪在洛杉磯紀念體育館向大約八萬人發表了他的〈新邊疆〉演說。／攝影：埃德・克拉克

右圖
在洛杉磯體育館等候接受提名。就在之前的那天，甘迺迪選擇詹森作為他的競選搭檔，意在爭取南方的選票。／攝影：埃德・克拉克

# 新興的非洲國家

甘迺迪在全國婦女協會上的講話
紐約市，一九六○年十月十二日

左圖、上圖
一九六○年十一月，在國會大廈前
和國會內部的幾內亞人，他們是
由甘迺迪基金會出資的「空運」
項目的參與者，旨在把獲得獎學
金的非洲學生送往美國各大學就
讀。／攝影：泰德·拉塞爾（Ted
Russell）

……非洲的新興國家決心要擺脫那片土地上眾多的貧窮和饑餓。

他們決心要建立持續增長的現代化經濟，不斷提高生活水準。他們決心要讓人民接受教育，維護他們的獨立，受到全世界的尊重……

我相信，如果我們能盡到自己的責任——只要我們伸出友誼之手，只要我們實踐我們自己的革命理想，那麼非洲人民的革命事業在今後十年將會朝著民主和自由的方向前進，而不是共產主義體制和奴隸制……我們與非洲的連結就不僅是在歷史和精神層面。因為我們今日為非洲立下的目標也是非洲人民自己的目標。

我們希望的非洲，是一個可以不斷提高其極低的生活標準，不斷發展工業和商業，逐漸消滅營養不良和無知愚昧的非洲。

這也是非洲所想要達到的目標。

我們希望的非洲，是一個各國政府穩定而獨立，黑人和白人的人權得到同樣地尊重和保護，人們有機會選擇自己國家的發展道路，不受其他任何國家的指控或強迫的非洲。

這也是非洲人民想要的……

我們已經在非洲失去支持，因為我們忽視了非洲人民的需求和願望；因為我們未能滿足非洲人民的需求和願望；因為我們未能預見到非洲的興起並與其一起為獨立而奮戰；因為我們未能幫助非洲人民發展穩定的經濟，讓人民接受教育，而這是他們進步與自由所不可或缺的。

如果我們想在非洲營造一種氛圍，使自由能夠綻放，讓長期忍辱負

重的人們能看到自己和孩子未來會有更美好生活的願望，正在與無知、饑餓、疾病作鬥爭的人們能夠不斷取得勝利，要實現這些，我們就必須為非洲的發展啟動大膽而富有創造性的新方案。

首先，為了滿足教育的需要，我們必須大量增加來美國接受大學教育的非洲學生的數量——他們就是非洲未來的領袖。但是僅僅培養新領袖是不夠的。我們必須幫助非洲各國克服大眾的無知和文盲現象，為此應建立一個跨國非洲教育發展基金會，並源源不斷地派出專家和教育工作者，包括工程師和技術人員，培養非洲人使用現代化生產和科學的工具，以及政府運行中必不可少的技能和知識。

其次，我們必須利用我們的額外資源和技術，滿足非洲對食物的迫切需求。四分之三的非洲人在僅能糊口的農場裡為生存而鬥爭，營養不良是非洲最大的健康問題。我們的農業專家必須培訓非洲農民運用現代方法增加糧食的產量，為工業釋放勞動力和資本，並且消滅饑餓……

第三，我們必須提供開發資金，僅此一點就能把有限的資源用於提高非洲人民的生活水準……長期資本貸款對於道路、電力、水力、醫院的建設是必不可少的，同時……也可以刺激私人投資……

第四，我們必須讓聯合國在我們的非洲計畫中發揮核心作用……要建立一個強大而自由的非洲，而不是把非洲國家當作冷戰中的馬前卒……

第五，我們必須與非洲正在興起的民族主義潮流結盟……這是現代世界最強大的力量……因為這是我們的歷史原則……

第六，我們必須消除國內一切對黑人的種族歧視和偏見……美國發生的每一起種族偏見、每一起仇恨或偏執的行為，都會登上非洲報紙的頭版……，在紐約市超過六百名非裔和亞裔學生就因為其膚色，找不到體面的住房。非洲的外交官在華盛頓找房子也面臨類似的困難。非洲當下的領導者和未來的領導者會把什麼樣的美國畫面帶回他們的祖國？……

在最近的電影《越獄驚魂》（The Defiant Ones）中，兩個被鐵鍊鎖在一起的男人——一個白人和一個黑人——一起摔落到一個陷阱中。唯一的出路就是一個人站在另一個人肩上。但是因為他們被鐵鍊鎖在一起，所以第一個人爬出陷阱後，必須把另一人拉上來，如果你想獲得自由的話，你只能這樣做。

今天，非洲和美國，黑人和白人，新國家和老國家，也連結在一起。我們的挑戰正向我們逼近。如果我們想要達到我們的目標，如果我們要實現人類對和平與自由的永恆追求，我們就必須攜手共進！

如果我們要實現我們的目標，如果我們要實現人類對和平與自由的永恆追求，我們必須攜手共進。

——約翰・甘迺迪

下圖
一九六〇年獲得獎學金的東非學生在飛往美國的航班上。／攝影者不明

右圖
一九六〇年十月十二日，紐約哈林黑人區，甘迺迪發表了他的〈新興非洲國家〉的演講。詹森的出現，增強了甘迺迪在哈林黑人區這類地方的地位。詹森曾在一九五七年推動參議院通過人權法案，這是自美國重建以來第一部此類立法。／攝影：伯頓・伯林斯基（Burton Berinsky）

科菲·安南（Kofi Annan），擔任過第七屆聯合國祕書長，獲得過諾貝爾和平獎。他是迦納外交官，因在全球的人道主義工作而廣為人知。

# 帝國的喪鐘

## 科菲·安南談〈新興的非洲國家〉

十七世紀英國牧師和歷史學家富勒（Thomas Fuller）說，偉大的希望造就偉大的人。約翰·甘迺迪所提出的偉大希望之一，就是非洲的解放和非洲新興國家的成功，這就是我今天的演講主題。正是因為這一提議，甘迺迪在我這一代的非洲人中特別受歡迎。

今天在美國很少有人記得，甘迺迪在就職總統之前曾是參議院外交關係委員會下屬的非洲事務小組委員會的主席，但他的演講在非洲大陸引起了共鳴，他在演講中抨擊殖民主義，敦促美國發揮自身力量支持非洲的解放運動。這是一次關於外交關係的演講，是他在競選期間發表於婦女協會的座談會上，甘迺迪的講話表明他認為非洲的未來很重要。

當然，甘迺迪在一定程度上是他的時代和他的國家的產物。當一九五六年美國和蘇聯迫使以色列、法國和英國從蘇伊士運河撤出時，他們敲響了那些帝國在世界各地的喪鐘，其中也包括非洲。

甘迺迪成為總統時，十九個非洲國家已經獲得獨立，包括我的國家：一九五七年獨立的迦納。隨後還有更多的國家走向獨立。但是，他在演講中也警示過「我們需要的非洲，不是冷戰中的馬前卒，或者是東方和西方的戰場」，然而，這卻恰恰成為現實，無數非洲人為此付出了自己的生命和理想。

甘迺迪在他的總統任期內，採取了許多積極的對非措施，包括創立美國國際開發署，增加對非洲的援助和外匯交易。（一九六〇年，甘迺迪本人了進行了一次私人捐款，資金來自甘迺迪基金會，為幾百名非洲人提供來美國學習的機會。其中的一些人後來成為非洲的領導人。）多年後，我本人也借助於教育獎學金來到美國學習。

他也努力在美國國會為聯合國爭取更多的援助，支持聯合國在剛果的維和行動。甘迺迪對民族自主主義的信奉有時會受到冷戰政治的影響，

左圖
甘迺迪呼籲終止非洲的殖民主義，這是主要政黨的總統候選人第一次提出此呼聲，一九六〇年。／攝影：保羅·舒策

馬奧尼（Richard Mahoney）在著作《甘迺迪：在非洲的考驗》（JFK: Ordeal in Africa）中記錄了甘迺迪政府和非洲的關係史，他認為「最終，甘迺迪仍然忠實於自己的本性」。

不過，被甘迺迪斥為「老帝國」的殖民主義最終又被冷戰中新超級大國所謂的「新殖民主義」所取代。不管這些國家選擇西方還是東方，結果幾乎是一樣的：壓迫和貧窮。

每一方都挑選並支持自己的超級隊友，然後作為他們的代理人在非洲進行戰爭，就像在別處一樣。甘迺迪在一九六○年演講中所提到的「自由之火」並沒能熱烈地燃燒，而是被壓抑，留給了另一代人。從這種意義上講，美國未能像甘迺迪所告誡過的，實現它自己的革命理想。

自一九六○年的演講以來，非洲已經發生了很大改變。最顯著的變化是，如今在非洲大陸已有五十四個獨立國家，殖民主義已成為遙遠的記憶，冷戰也結束了。甘迺迪所關切的與貧困、饑餓和無知的抗爭，已經取得了相當可觀的進步。衝突已不多見，民主傳遍了整個大陸，或許最重要的是，希望之火再一次照亮了新一代非洲人。

但是在甘迺迪一九六○年的演講中，他所認定的非洲應該優先發展的領域和我今日所宣導的仍是一樣：教育、農業和基礎設施建設。生產率提高的前景讓人震驚，能讓非洲成為全球經濟增長的強大動力。

然而，非洲過去十五年經濟飛速發展的教訓之一是，僅僅關注於增長

上圖
一九六○年三月四日，休士頓靜坐罷工的午餐櫃檯。非洲的解放運動與美國的人權運動同步展開，並且幫助和鼓舞了後者。／攝影者不明

右圖
一九六○年八月七日：羅伯特・甘迺迪在象牙海岸代表美國出席於阿必尚舉行的獨立慶典活動。／攝影：雷蒙德・德帕東（Raymond Depardon）

下頁圖
甘迺迪最初想為他一九六○年的競選海報選擇一副表情嚴肅的宣傳照片，但是設計師唐納德・威爾森（Donald Wilson）說服他以迷人的微笑形象示人。／攝影者不明

是不夠的：太多其他的目標被拋棄，而且環境的代價也很沉重。

正如甘迺迪在他的演講中所強調的，不發達的經濟滋生了不滿和騷亂。在一九六〇年，他主要擔心共產體制的號召力。今天，這片大陸上憤怒、失業和絕望的年輕人正在另尋出路。其中一些人，比如博科聖地組織（Boko Haram）[64] 和索馬利亞激進伊斯蘭組織青年黨（Al-Shabaab）[65]，轉向聖戰運動。另一些人則準備離開他們的祖國，遷居國外，去那些發展前景更好的非洲國家，或者是歐洲。但大多數人要求國內進行變革。

這就是現在和甘迺迪發表演說的那個時代的關鍵區別之一：非洲今天面臨的戰鬥主要發生在內部。越來越多非洲的年輕人住在城市，受過教育並與外面的世界聯繫在一起，他們不再被動地接受現狀，或者一成不變地生活。他們要求自己的政府變得更加民主、更負責任、更誠實、更包容、更有能力。如果他們的領導人們無法引領他們，我認為新的一代會強迫這些領導人們追隨他們。

我知道，這是偉大的希望，但我同樣期待，這偉大的希望將在非洲孕育出更多偉大的男性和女性——更多的人不再詢問非洲能為他們做什麼，而是自問他們能為非洲做什麼。

64 博科聖地組織，為奈及利亞的伊斯蘭教原教旨主義組織。
65 青年黨，活動於索馬利亞的伊斯蘭原教旨主義恐怖組織。

P FOR T

# 國家、宗教與自由

## 塔里克‧拉馬丹談〈駁偏執〉

塔里克‧拉馬丹（Tariq Ramadan），被《時代》雜誌評為二十一世紀的七位宗教革新家之一，他是學者、哲學家和作家，在許多大學任教，其中包括牛津大學神學和宗教系。

在他一九六〇年九月十二日的演講中，這個將要成為美國首位天主教總統的候選人——約翰‧費茲傑羅‧甘迺迪——聲稱政教必須保持絕對的分離。然後，他說道，任何宗教都不能將它的教義和信仰強加於國家之上。他繼續說道，同樣，一個候選人也不能因為其宗教信仰而被排除在總統職位之外。簡短的幾句話，甘迺迪就清晰地闡釋了自己的觀點，明確了多元社會權力行使的清晰界限。國家在管理公共事務上必須保持中立，不能受任何宗教或意識形態遊說集團的影響。好的政府尊重平等和正義，並將其應用於所有的公民，不因為他們的宗教、性別或社會地位而區別對待。權力的行使同樣取決於廣為接受的倫理觀，它既不與宗教教義相衝突，也不曲意逢迎那些教義。

當時的甘迺迪參議員敏銳地指出了這些最根本的原則以及由此所產生的結論。首先，國家必須為全體公民服務，必須確保在法律面前平等對待所有宗教。權力的行使也要遵守同樣的原則。在一個民主社會中，宗教自由是權力分立的重要條件。甘迺迪指出，我們不僅要保障公民之間的平等，也要培育公民的博愛精神和共同體的意識。最後這一點經常被忽略，但其至關重要。

在一九六〇年，這位未來的總統主要提到的是天主教徒、新教徒和猶

太教徒。也許有些讓人意外，他並沒有提到穆斯林，雖然他們已經開始通過一些組織發出自己的聲音。自那時以來，穆斯林信徒發展迅速，越來越引人注目，以至於很多人認為他們所信奉的宗教質疑了美國的身分和憲法的第一修正案。

甘迺迪的話還在繼續產生反響，儘管已經時隔五十多年，其影響力絲毫未減。作為一名「可疑的」天主教徒，他呼籲民眾對政治結構進行批判性的重新評估，闡明其作用與責任。作為今天的「新嫌疑人」，穆斯林們大可逐字逐句地重複甘迺迪的觀點。當歐巴馬總統被誤以為是穆斯林時，誰能忘記當時的那些評論（包括辱罵）？二十世紀六〇年代的宗派主義和相互指責重新上演，只不過，穆斯林這次成了懷疑的對象。甘迺迪參議員的美國願景至今尚未完全實現。

甘迺迪參議員喚起了一個多元社會，寬容和尊重將成為社會的基本原則，就像法律面前人人平等的原則一樣。然而，二〇〇一年九月十一日的恐怖主義襲擊打破了建設多元社會的希望，不管在美國還是其他許多國家，恐懼占據了上風，譴責和影射不絕於耳。最近，反猶太主義和伊斯蘭恐懼症再次復甦，這些觀念根深蒂固，歧視也大量湧現。正如甘迺迪在一九六〇年所斷言，只有保障所有人的信仰自由，只有當互相尊重成為

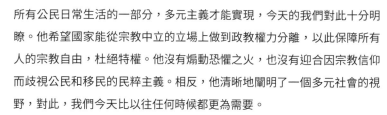

> **作為今天的「新嫌疑人」，穆斯林們大可逐字逐句地重複甘迺迪清晰的觀點。**
>
> ——塔里克‧拉馬丹

所有公民日常生活的一部分，多元主義才能實現，今天的我們對此十分明瞭。他希望國家能從宗教中立的立場上做到政教權力分離，以此保障所有人的宗教自由，杜絕特權。他沒有煽動恐懼之火，也沒有迎合因宗教信仰而歧視公民和移民的民粹主義。相反，他清晰地闡明了一個多元社會的視野，對此，我們今天比以往任何時候都更為需要。

甘迺迪參議員不僅談到了寬容，也談到了人類的手足之情，它在情感上和文化上把美利堅民族連結在一起。小馬丁‧路德‧金恩博士曾要求不同膚色的人享有相同的政治和法律待遇，甘迺迪也同樣呼籲不同宗教信仰的人也要享有同樣的權利。嚴格的法律意義上的平等對待是不夠的；現在要通過宗教的多元性，不管它們具體的教義為何，分享全體公民共同的人性價值。

在甘迺迪看來，政教分離並不意味著宗教的消失。每種宗教都有自身的歷史、價值觀和傳統。公民們可以依靠它們，在其日常生活中分享和體驗它們。沒有哪種宗教的道德體系與公民倫理相抵觸，這提醒我們每個人都要記住自己作為一名公民的義務、要有集體利益意識、要有服務社會、團結及正義的意識。人類的手足之情就是以憲法第一修正案和美國未來的名義，確立了公民的社會服務意識和共同命運的精神。

一九六〇年，同為參議員和總統候選人的甘迺迪的講話，在今天引起了共鳴。因為決定著一個人能否可以擔任最高政治職位的是其能力、道德品質和責任感，而不是他是否為印度教徒、佛教徒、猶太教徒、基督教徒、穆斯林教徒，還是不可知論者或無神論者。宗教偏見和宗派主義不能否認這種正當性。除了信仰自由和法律面前人人平等之外，宗教能為公民社會做出強大的貢獻。與基於懷疑和歧視之上的排斥和譏諷相反，宗教教義能夠讓我們更強烈地意識到人類手足之情的必要性，以及團結、正義，甚至個人、集體或共同精神提升的必要性。今天的美國似乎已與甘迺迪表達過的視野漸行漸遠：作為天主教徒，他在當時所經歷的，今天正在被猶太教徒、摩門教徒和穆斯林所經歷。

五十年後的今天，我們已經開始認識到，我們的奮鬥必須由後代子孫檢驗，而不是由緊張而常常受到民粹主義操控的短暫的選舉週期加以檢驗。甘迺迪在五十多年前表達了他的願望；我們知道將願望變為現實需要時間。世界上所有的宗教傳統和宗教信仰都在傳達著同樣的教訓：為了免受政府的壓迫，我們必須吸取歷史的教訓，長期奮戰，最終取得長遠的勝利。

# 非天主教候選人

## 華理克談〈駁偏執〉

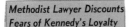

> 今年，懷疑之手指向一名天主教徒，在過去，猶太教徒、貴格會教徒、一位論派或浸禮會基督教徒都曾經受到過質疑，並且，有朝一日，歷史會重演……今天，我可能是受害者——但是明天，受害者可能就是你。
>
> ——約翰·甘迺迪

很難相信，在一九六〇年甘迺迪當選總統之前，由於宗教偏見和偏執，天主教徒被認為難以選上美國總統。甘迺迪打破了隱性的規則，成為一名先驅者，掃清了美國走向平等之路的眾多障礙。但是對於甘迺迪來說，面對迎面而來的偏見，需要巨大的勇氣，然而，這次交鋒產生了一份有關宗教自由重要性的最清晰的宣言之一：甘迺迪在大休士頓牧師聯合會上的演講。

在一九六〇年夏末，離總統大選不到兩個月時，甘迺迪發表了這次演講，他的演講撰寫人兼顧問索倫森認為這是「競選活動中最好的演講，是他一生之中最重要的演講之一」。在許多方面，這次簡短的演講堪稱是宗教自由的葛底斯堡演說[66]。

大休士頓牧師聯合會曾邀請甘迺迪在休士頓萊斯大飯店的水晶舞廳發表一次電視講話，聽眾是一群當地的新教牧師。那年的早先時候，紐約市的皮爾（Norman Vincent Peale）領導了一個新教教徒組織，立誓反對甘迺迪當選，僅僅因為甘迺迪是天主教徒。他們清晰地表達了自己的論點：「如果我們選出一位羅馬天主教會的成員擔任美國總統，我們的自由、我們的宗教自由將處於危險之中。」

當時的國民情緒就是如此。一位研究甘迺迪的歷史學家寫道：「在一九五九年，百分之二十四的選民說，即使他非常具備當總統的資質，他們也不會把自己的票投給一位天主教徒。」

甘迺迪那天在休士頓的演講只有十一分鐘。他沉著、理性，但又充滿激情。「我不是天主教的總統候選人，」他說，「我是民主黨的總統候選人，只是恰好也是一名天主教徒。」

這位年輕的參議員最後說：「如果這次選舉取決於一個前提，那麼四千萬美國人〔天主教徒〕從他們受洗的那天起就失去了成為總統的機會，那麼這是整個民族的失敗。」

在他的演講結束時，本來並不友好的人群報以熱烈的掌聲。最終，在十一月的計票時，甘迺迪以百分之〇·二的微弱優勢戰勝了尼克森。休士頓演講很可能讓足夠多的新教教徒和猶太教選民發生了動搖，重新考慮了自己的選票，為甘迺迪贏得了獲勝的優勢。

雖然從政治的角度講，這次演講很重要，但是我認為更重要的是他提出的原則。甘迺迪參議員那天的發言直指美國的靈魂。首批來到我們國家的人，是從歐洲來的虔誠的清教徒，他們來到美洲追求實踐他們信仰的自由。這就是第一修正案裡第一句話的第一個詞就是關於宗教自由的原因。我們信奉和實踐我們每一種宗教的自由和權利，要優先於言論自由、出版自由和集會自由。為什麼？因為我們的開國元勳們知道，如果你不能自由地遵循自己的信仰生活，那麼其他自由都是空談。這就是宗教自由之所以一直都傲居美國自由之首的原因。

甘迺迪參議員指出：「例如，當初正是維吉尼亞州的浸禮會傳教士所受到的騷擾才促使傑弗遜政府推進了宗教自由法案的形成 67。」這位年輕的參議員所關心的不僅是要取締政府任職所設置的宗教標準、政教不分這些問題，他也擔心限制任何宗教的自由活動會導致一個傲慢專橫國家的形成。

他說：「如果有一天……在我任職期間，我的信仰和國家利益之間發

上圖
作為美國七千三百萬羅馬天主教徒中的一員，甘迺迪指出：「在南太平洋，沒有人問過我的宗教信仰。」／攝影：霍華德·索丘雷克

右圖
一九六〇年威斯康辛州：競選活動站設在一所高中的體育館內，前排的修女們十分搶眼。／攝影：羅伯特·凱利（Robert W. Kelly）

67 甘迺迪指的是《維吉尼亞宗教自由法案》的形成，該法案於一七七七年由傑斐遜起草，一七八六年通過，該法案規定了宗教信仰的自由。

> **我信奉的美國，終究將終結宗教偏見。在這裡，所有人和所有宗教都會被平等地對待。**
>
> —— 約翰‧甘迺迪

生衝突，而我要在兩者之間做出選擇，那麼我將辭去公職；我希望任何一個有信仰的公職人員在面對這樣的情況時都要這麼做。但我不打算為這些觀點向批評我的人道歉，無論他們信仰的是天主教還是新教；我也不打算為了贏得這次選舉而否定我的看法或我的信仰。」

不管當時還是現在，美國似乎要麼和神權政體曖昧不清，要麼力求與宗教信念完全分離。甘迺迪參議員在十一分鐘的演講裡談到了這兩種極端情況。他提醒我們，這不是一個非此即彼的問題：一個人可以能夠既忠於自己的信仰，又履行好他作為公職人員的責任。他可以做到「凱撒的物當歸給凱撒，上帝的物當歸給上帝」（引自《路加福音》，第二十章二十五節）。

甘迺迪參議員最終選擇在休士頓做演說，這又是一次「當仁不讓」。歷史學家指出，甘迺迪的一些顧問當時反對他去休士頓。當然，他們所說的「宗教問題」一定要談，但不是在德州，不是在一屋子充滿懷疑、甚至還有敵意的牧師面前。

但是參議員甘迺迪勇敢地去了休士頓。

知道真正的問題是：不同信仰的人彼此互不瞭解。時至今日，這仍是我們的問題。這是一個自古至今的難題。我們談論那些與我們信仰不同的人，但是我們幾乎從不與他們對話。這種誤解只能在友誼、謙卑和對鄰人之愛這種語境下才能得到消除。

這是每一代美國人需要汲取的教訓。

# 駁偏執

**甘迺迪在大休士頓牧師聯合會上的講話**
**德州休士頓市，一九六〇年九月十二日**

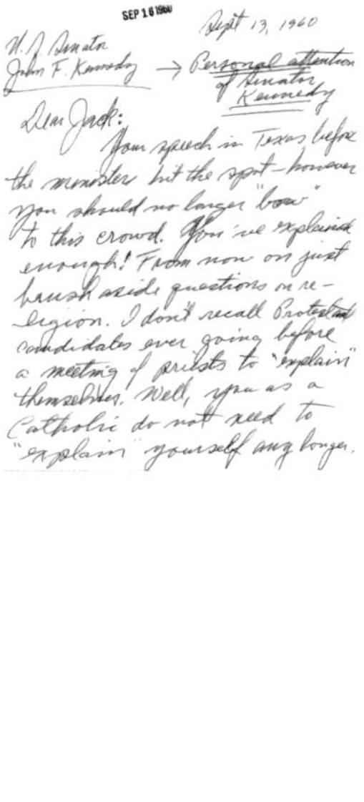
SEP 16 1960

Sept 13, 1960

N. J. Senator
John F. Kennedy → Personal attention of Senator Kennedy

Dear Jack:

Your speech in Texas before the minister hit the spot—however you should no longer "bow" to this crowd. You've explained enough! From now on just brush aside questions on religion. I don't recall Protestant candidates ever going before a meeting of priests to "explain" themselves. Well, you as a Catholic do not need to "explain" yourself any longer.

左圖
一九六〇年九月十三日在達拉斯。他公開聲明「我不是天主教的總統候選人。我是民主黨的總統候選人，僅僅恰好也是名天主教徒」的第二天。／攝影：保羅．舒策

上圖
來自一位民主黨黨員的信，敦促甘迺迪不要再去「解釋」自己的宗教。

所謂的宗教問題理所當然地成為今晚主要的話題，但是我想從一開始就強調，我們在一九六〇年的選舉中還有很多更重要的問題要面對：共產主義勢力不斷傳播，如今已經侵蝕到佛羅里達海岸外九十英里處；我們的力量不再受到一些人的尊重，他們以羞辱的方式對待我們的總統和副總統；在西維吉尼亞州，我見到很多兒童還在飽受饑餓之苦，老人們支付不起醫療費用，很多家庭被迫放棄自家的農場；美國社會還有太多的貧民窟，但是學校卻太少，我們遲遲未登上月球，落後於外太空的探索。

這些才是本屆競選應當解決的現實問題。但是這些都不是宗教問題——因為戰爭、饑餓、無知和絕望不知宗教的界限。

然而，因為我是天主教徒，而天主教徒從未當選過總統，於是，在本次競選中，這些真正的問題被一些無關緊要的問題所遮蔽——或許，這是有人故意為之。因此，我顯然十分有必要再次聲明，我信奉哪種宗教並不重要——因為這是我個人重要的私事——但是我信奉什麼樣的美國才是重中之重。

我所信奉的美國是政教絕對分離的美國，在這裡，天主教的主教不會告訴總統（如果他是天主教徒的話）該如何行事，新教的牧師也不會告訴教區的居民應該投誰的票，教會或教會的學校也不會享受任何公共基金或政治上的偏愛，個人也不會僅僅因為他的宗教信仰不同於對其有任免權的總統或者對其有選舉權的選民而不能擔任公職。

對這樣的情況時都要這麼做。

但是，我不打算為這些觀點向批評我的人道歉，無論他們信仰的是天主教還是新教；我也不打算為了贏得這次選舉而否定我的看法或我的信仰。

如果因為那些真正重要的問題，我沒能當選，那麼我將回歸我在參議院的工作，對於自己已經全力以赴並得到了公正評判而感到滿足。但是，如果這次選舉取決於一個前提，那麼四千萬美國人 [ 天主教徒 ] 從他們受洗的那天起就失去了成為總統的機會，那麼這是整個民族的失敗，不管是在天主教徒還是在非天主教徒的眼中，不管是在歷史的眼中還是在我們自己人民的眼中。

但是從另一方面說，如果我贏得了選舉，我將全身心地履行自己的總統誓言——實際上，我可以補充說，在過去的十四年，我就是這樣履行自己在國會所奉行的誓言。我可以毫無保留地「莊嚴宣誓，我必忠勤盡責，履行合眾國總統之職，竭盡全力恪守、保護和捍衛憲法……願上帝助我……」。

右圖
競選團隊抵達加州北好萊塢的商業
街，一九六○年。／攝影：康奈爾・
卡帕

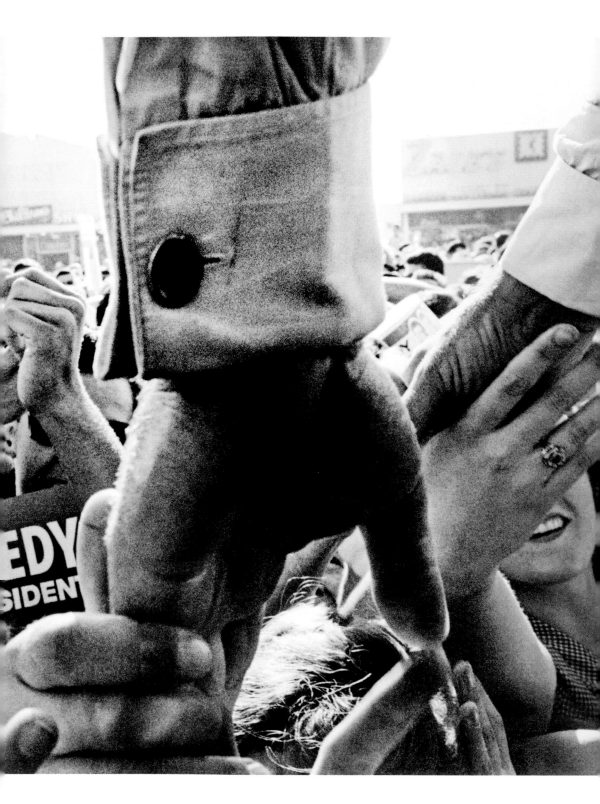

# 自由主義者的定義

## 甘迺迪接受紐約自由黨提名的講話
## 紐約市，一九六〇年九月十四日

當我們的對手給我們貼上「自由主義者」的標籤時，他們是何用意？如果他們用「自由主義者」一詞來指代——也想讓人們相信——那些在對外政策上軟弱的人、反對地方自治的人、不關心納稅人的錢的人，那麼本黨及其成員的記錄表明，我們不是那種「自由主義者」。但是，如果他們用「自由主義者」一詞指那些向前看而不是向後看的人、歡迎新觀念而不是抱殘守缺的人、關心人民的福祉的人——關心他們的健康、住房、教育、就業、公民權利和公民自由——相信我們能夠打破束縛著我們對外政策的僵局和猜忌的人，如果這就是他們所說的「自由主義者」，那麼，我很自豪地說，我就是一名「自由主義者」。

但是，首先我想談談我對「自由主義者」一詞的理解，並且解釋一下我為何自認為是一名「自由主義者」，以及這在一九六〇年總統選舉中意味著什麼。

長話短說，兩天前的晚上，我在休士頓闡述了教會與國家政權之間的正當關係；我希望借今天這個機會闡明國家政權與公民之間的正當關係。這是我的政治信條：

我相信，人的尊嚴是國家意志的源泉，人的自由是國家行動的源泉，人的心靈是國家同情心的源泉，人的才智是創新和理念的源泉。我認為，正是對個人和全體人民作為公民同胞的這種信念，才是自由主義信仰的核心。因為自由主義與其說是一種政黨教條或一套政綱承諾，不如說它是一

左圖
一九六〇年在波士頓洛根機場。／
攝影：保羅・舒策

我相信，人的尊嚴是國家意志的源泉……人的心靈是國家同情心的源泉，人的才智是創新和理念的源泉。

—— 約翰·甘迺迪

智的外交政策盡心盡力。我們的對手希望人們相信，在一個危險的時代，政府的變革是危險的，然而正是這個政府造就了這個時代的危險。我認為不改變才是危險的。如果國內外形勢的停滯和冷漠再延續四年，如果我們民族力量的根基再荒蕪四年——不僅包括我們的國防，也包括我們作為友邦的對外形象——這才是真正的危險。

這是一次重要的選舉——在許多方面與本世紀的其他選舉一樣重要。我認為，紐約的民主黨和自由黨以及全美相信進步的人士，都應當在這一重大努力中和我們聯合起來。

威爾遜、小羅斯福、杜魯門和史蒂文森享譽海外，他們那個時代的美國也享譽海外，是因為他們在國內推動了這個國家，他們代表著美國的某種精神，他們將我們的社會收益普惠我們自己的人民，因而世界各地的人們對我們寄予厚望，把我們看作希望的象徵。

我認為，我們的任務就是在我們自己的時代再次創造出這樣的氣氛。歷史證明，我國的大選經常成為我國歷史進程的轉捩點。我認為一九六〇年應該成為這個偉大共和國歷史上的又一個轉捩點。

一些權威人士會說，這又是一個一九二八年。我要說，這是一九三二年的重演。我認為這是我們這個時代的一次偉大機會——我們將帶領我們的人民和國家，帶領自由世界的人們跨越二十世紀六〇年代的新邊疆。

上圖
一次競選集會上，甘迺迪將一本親筆簽名的《當仁不讓》投向一位笑容滿面的女士。／攝影：保羅·舒策

右圖
據紐約市長瓦格納（Robert Wagner Jr.）所說，一九六〇年十月十九日參加甘迺迪的彩帶遊行的人數是「這個城市的歷史之最，過去從未有人受到過如此熱情的禮遇」。／攝影：康奈爾·卡帕

下頁圖
一九六〇年，華盛頓州斯波坎市，甘迺迪車隊。／攝影：康奈爾·卡帕

喬納森・奧爾特（Jonathan Alter），寫過三本有關美國總統的書，同時他也是一位電視製片人、全國廣播公司特約的通訊員、記者和《新聞週刊》的前資深編輯。

# 不抱幻想的理想主義者

## 喬納森・奧爾特談〈自由主義者的定義〉

「簡言之，只有自由主義才能修復我們民族的力量，恢復我們民族的意志，釋放我們民族的能量。」

約翰・甘迺迪在一九六〇年競選總統時，「自由主義者」一詞還不是每個共和黨人在敗壞對手的言論中慣常使用的別稱。自由派政治家在當時也並沒有否定這個標籤而傾向於「革新派主義者」。事實上，當時的自由主義就要進入第二個黃金時代，甘迺迪和詹森時代取得的成就堪與羅斯福的新政媲美。

在二十世紀五〇年代，甘迺迪的自由主義思想並不是受他父親的影響，老甘迺迪的觀點在許多方面反而都很保守；甘迺迪的自由主義思想是受到了學術界、政界甚至是新聞界朋友的影響。就他對自由主義的定義而論，這些朋友中最重要的人就是哈佛歷史學家施萊辛格，他為自由黨全國大會準備過演講稿，後來成為甘迺迪演講的撰稿人和白宮重要的顧問。

一九四九年，年僅三十二歲的施萊辛格出版著作《關鍵抉擇》，並廣為傳閱，對於當時受到極左和極右「攻擊」的強健自由主義，此書有很大的幫助。對於施萊辛格這樣的冷戰時代自由主義者來說，自由不僅是資本主義對共產主義的勝利。面對世界上大部分地區的壓迫性政權，自由主義開始重申長達兩百年之久的哲學根源——「個體最大的完整性」。當時的大問題是，這種完整性需要社會契約來保障。在二十世紀的兩個十年中（1901-1909、1933-1945）分別由幹勁十足的大小羅斯福坐陣白宮，社會成員之間共同肩負責任的理念開始形成，到了一九六〇年，這種崇高的理念已經成為美國社會的現實。

施萊辛格寫道：「我相信，羅斯福新政所帶來的希望、對蘇聯的揭

他的觀點不是將自由主義置於教條、信條和政綱之中，而是置於「頭腦與心靈」、「理性與判斷力」、「正義與自由」之中。

——喬納森·奧爾特

露和我們對人類瞭解的深入，從根本上重新塑造了二十世紀中期的自由主義。」對甘迺迪而言也是如此。他的自由主義與其說是僵化的信條，不如說既講原則又實用，往往可以在災難性的事件中做出「變通的」的反應。他與賈桂琳剛約會時曾說：「我是一個不抱幻想的理想主義者。」

這種堅強的意志使甘迺迪早就有一種感覺——他的兄弟羅伯特也有同感——自由主義有時既僵化又不切實際。儘管甘迺迪自稱是自由主義者，他常常將民主黨的進步主義者看作需要迎合的特殊選民，而不是他的戰友。從現代的角度來看，他更像希拉蕊·柯林頓（Hillary Clinton）而不是桑德斯（Bernie Sanders）[71]，雖然最恰當的比較——甘迺迪的弟弟泰德·甘迺迪、《華盛頓郵報》的編輯布蘭得利以及瞭解兩人的其他人都曾指出過這一點——是歐巴馬總統。正像歐巴馬對同性婚姻態度上的「進化」一樣，甘迺迪花了好長時間才完全接受反對南方種族隔離的抗爭。不過，這兩位總統最終都以自己的道德權威影響了他們所處時代主要的公民權利問題。

左圖
一九六〇年九月，賈桂琳與卡洛琳在海恩尼斯港。賈姬的羞澀給她罩上了一種神祕感。諾曼·梅勒曾寫道：「她給人一種疏離的感覺……冷淡，不易接觸。」／攝影：艾爾弗雷德·艾森施泰德（Alfred Eisenstaedt）

右圖
一九六〇年夏末，支持者站在甘迺迪家族在科德角宅邸的柵欄外。／攝影：史丹利·特里蒂克

71 桑德斯（1941-），美國聯邦參議員，自認是民主社會主義者，二〇一五年以民主黨人身分參加總統競選。
72 鮑爾斯（1901-1986），美國外交家和大使，康乃狄克州長，國會議員。

甘迺迪與其他自由主義者並不能總是和睦相處。直到一九六○年大選，他才修復了與美國自由派的女性元老埃莉諾‧羅斯福的尷尬關係，後者曾尖銳地認為甘迺迪參議員「姿態欠佳，勇氣不足」。贏得總統大選後，甘迺迪繞過埃莉諾的好友和自由派同道、前伊利諾州州長史蒂文森，選擇了喬治亞州喜怒不形於色的魯斯克（Dean Rusk）擔任國務卿。對於自由派的其他要員，如韓福瑞（甘迺迪一九六○年初選中的主要對手）和鮑爾斯（Chester Bowles）[72]，甘迺迪也保持了一定的距離。私底下，甘迺迪經常抱怨自由派給他施加了太多壓力，在左傾路線上走得太遠，已經超出了他審慎的限度。雙方的感覺是相互的。在甘迺迪生前，對方也並不欣賞他。所以當甘迺迪選擇保守派參議員詹森作為他的競選隊友時，他們感覺受到了背叛。

在民主黨其他人逐漸對自己的政治認同有所提防之前很久，甘迺迪已經直覺地認為，一度被廣為定義的「為信仰而戰的傑克遜派」這塊自由主義招牌，已經多少受到了玷污。所以他接受了紐約自由黨的提名（紐約政界獨立的投票陣線），以此來捍衛和復興自由主義。所以，他對自由主義原則進行了清晰的闡述，這些原則與我們當今時代仍然高度相關。

甘迺迪一開始就對自由主義者做了區分，務實而富有想像力的自由派是他所喜歡的，而堅守意識形態教條卻又糊塗的自由派則讓他惱火。後面這種自由派遵循的是典型的保守路線——「對外政策上軟弱」、「反對地方自治」、「不關心納稅人的錢」。相反，好的自由派應該「關心人民的福祉」，包括他們的健康、住房、教育、就業、公民權利和自由。他們認為美國是「人類的燈塔」。這種在冷戰背景下還富有同情心的自由主義者讓甘迺迪感到驕傲。

在解釋他的自由主義版本時，甘迺迪幾乎沒有採用四個月後他的就職演講中所提出的「付出任何代價、承受任何壓力」的抱負。相反，他做出一個厚重的人道主義定義，他在一句有韻律感、反覆重複的句子中，提到「人的尊嚴」、「人的自由」、「人的心靈」和「人的精神」。他的觀點不是將自由主義置於教條、信條和政綱之中，而是置於「頭腦與心靈」「理性與判斷力」、「正義與自由」之中。他沒有明確提到政治哲學家約翰‧彌爾（John Stuart Mill）或其他政治哲學著作，而是把現代政治自由主義與經典的多樣性（「自由主義社會是自由的社會」）和雅典人對「強大社會」的精妙定義聯繫在一起。

這篇演講的美妙之處在於它聽起來不是虛無縹緲的抽象概念，其觀點

都是基於政府實際管理的實務主義。「作為一門藝術」，政治管理最終能成就多少取決於其中是否包含了足夠多的甘迺迪式的「活力」──或「生命力」，這個詞似乎只能從甘迺迪或無數喜劇家的口中說出。

到了一九六〇年秋天，當甘迺迪對政府作為人類進步的工具──這是自由主義的核心原則──表現出信心時，這種力量具有了感染力。它的可能性令人振奮，尤其是對於年輕的美國人：如果政府管理是一門「藝術」，那麼我也可以畫上幾筆！一個月後，甘迺迪在密西根大學的演講中宣布了「和平隊」計畫，他引用了就職演講中的話：「不要問你的國家能為你做什麼，而要問你能為國家做什麼。」這句話體現了自由主義強烈的服務精神，能實現不朽功業。

關於「有活力的」中間派自由主義，施萊辛格和甘迺迪的想法基於一個希望，那就是要恢復資本主義與民主、個人與社會之間由來已久的緊張關係。作為大投資家的兒子，甘迺迪十分瞭解商人，當他們提高鋼鐵價格威脅到國家經濟穩定時，作為總統的甘迺迪稱他們是「狗娘養的」。為了抑制企業整合及消費主義，甘迺迪認為政府應該培育文化和藝術。他鼓勵聯邦通信委員會主席米諾（Newton Minow）痛批電視節目，稱它們是「一片荒漠」。

甘迺迪這種冷靜的自由派實用主義，預示著此後幾十年的政治發展。他說「我痛恨龐大的聯邦官僚機構的浪費和無能」，當初這主要是對右翼副總統尼克森發出的警告，但也是在警示自由派，避免與大政府走得太近，而多年以來，大政府一直是美國政府的致命弱點。這種觀點也預示著泰德‧甘迺迪和卡特（Jimmy Carter）總統（兩人配合並不容易）在解除對大經濟體管制方面所做出的努力；預示著雷根當局的「政府就是問題本身」的批評態度，以及高爾（Al Gore）副總統重塑政府的想法。

與之類似，我們以為，作為流行語的「多樣性」（diversity）只能追溯到二十世紀八〇年代，但甘迺迪已經堅持認為「自由主義紮根於我們出身的多樣化」，儘管在當時，大批移民還在源源不斷地從北歐國家來到美國。

這些移民和他們的孩子有很多人加入了工會，那天晚上甘迺迪向他們和美國勞工總會與產業勞工組織主席米尼表示敬意，他稱後者是「為消除貧困和人力剝削而鬥爭」的象徵。現在讀起來，這些話既是對工會受商業化污染的指責，也是對工人們脫離自己的使命、維持現狀的指責，甘迺迪認為自由派有責任迎擊現狀的挑戰。

上圖、右圖
甘迺迪一直有雄心勃勃的競選計畫，事實上，在初選開始前的幾年裡他就已經開始做準備。／攝影：保羅‧舒策

甘迺迪剛為新教牧師們發表完演講，就做了自由主義的演講，在結束時他指出，「有些權威人士說，一九二八年的歷史重演了（這一年信仰天主教的民主黨候選人阿爾‧史密斯敗選[73]），但我要說這是一九三二年的歷史重演（這一年小羅斯福擊敗胡佛當選美國總統）」。他說，自己的賭注和羅斯福的一樣：「推動我們的人民、這個國家和自由世界的人們。」儘管甘迺迪把二十世紀五〇年代的消沉與美國經濟大蕭條相比有些誇大其辭，但這種運動與進步的感覺讓國家煥發了活力，照亮了他前進的道路。

　　今天，時隔五十多年，當我們試圖再次振作起來對抗外部威脅（恐怖主義），但又不背棄我們的自由主義價值觀，當我們試圖在資本主義制度中為民主找到一個恰當位置，自由主義的復興之光同樣可以照亮我們前進的道路。

73 阿爾‧史密斯（1873-1944），民主黨成員，曾任兩次出任紐約州州長。他是美國歷史第一位信仰天主教的總統候選人，但在一九二八年的選舉中敗給了胡佛，直到三十多年後約翰‧甘迺迪成為了美國歷史上第一位信仰天主教的總統。

迪克·卡維特（Dick Cavett），《迪克·卡維特秀》（The Dick Cavett Show）的主持人，這一檔節目被譽為「思想者的脫口秀」。他採訪過很多名人，例如吉米·亨德里克斯（Jimi Hendrix），諾曼·梅勒以及年輕時的約翰·凱瑞（John Kerry）。

# 尼克森 對決甘迺迪

### 迪克·卡維特談甘迺迪和尼克森的辯論

左圖
在與甘迺迪進行首次辯論不到兩週前，共和黨提名的候選人在伊利諾州皮奧里亞的伊利諾州中央電視臺（WMBD）／哥倫比亞廣播公司（CVS-TV）的工作室舉行了新聞發布會，強調自己對於赫魯雪夫和蘇聯的強硬立場。／攝影：康奈爾·卡帕

上圖
一九六〇年十月十日《新聞週刊》封面。甘迺迪和尼克森的電視辯論重新定義了電視在今後所有選舉中發揮的作用。

74 指早上才刮過，到了傍晚又長出來的鬍鬚。

一九六〇年九月。地點：朋友家的客廳。

雖然我們無法預見即將在電視上發生的事情對以後的意義，但它非常重要，並且這一切都發生了。它還具有重大的歷史意義。

我猜測，沒有人會引用那天晚上所說過的任何一句話，那麼，它為什麼會這麼重要呢？為什麼會具有重大的歷史意義呢？

這是歷史上首次電視轉播的總統競選辯論，這是一個轉折。

戲中的兩位「明星」太不一樣了。左邊這位相貌堂堂，星氣十足。右邊這位的相貌，你可能會說，多少欠缺這種氣質。

今天聽起來會覺得奇怪，甘迺迪（像電影明星那位）在當時實際上並不為大家所熟知，但是另外一位已經是家喻戶曉的名人，並且是現任的副總統。但那天晚上發生的事情是，英俊男子成了新星，另一位則成了過氣的人物。

尼克森幾乎沒有還手之力。與甘迺迪講究的著裝相反，他穿著一件淺灰色西裝，鬆鬆垮垮地掛在身上，使他暗淡地融為背景。尼克森正處在他經典負面形象「下午五點鐘」[74] 的疲憊狀態中。他面容憔悴，如同他的西服一般蒼白，以至於著名的共和黨人小亨利·洛奇忍不住評論「尼克看起來死氣沉沉」。

當時只有黑白電視，尼克森也沒有色彩，這使他更像無聲電影裡的惡棍。

此後便誕生了一個從此追隨尼克森的台詞：海報上的他表情冷峻，配有惡毒的句子：「你會從這個人手裡買一輛二手車嗎？」

看上去就是兩人
站在一起的，摩
拳擦掌，蓄勢待
發。

—— 懷特（Theodore H.White），
《總統的誕生，一九六〇》
(The Making of the President,
1960)

　　化妝發揮了作用。我們聽說，以黑鬍子著稱的尼克森塗了不靠譜的產品「懶漢剃鬍粉」（一種用於偽裝鬍渣的物質），試圖遮蓋自己著名的「下午五點鐘」的形象。愛出汗（尼克森則是「極易出汗」）再加上那種剃鬍粉，給尼克森臉上留下了難看的結塊和紋路。

　　那天晚上，對於尼克森來說，即使外表不是一切，至少也非常重要。不久前的一場病讓他體重大減，使他看起來面容蒼白（甚至有傳言說，搞陰謀的民主黨人蓄意安排一個化妝師做內應。）

　　哥倫比亞廣播公司製片人休伊特（Don Hewitt）看到尼克森猶如「吸血鬼一般的面貌」後，建議並提供了專業化妝師緊急修復，當然他也可以使用急需的排汗抑制劑來止汗。但是，尼克森團隊拒絕了這個提議。

　　沒想到，美國現代政治的歷史進程可能就取決於這個瑣碎而又關鍵的決定，也可以說，這對當晚的辯論結果起了戲劇性的影響。

　　尼克森看起來嚴肅、不快，一臉焦慮。

　　整整一小時的電視辯論，甘迺迪看起來光鮮照人，冷靜沉著，年輕堅毅，自信滿滿。我還要提到他很英俊嗎？他似乎還有一個本能，也許是受過指導，知道如何能夠「上鏡」。

　　在電視辯論中，尼克森天生身體僵硬，甚至連坐姿也顯得笨拙。耶魯戲劇學院的韋爾奇（Constance Welch）教授在課堂上使用了一個讓我耳目一新的詞：「運動癡呆」。它是指一個人天生舉止僵硬，無法完成普通的運動技能，與老式術語「癡呆」相當。你可以理解為肢體笨拙。

韋爾奇說：「如今，公共生活中有一個人，其協調性缺乏和動作的笨拙堪稱是對這個詞的完美詮釋。這個人就是加州參議員尼克森。」

這與辯論有何關係？那天晚上，這個人正處於嚴重的腿部感染的恢復期，當他費力地從車裡出來時，行動笨拙的他又重重地撞傷了膝蓋。

據透露，儘管他的身體和其他方面都有問題，但他擔心「可能被人視為懦夫」，所以拒絕取消或推遲辯論。（這是又一個自我毀滅性的決定，但這非常貼合他常常掛在嘴邊的話──「一個真正的男子漢」。）

美國首次電視轉播的總統候選人辯論帶來了一個神話，直到今日，仍有人持此觀點。據報導，那些只在收音機上收聽辯論的聽眾會認為尼克森贏了。如果我們只聞其聲不見其人，他聽起來會好一些。

這個趣聞──大多是出自當時的媒體藝術分析家──其實並不是這麼回事。毫不客氣地說，事實恰恰相反。

那些認為電臺聽眾在數量上超過電視觀眾的觀點其實是錯誤的。所謂的研究也非常業餘，樣本很少，而且結論毫無根據，也毫無價值。

左上圖
一九六〇年十月二十一日，紐約市，賈桂琳在演播室側翼觀看第四場辯論。／攝影：保羅・舒策

左圖
第一場辯論對於尼克森來說很糟糕，他拒絕上電視化妝，在電視上看起來病懨懨的；之前他因為感染入院兩週，正處於恢復期。／漫畫作者：比爾・桑德斯（Bill Sanders）

右圖
一九六〇年九月二十六日，芝加哥，第一場總統辯論。辯論結束後的民調顯示，甘迺迪從稍落後於尼克森變為稍有領先。／攝影者不明

然而，這件小事卻持久流傳。忠實的欣賞者還不斷品味此事，不時把它從自己的小玩具盒裡拿出來，擰緊發條，瞅著它前行，樂此不疲。

　　那天晚上的另一個記憶是，我做夢也沒想過我會和當晚兩位主角中的任何一個發生聯繫。但是我和尼克森之間反覆出現各種糾葛。有過很短的一段時間，我成了尼克森白宮裡的紅人，但是好景不長，發生了幾件事情，我就登上了尼克森的黑名單。我反對尼克森驅逐約翰·藍儂（John Lennon）[75]，以及我在很多節目中談論水門事件。我迪克·卡維特與那位未被起訴的偉大共謀犯之間是不可能建立起長久的友誼的。

　　我絕對沒有想到，我會因尼克森的一卷錄音帶而留名青史，我們從這卷錄音帶上可以聽到，總統在橢圓形辦公室裡對馬屁精霍爾德曼（H. R. Haldeman）[76] 說：「有沒有什麼辦法整一下卡維特？」霍爾德曼回答說：「我們正在想辦法。」（這可以在網上得到證實）

　　當我的特別節目《迪克·卡維特看水門事件》播出時，我從錄音帶上瞭解到另外一個關於我和尼克森的小趣聞。尼克森反覆問：「卡維特是猶太人嗎？」這個可憐的人至死也沒得到答案。但是，即使他死而復生，我也不會告訴他答案。

　　我從未會見過甘迺迪。我只看到他樸素地穿過比佛利山希爾頓酒店的大廳，對兩邊禮貌鼓掌的崇拜者微笑點頭示意。

　　如果不談辯論本身，我們幾乎忘記了它的細節，雖然當時有很多有趣的筆墨報導。九月的第一次辯論之夜——永遠地重塑了政治和媒體相結合的世界。

　　尼克森是智商很高、才華橫溢的人，完全可以說，他在應對天生的身體和個性缺陷時是一位英雄——他勇敢地研究了自己在辯論首夜的尷尬表現，並在之後的辯論中不斷改進。有人甚至認為，他在第四場、也是最後一場的辯論中明顯取得了勝利。

　　然而，開幕之夜已成災難。這個從娘胎裡一出來就尖叫著「我要當總統」的人最終憑藉著自己堅定的決心成功了，假如沒有那令人討厭的犯罪傾向的話，他甚至可以待滿整個任期。

　　現在，我們可以通過照片或影片，重溫一九六〇年九月幾乎被遺忘的首場辯論，兩個男人，肩並肩地站在那裡，但是他們的形象差距卻是如此之大。

　　並且，這兩個人最終都成為了總統。

Would YOU buy a used car from this man?

克里斯・馬修斯（Chris Matthews），政治評論家、脫口秀主持人和作家，以他的《與馬修斯硬碰硬》（Hardball with Chris Matthews）節目而聞名。他寫過兩本關於甘迺迪的書。

# 一場精彩絕倫的演講

## 克里斯・馬修斯談〈今天與一九二八年的區別〉

傑克・甘迺迪二戰時的戰友寫了一篇文章，回憶他們終身的友誼，文章的題目是〈有君相伴之美〉（The Pleasure of His Company）。參議院的朋友們把這位麻薩諸塞州的同事稱為「我遇到的最有魅力的人」。甚至連對手也喜歡他。尼克森曾寫道，他如何「珍惜」他們早年的友誼。

傑克輕鬆的心態，活在當下、享受生活的態度都深深地吸引了身邊的人。斯波爾丁（Chuck Spalding）也許是甘迺迪最真誠的朋友，他回憶起一九四五年的甘迺迪，那時他還是舊金山一名年輕的記者，負責聯合國成立事宜的報導。「傑克的態度讓你覺得像是在參加展覽會之類的活動」。

即使在政壇的喧囂與騷動中，甘迺迪也一直保持一份幽默。他隨時準備開玩笑，包括拿自己取樂。也許這解釋了他為何能溫暖那些甚至對他有惡意的人。他天生英俊瀟灑，善與人交往，又出生於富貴之家，用十七世紀天主教會紅衣主教的話說，他掌握著所謂的「最大的祕訣……知道如何化解嫉妒的力量」。

這個即將成為總統的人也把機智當作武器。在一九六○年十月十九日阿爾・史密斯的紀念晚宴上，他的發言展示了其令人難以抵擋的魅力。

在紐約慈善組織為羅馬天主教大主教教區舉辦的年度籌款會上，紐約上層政治人物來到聽眾面前，最近一個演說家把這群聽眾稱為「有錢人」和「更有錢的人」之間的平衡。傑克・甘迺迪很瞭解這群人：他們是愛爾蘭裔美國人，天主教徒，有錢人。儘管他們從小生於民主黨家庭，但現在很多人傾向於共和黨，而甘迺迪知道如何打動這個古老部落的靈魂深處。

他那天晚上的發言，從頭至尾在慷慨激昂地談論晚宴的主題人物。阿爾・史密斯曾任紐約州州長，在一九二八年總統競選中落敗。

上頁圖
一九六○年十月，隨著競選接近高潮，甘迺迪在越來越多的觀眾面前發表演講。／攝影：埃德・克拉克

左圖
一九六○年十一月七日，康乃狄克州首府哈特福德，競選活動的最後幾站之一。有人問他妹妹派特，甘迺迪是不是她的弟弟，甘迺迪開玩笑說：「她知道這場競選就要結束了。」／攝影：雅克・洛

美國的天主教徒有一個信條，認為史密斯的天主教徒信仰是他競選失敗的原因。天主教徒還有第二個信條，認為甘迺迪是否能被提名是檢驗美國是否仍對天主教徒抱有偏見的試金石。所以，那天晚上，當又一位愛爾蘭裔天主教總統候選人走進華爾道夫酒店時，空氣中迴蕩著一九二八年的餘響。

甘迺迪毫不遲疑地利用了這餘響。他提醒這一群富人，要記住共和黨人的所作所為和他們自己的成長經歷，因而不能相信共和黨人。他的對手尼克森根本不打算提「赫伯特・胡佛」這個名字，但民主黨人甘迺迪迫不及待地要提到他。他希望房間裡的每一個人都記住，而且永遠不要忘記，胡佛就是那個大蕭條期間主事的傢伙。

更糟糕的是，對於在場的許多人來說，就是胡佛打敗了當晚聚會所要紀念的英雄──紐約州州長阿爾・史密斯。在場的每個人都認為阿爾・史密斯的總統職位是被搶去的，原因就是他的宗教信仰，而他們有共同的信仰。

甘迺迪一如既往，通過自嘲為他要傳達的訊息添彩。

大家都很清楚，甘迺迪的父親是世界上最富有的人之一，正在資助他的總統競選。沒有理由否認這個顯而易見的事實。兩年前，甘迺迪在華盛

上圖、右圖
一九六○年十月十九日，在布朗克斯，民主黨總統候選人甘迺迪從他的車隊中跳了出來，向當地的一位新娘致意。據《星期六晚間郵報》（Saturday Evening Post）的華盛頓編輯比佛利・史密斯（Breverly Smith Jr.）描述「擁擠的人群堵塞街道」，「瘋狂的人群相互推搡，為了避免傷及群眾，不時要突然緊急剎車……使本次出行成為行程中最糟糕的部分」。
／攝影：保羅・舒策

頓的一場正式晚宴上大聲朗讀了一封電報,他以戲謔的語氣說是父親剛發來的:「親愛的傑克,不要多買任何一張沒有必要的選票,如果我是在為一次大獲全勝的競選花錢,我會下地獄的。」

在紀念阿爾‧史密斯的晚宴上,甘迺迪進一步利用了這個玩笑。他說,在他宣布不再任命大選贊助人擔任美國大使後,就再也沒有從父親那兒得到「一分錢」。

這就是老傑克的魅力,也是一條至關重要的政治原則。如果有人抓到了你的把柄,不要試圖隱藏它,把它擺出來,讓所有的人都看得到。甘迺迪的弟弟把這種做法稱為在你的問題上面掛一盞燈。

這正是傑克現在處理宗教問題的方式。在那天晚上最精彩的一段話中,他敦促前總統杜魯門不要再說「給尼克森投票的人都應該『下地獄』」。

「我認為有一點很重要,那就算我方要克制,避免引起一場宗教糾紛。」

這當然是甘迺迪當晚所要討論的問題。他的天主教信仰是否會在三週以後的選舉中傷害到他呢?一九六〇年的美國是否已不同於因宗教信仰而拒絕史密斯的美國?一九二八年的「苦澀記憶」是否會重新上演呢?

現在我們知道答案了。據蓋洛普民意調查,百分之七十八的羅馬天主教徒把票投給了甘迺迪;但只有百分之三十八的新教徒支持他。即使在一九六〇年,宗教仍是大事。那天晚上在紐約,年輕的甘迺迪與他的教友討論這件事是十分明智的。

# 今天與
# 一九二八年的區別

## 甘迺迪在紀念阿爾·史密斯的年度晚宴上的講話
## 紐約市，一九六○年十月十九日

我很榮幸能夠再次參加這個著名的晚宴，很高興尼克森先生也在這裡。斯佩爾曼（Francis Spellman）大主教已展示出得體的勇氣，我想不久我也將有幸受邀參加紀念胡佛的貴格會晚餐。

斯佩爾曼大主教是當今美國政壇上唯一德高望重、能夠把兩位政壇領袖——尼克森副總統和洛克菲勒（Nelson Aldrich Rockefeller）[77] 州長——請到一起的人，並且，還讓這兩位友好地同坐在一張宴會桌上，隨著十一月大選的拉近，他們越來越擔憂，彼此以懷疑的眼光看待對方，無論是在私下還是公開場合，他們都表達了強烈的分歧。

尼克森先生和我們一樣，在這次競選中也有他的煩惱。有一次，甚至連《華爾街日報》都在批評他的策略，這就像《羅馬觀察家報》（Osservatore Romano）批評教皇一樣……

上次辯論中鼓舞人心的記錄之一是，副總統聲情並茂地告誡孩子們和候選人，不要效仿現任總統和前總統們在巡迴演說中所使用的不雅語言。（我與副總統在國會共事十四年，因此，我知道，關於不雅語言的使用，他的觀點極為真誠）但是我聽說，一位傑出的共和黨人昨天在佛羅里達州的傑克遜維爾對尼克森先生說：「副總統先生，你的演講真他媽的棒。」副總統答道：「多謝誇獎，但是請注意言辭。」那位共和黨人又說：「真的，先生，我太喜歡它了，為此我給你的競選還捐了一千美元呢。」尼克森先生回答說：「那真是見鬼了。」

不過，我不想讓人覺得我在輕率地引用前總統杜魯門的話，因此，我

左圖
一九六○年十一月，在德州阿馬里洛的機場集會上，共和黨飛行員故意開動引擎來淹沒民主黨發言人的聲音，甘迺迪制止了怒氣沖沖的詹森。／攝影：理查·帕普斯（Richard Pipes）

77 洛克菲勒（1908-1979），於一九五九年至一九七三年任紐約州州長，一九七四至一九七七年擔任第四十一屆美國副總統。

給他發了一份電報，內容如下：

> **親愛的總統先生：關於那些投票支持我競選對手的人該去何方，我十分關注您的建議。我理解並同情您深層的動機，但是我認為有一點很重要，那就是我方要避免引起一場宗教糾紛。**

候選人和報導候選人的人都關心的一個話題是，一九六○年是否會是另一個一九二八年。我自己對這個問題也很關心。看了史密斯州長一九二八年的競選演講後，話題的連續性讓我印象深刻。一九二八年和一九六○年的競選，除去明顯的差異，有很多共同之處。在一九二八年，紐約洋基隊（New York Yankees）拿了冠軍，郵電部長終於承諾要提高郵遞效率，農業購買力與八年前相比下降了約百分之二十，在那個時期，大約三百萬人離開農場，在過去的八年裡，類似的情況也在發生。股市動盪，全部公司利潤的三分之二流入了百分之○‧二五公司的腰包。

一九二八年九月，共和黨總統候選人宣布：「過去七年半裡，實際工資漲幅明顯，超過我國歷史上任何類似的時期。」他談到了我國史無前例的進步。他強調，美國人的舒適、希望和對未來的信心都是七年半之前所無法比擬的。

一九二八年民主黨候選人質疑我們的繁榮是否穩定，指出有大量產業工人失業，發出了農業蕭條的警告。他批評了對行政農場的否決。我不妨引用他的原話，他強調了「有必要恢復與拉丁美洲的融洽關係」，呼籲採取更有效的裁軍措施。

一九二八年民主黨候選人談到了……建設一個更強大的美國，不但要加強我們的經濟發展，也要加強我們的道德目標和公共責任感。在諸如此類的方面，一九六○年和一九二八年血脈相通。

有人說，「但是一旦開始計票，你就會發現，實際上，候選人的宗教信仰比他們是否有信念解決這些問題更能影響競選結果。」正是在這一點上，我認為一九二八年和一九六○年會截然不同。無論這兩次競選的結果如何，無論這兩者有多少相似之處，我相信一九六○年的美國選民與一九二八年的選民截然不同。因為我們生活在一個不同的世界。

我們的地球有數十億人口，每個美國人都能聽到遠處低沉的鼓聲。下一任總統的財政預算將是史密斯時代候選人的二十五倍，他也將面對史無前例的難題——自動化技術和失業，農產品過剩和糧食短缺，經濟的低迷

**親愛的傑克，不要多買一張沒有必要的選票，如果我是為一次大獲全勝的競選花錢，我會下地獄的。**

—— 老約瑟夫‧甘迺迪

和高成本的生活，新興國家，新的領導人。無論是對面的街道還是月球的另一側，這個世界已經不同於昔日。白人已成為少數人，自由企業制度成為非主流，多數人看待我們的眼神比以往任何時候更加嚴肅，他們的關注更為長久。

生活在非洲、亞洲和拉丁美洲貧民區的人們在為脫離貧困而奮鬥。世界上的下東區 [78] 正在尋求幫助。與一九二八年不同的是，世界上的下東區有了發言權和投票權。

一九六〇年的美國人能看到暴風雨正在降臨，他們能看到前方的危險。一九六〇年不是一九二八年。我相信，無論他們做出什麼決斷，是選擇共和黨還是民主黨，選擇我本人還是尼克森先生，他們的判斷都不是基於那些無關緊要的問題，而是基於我們這個時代真正的問題，基於什麼對我們國家最為有利，基於我們所面對的艱難處境，基於候選人及其政黨的信念，基於他們闡明這些信念的能力。

當這種情況發生時，一九二八年的痛苦記憶便會慢慢消失，只有阿爾·史密斯的形象會長存記憶中。他擁有廣闊的視野，忠誠、無畏、誠實的品格，用大主教的話來說，他出色地為國盡忠，為國盡忠就是忠於自己的上帝。

左圖
一九六〇年十月二十七日，在離選舉日不到兩週的時間裡，尼克森坐火車走遍了密西根州的競選站，在同樣的城鎮吸引到了比甘迺迪更多的選民。／攝影：艾爾弗雷德·艾森施泰德

右圖
一九六〇年十月十九日，一年一度的阿爾·史密斯紀念基金會晚宴，斯佩爾曼紅衣主教和晚宴的榮譽嘉賓。／攝影者不明

78 下東區，原指紐約市曼哈頓區沿東河南端一帶，猶太移民聚居地。這裡指代世界上的貧困地區。

# 山巔之城

甘迺迪在麻薩諸塞州立法會上的講話
波士頓，一九六一年一月九日

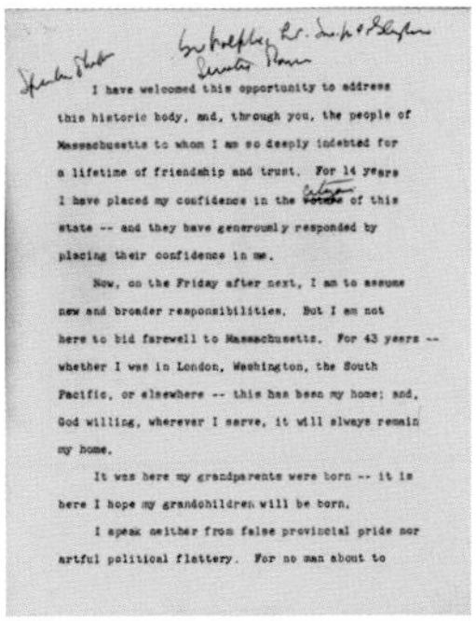

我非常榮幸能有機會在這個歷史悠久的機構發表演講，並且借此感謝麻薩諸塞州的人民，感謝你們給予我一生的友誼和信任。十四年來，我對麻薩諸塞州的公民充滿信心，你們也慷慨地給予我信任。

下星期五之後，我將肩負起更艱巨的新責任。但是，我來這裡並不是為了向麻薩諸塞州道別。四十三年來，無論我在倫敦、華盛頓、南太平洋還是其他地方，這裡一直是我的家；上帝保佑，今後無論我在哪裡任職，這裡都將是我的家。這是我祖父母出生的地方，我希望自己的孫輩也能在這裡出生。

我不會談虛假的地區自豪感，也不會送上巧妙的政治讚語。因為任何要擔任我國政治高職的人，都不會忽略這個州為我們國家的偉業所做出的貢獻。在這個偉大的共和國誕生之前，這裡的領導者就已經塑造了我們的命運。

無論在危機時刻還是在和平年代，麻薩諸塞州的原則一直在引導著我們的步伐。它的民主制度，包括這個歷史悠久的機構，像一座燈塔一樣，一直引導其他國家和我們兄弟州府不斷前進。伯里克里斯曾對雅典人說：「我們不必模仿，因為我們就是別人的楷模。」這句話同樣適用於這片土地。

我將攜帶這一切前往那個高處不勝寒的職位，我帶去的不僅有對堅實友誼的回憶，還有麻薩諸塞州經久不衰的品格——它是由朝聖者和清教徒、漁民和農民、北方佬和移民們共同織就而成——這一切都會被這個國家的最高行政官邸所銘記。這一切是我的生命、我的信念、我的歷史觀以及我對未來的希望中不可磨滅的一部分。

左圖
甘迺迪和他的助手在海恩尼斯港家中的電視上觀看競選結果。競選結果很接近，直到第二天下午才分出勝負。／攝影：雅克‧洛

上圖
甘迺迪作為當選總統在麻薩諸塞州議會的演講，喚起了人們對一六三〇年的回憶，當年，溫思羅普向麻薩諸塞灣定居者做了「山巔之城」的布道。

請允許我做一說明：在過去的六十天裡，我一直在組建一個行政團隊。這是一個漫長而審慎的過程。有人建議我加快速度，也有人建議我進行更權宜的試驗。

但是，我一直在遵循三百三十年前溫思羅普在旗艦「阿拉貝拉號」（Arabella）上給他的水手們定出的原則，當時的他們也同樣面臨著在危險的新邊疆上建立新政府的任務。

「我們要時刻銘記，」他說，「我們將成為山顛之城，所有的眼睛都在仰望著我們。」

今天，所有人的眼睛確實都在盯著我們和我們的政府。每一個領域、每一個層面，無論是國家、州或地方，必須像山巔之城一樣——由那些能擔大任和有責任感的人來建造和居住。

我們就要在一九六一年揚帆起航，航程的危險性絲毫不亞於一六三〇年「阿拉貝拉號」所經歷的。我們現在要致力於尋找治國之道的任務，其艱巨性不亞於治理麻薩諸塞灣殖民地，當時它也是外部受敵，內部混亂。

歷史不會僅僅以膚色、信仰甚至黨派歸屬來評價我們的努力，對一個政府的選擇也不能基於此。在這樣的歷史時刻，雖然能力、忠誠和名望至關重要，但是這還不足以應對內憂外患。

所得越多，責任越大。在未來某個時候，歷史的高等法院會對我們每一個人做出審判，記錄下我們在短暫任期內是否履行了對國家的責任。無論我們身處何職，我們的成敗將由下面四個問題來衡量：

**我們必須總是想到，我們將成為山顛之城，所有的眼睛都在盯著我們。**

—— 約翰·甘迺迪

左圖
十一月九日凌晨，麻薩諸塞州巴恩斯特布，精疲力竭的記者和甘迺迪的支持者在等待選舉結果。甘迺迪獲勝的優勢極微弱：六千八百三十萬張選票中只多出十一萬三千票。／攝影者不明

右上圖
大選後的早晨，林登和夫人比爾德（Bird Johnson）。／攝影：湯瑪斯·麥卡沃伊

下圖、下頁圖
一九六〇年十一月九日，大選獲勝次日，家庭照位置圖。1. 艾瑟爾‧甘迺迪 2. 史蒂芬‧史密斯（Stephen Edward Smith）3. 珍妮‧甘迺迪‧史密斯 4. 尤妮絲‧施賴弗 5. 老約瑟夫‧甘迺迪 6. 約翰‧甘迺迪 7. 羅伯特‧甘迺迪 8. 派翠西亞‧勞福德 9. 薩金特‧施賴弗（Sargent Shriver）10. 瓊‧甘迺迪（Joan Kennedy）11. 彼得‧勞福德 12. 羅絲‧甘迺迪 13. 賈桂琳‧甘迺迪 14. 泰德‧甘迺迪。／攝影：保羅‧舒策

首先，我們是否是真正的勇士？是否能勇敢地面對自己的敵人——並且，在必要時，是否有勇氣直面我們自己的戰友——勇敢地抵制公眾的壓力和私人的貪欲？

其次，我們是否真正具有判斷力？我是指對未來和過去認知上的判斷力，能否判斷出我們自己和他人的錯誤，是否具有足夠的智慧瞭解我們所不知道的，有足夠的坦誠來承認我們的無知。

其三，我們是否是真正誠實的人？是否能永不背棄我們堅信的原則，不背棄信任我們的人和我們信任的人，不會因為經濟利益或政治野心而放棄自己的神聖職責？

最後，我們是否是真正具有奉獻精神的人？不將榮譽出賣給任何個人或團體、不因任何私人義務或目的而妥協，能否全心全意地為了公共福祉和國家利益而服務？

勇氣、判斷力、誠實和奉獻精神是這個海灣殖民地和海灣州的歷史品質。這些品質被源源不斷地輸送到波士頓燈塔山的這個議會和華盛頓的國會山。

借由上帝的恩助，作為麻薩諸塞州的兒子，我希望在即將來臨的風雨如晦的四年中，我會用這些品質為我們的政府行為增光添彩。

我謙卑地祈求上帝幫助我實現這個事業，但我也明白，上帝的意志終究都是靠我們來執行的。在這次莊嚴的新旅程開啟之際，我請求你們給予我幫助，為我祈禱。

伊莉莎白・沃倫（Elizabeth Warren），麻薩諸塞州參議員，也是美國消費者金融保護局特別顧問。她曾是哈佛法學院教授，同時也是研究破產法的傑出學者。

# 美國的試驗

## 伊莉莎白・沃倫談〈山巔之城〉

一九六一年，距就職不到兩週前，總統當選人甘迺迪在麻薩諸塞州議會發表了演講。他沒有忘記麻薩諸塞州「早在這個偉大的共和國誕生之前」就給美國留下了不可磨滅的印記，還回顧了新英格蘭創始人的偉大智慧。一六三〇年溫思羅普說：「我們要時刻銘記，我們將成為山巔之城，所有的眼睛都在仰望著我們。」

甘迺迪提到溫思羅普，這一點意味深長。他還提到我們的先輩們所開啟的冒險之旅。甘迺迪很清楚，麻薩諸塞州的創立者相信美國是一個試驗。清教徒和朝聖者闖入這片荒原建立一個新社會，如果獲得成功，它將成為世界的楷模。「所有的眼睛」都在仰望著他們，因為他們這場實驗的成敗將證明是否有可能建立一種新社會。如果美國成功了，以後它將是世界各地的榜樣。

一百五十年後，憲法的締造者同樣認識到美國的事業前途未卜。君主制和貴族制主宰著歐洲，共和政體在過去一千五百多年來十分罕見。漢彌爾頓在《聯邦黨人文集》（The Federalist Papers）中寫道，美國的試驗將決定著「人類社會是否有能力通過反思和抉擇建立起一個良好的政府，還是他們註定只能依靠偶然和武力來建立起自己的政治憲法」。

甘迺迪提到「山巔之城」，意在提醒我們，無論是在一六三〇年危險的邊疆還是一九六一年的新邊疆，美國仍然是一場試驗。甘迺迪總統認為，如果領袖們不清楚自己面臨的艱巨責任，美國就不可能成功。他說，「歷史這個高等法院」會回顧和評判每個時代的領導人是否恪盡職守。

甘迺迪談自己將很快接任「高處不勝寒的」的職位，這意味著他對自己肩負的重任有了更深入的理解。他說，他正在組建自己的工作團隊，這使他想到了領導力——他選擇的領導聯邦政府的那些人的領導力，也許還

左圖
十一月九日早上的賈姬。清靜的時光很快會越來越少。／攝影：雅克・洛

包括他自己的領導力。他所列舉的品質體現著他的視野。

他們是否有勇氣？敢於面對敵人的勇氣，更重要的是敢於面對自己的朋友的勇氣；「抵抗公眾壓力的勇氣」，同樣重要的，還有抵制「私人貪婪」的勇氣。

他們是否具有判斷力？這種判斷力來自對歷史的研究，包括對我們的錯誤的研究，以及承認錯誤並從中學習的智慧。

他們是否正直？除非我們講原則並堅持履行我們的原則，否則我們的試驗不可能成功。「經濟利益」和「政治野心」會讓我們的領導人辜負「我們的神聖職責」。

他們是否樂於奉獻？不是對某個「個人或團體」的奉獻。絕不能為了「私人的義務或目標」而妥協。奉獻只意味著一件事情：「服務於公共事業和國家利益。」

這些品質與今天的公共生活依然息息相關。在上一代，我們的體系日益受控於那些成功人士。過去三十多年裡，涓滴經濟學[79]幫助權貴們變得更加有錢有勢，同時讓數百萬勤勞的家庭遠遠落後於他們。甘迺迪從溫思羅普的布道詞中獲得了極大的鼓舞，他曾勸告早期的新英格蘭人：「我們必須要節制奢華，為他人提供必需品。……我們必須設身處地為他人著想，與他們同甘共苦，同舟共濟，在工作中心繫我們的使命和社區。」對我們人民中的太多人來說，美國的承諾並沒有兌現，所以我們的山巔之城變得更像一座無法進入的堡壘。紐約州長庫莫（Mario Cuomo）在一九八四年敏銳地指出：「這個國家更像是『雙城記』，而不是『山巔上的閃耀之城』。」儘管今天的美國人在措辭上不同於溫思羅普、漢彌爾頓或甘迺迪，但他們同樣為美國試驗所面臨的風險而擔憂。

甘迺迪的觀點很明確：「所得越多，責任越大。」他的經濟政策體現了他的信念。當鋼鐵公司辜負了美國人的信任，甘迺迪親身解決，他想方設法解決貧困和醫療保障問題，這最終由詹森政府落實。我們這一代美國人繼承了那些投身於美國試驗的領袖和公民們的傳統。我們跟隨著邦克山的民兵、猶他海灘的步兵、公車抵制者、婦女政權論者、死刑廢除論者和新政實施者的步伐，勇往直前。

今天，美國試驗的成功與否仍然取決於我們——取決於我們的勇氣、我們的判斷力、我們的誠實和奉獻。借助甘迺迪所提出的高標準，我們會公正地評判我們的公職人員，既包括那些我們選舉出來的人，也包括他們所挑選的助手及顧問。

今天，所有人的眼睛確實都在盯著我們和我們的政府……必須像山巔之城一樣——由那些能擔大任和有責任感的人來建造和居住。

——約翰·甘迺迪

右圖
一九六一年一月三日，棕櫚灘，未來的總統和他的女兒擺各種姿勢讓著名人像攝影師理查·埃夫登（Richard Avedon）拍照。／攝影：理查·埃夫登

79 涓滴經濟學主張在經濟發展過程中通過給富人及企業減稅以改善經濟整體，最終惠及貧困階層。

# 4

第四章

THE NEW FRONTIER

# 新邊疆 1961

# 1961

1.3 艾森豪總統關閉美國駐哈瓦那大使館；美國與古巴斷交。

1.11 喬治亞大學首次錄取了兩名黑人學生，結束了一百六十年的種族隔離，白人學生發生騷亂。

1.20 甘迺迪宣誓成為美國第三十五任總統。

1.25 直播的總統新聞發布會，談到了如何解決剛果的饑荒、禁止核子試驗條約的計畫和宣布兩名美軍飛行員從蘇聯獲釋。

1.31 美國首次將黑猩猩漢姆（Ham）送入太空並飛行十六分三十九秒，漢姆成功返航並存活下來。

3.1 甘迺迪建立「和平隊」，任命施賴弗為指揮官。

3.11 芭比娃娃有了男朋友：美泰（Mattel）在美國國際玩具博覽會上推出了名為「肯尼」的男性娃娃。

3.13 甘迺迪提出「進步聯盟」計畫，這是為拉丁美洲提供為期十年、多達幾十億美元的援助計畫。

3.28 啟動美國和平時期最大、最快速的國防建設項目。

4.12 蘇聯太空人加加林（Yuri Gagarin）成為第一個繞地球飛行的人。

4.17 一千四百名受過中央情報局訓練的古巴流亡者入侵豬玀灣，試圖推翻卡斯楚政權並以失敗告終。三天後，甘迺迪為此承擔責任。

4.23 茱蒂·嘉蘭錄製了雙碟專輯《卡內基音樂廳的茱蒂》（Judy at Carnegie Hall），並憑此成為第一個獲葛萊美年度最佳專輯的女性。

5.1 哈波·李（Harper Lee）因小說《梅岡城故事》（To Kill a Mockingbird）獲普利茲獎。

5.25 甘迺迪總統在休士頓萊斯大學的講話中提出，美國將於一九七〇年之前實現登月。

6.3 甘迺迪在維也納會見蘇聯總理赫魯雪夫。赫魯雪夫命令盟軍離開柏林。

6.30 甘迺迪簽署擴大社會保障福利的法案和美國歷史上涵蓋範圍最廣的住房法案。

7.20 奧斯維德（Lee Harvey Oswald）[80] 和他的妻女在明斯克生活和工作兩年後，向蘇聯申請出境簽證。

7.23 尼加拉瓜左派分子豐塞卡（Carlos Fonseca）、馬約爾加（Silvio Mayorga）和博奇（Tomás Borge）建立「桑迪諾民族解放陣線」（Sandinista National Liberation Front）。

從競選最初幾個月到甘迺迪的就職典禮，他的勝利為美國政治指出了新的方向，電視在這其中發揮了不容忽視的影響。

蘇聯已首次成功探索月球，並超越美國完成首次人類繞地球的飛行；太空競賽愈演愈烈。

8.7　美國第一個國家海濱公園建立。甘迺迪簽署了《科德角國家海岸法》（Cape Cod National Seashore Act），這是十六年來首個重要的公園制度補充法案。

8.13　東德開始建造柏林圍牆。

8.30　以國際緊張局勢加劇為由，蘇聯恢復大氣層核子試驗。

9.23　甘迺迪任命全國有色人種協會律師瑟古德‧馬歇爾（Thurgood Marshall）為美國上訴法院法官。

10.3　《范戴克秀》（The Dick Van Dyke Show）在哥倫比亞廣播公司上首播。

10.4　甘迺迪總統任命兩黨委員會研究競選資金改革方案。

10.6　甘迺迪鼓勵美國家庭建造核防空洞。

10.18　榮獲東尼獎的音樂劇《西城故事》（West Side Story）被改編為電影並上映。

11.2　甘迺迪宣布美國恢復核武器的大氣層試驗。

11.11　海勒諷刺第二次世界大戰的小說《第二十二條軍規》出版。

11.22　甘迺迪批准向越南派出一萬五千名軍事顧問的計畫。

12.2　卡斯楚宣布，他決心帶領古巴進入共產體制。

12.11　貓王艾維斯‧普里斯萊的專輯《藍色夏威夷》（Blue Hawaii）登上流行榜第一名。

12.12　小馬丁‧路德‧金恩和七百名示威者在喬治亞州要求取消帶有種族隔離的公共設施，並因此被捕。

12.14　甘迺迪下達行政命令設立女性地位委員會。

12.16　在總統訪問委內瑞拉和哥倫比亞期間，第一夫人用西班牙語發表講話。

---

80 奧斯維德（1939-1963），被認為是甘迺迪遇刺案的主凶。案發兩日後，奧斯維德在警察的嚴密戒備中被傑克‧魯比（Jack Ruby）當眾開槍擊斃。魯比後來因癌症死於獄中，他臨死前稱被人下毒才患癌症，連番的事件使甘迺迪遇刺案更為曲折離奇。

在維也納，甘迺迪首次與赫魯雪夫會晤，事後，他坦言：「這是我這輩子經歷過的最糟糕的事情，他對我非常粗魯。」

甘迺迪對越南的事務一直保持謹慎的態度，但他非常擔心共產主義在東南亞的威脅，因而加強了美國在該地區的作用。

**過去和平時期的信條不足以應對當前的風暴。……我們的事業是嶄新的，所以我們必須重新思考和行動。我們必須解放自我，然後才能拯救我們的國家。**

——林肯，摘自甘迺迪的日記本

引言
道格拉斯．布林克利

一九六一年一月二十日，這是一個寒冷的冬日，甘迺迪宣誓就職。他和賈姬一起來到就職典禮的現場。他身穿一件厚重的大衣，頭戴禮帽，這使他看起來比實際年齡要大一些。然而，到了宣誓時刻，他脫下了外套和帽子。突然間，他好像又變成了一個年輕人，向一個他認為同樣年輕的國家講話。

甘迺迪當天的講話，有很多內容是面向世界各國人民及其領導人的；他意識到自己已成為世界上最強大國家的首腦；當然，他也是在向自己的人民講話，他拿捏適度，在交叉的內容中表現了他的態度。美國人是一個特殊民族，處在一個機遇罕見的時刻。同時他們又只是全世界人類的一部分。講話快要結束時，他表達了自己最熱切的呼籲和大無畏的勇氣。

在有可能升級為核毀滅的冷戰時期，甘迺迪呼籲世人回歸理想主義，他借用喬特學校一位校長咒語般的講話韻律說道：「因此，美國同胞們，不要問你的國家可以為你做什麼，而要問你自己能為你的國家做什麼！全世界的同胞們，不要問美國會為你們做什麼，而要問我們能攜手為人類的自由做什麼！」

二十一歲就成為百萬富翁的甘迺迪其實很容易成為「坐享其成者」：他可以享受這個繁榮國家的保護，同時又不偏離自己的追求。相反，他選擇了在政府裡為人民工作——他的一生都是如此。那天在華盛頓，甘迺迪的講話來自他個人的經驗，也許就是出於這個原因，無論是當時的聽眾還是很久之後的讀者，都絕不會忘記他說過的話。

甘迺迪當天也任命了他的內閣。除了職業外交家魯斯克擔任國務卿，其他職位幾乎都是由「圈外人」擔任。最出人意料的人選是麥克納馬拉

章名頁
一九六一年五月三十一日，巴黎近郊的奧利機場：總統和第一夫人走出「空軍一號」（Air Force One），首次正式訪問法國。／攝影者不明

左圖
一九六一年一月二十日，第一夫婦從他們的新居所白宮出發，前往國會大廈。／攝影：保羅．舒策

（Robert S. McNamara），他被任命為國防部長。麥克納馬拉在二戰期間是一位統計分析專家，對軍事問題所知有限，但這也被認為是一種優勢。對其他內閣職位的任命，甘迺迪在尋求新的視角和絕對的客觀性。

對於勞工部長，甘迺迪選中了美國勞聯產聯的律師戈德伯格（Arthur Goldberg）；同時，甘迺迪希望自己的政府高於政黨政治，所以他任命了共和黨人狄龍（C. Douglas Dillon）擔任財政部長。當然最有爭議的是他任命自己的弟弟羅伯特擔任司法部長。有些人認為這樣可以確保權力的集中，也有人認為這是裙帶主義的極端表現，但大多數評論家很快就改變了想法。作為政府律師，羅伯特不只有一份完美的履歷，不僅如此，他一上任就不知疲倦地工作起來。此外，他還是一如既往地協助哥哥，與他坦誠地交流——相信歷任總統們都深知，這樣的互動風格在華盛頓是十分難得的。

甘迺迪的就職演說預示著他上任後第一年的工作內容：通過向世界各地的共產主義施壓，以強有力的手段把大膽的想法落到實處。上任第一天，他開始著手解決美國的饑餓問題。數週內，他在國際社會也做了同樣的工作，啟動「以食品促和平」的專案。在國際關係中，直接與當地人民進行外交接觸是甘迺迪的典型做法，這也再現戰後馬歇爾計畫的慷慨和善意。

更加富有朝氣的行動是，甘迺迪在任職第一年的三月成立了和平隊。他在競選中就有一個簡單的想法：「通過新的專案，美國的男女公民接受海外培訓並提供服務，為世界各國和地區提供援助。」和平隊激發了所有年齡段的人們的想像力，尤其是那些希望自己有獨特表現的美國大學生。它可能只是一個小項目，最多的時候也只有一萬五千名志願者，但它卻很好地回擊了一些對美國的譴責，很多人認為美國在全世界的影響力只是來自軍事或經濟控制。正如甘迺迪所說，美國人願意把自己的部分時間用於服務世界，這是「能否建成一個自由社會」的關鍵所在。

甘迺迪任職第一年的另一個亮點是鼓勵和展示各種藝術。儘管過去從未有人認為他是一個藝術迷，但他知道，無論是來自於本土的還是文化交流的，創造力都代表著另外一種「以食品促和平」。他還努力推動之前的火箭研究和太空任務。五月八日，他表彰了環繞地球飛行的太空人雪帕德（Alan Shephard）。太空的挑戰可能比任何事情更讓甘迺迪振奮。他希望以此點燃美國人民的想像力，促使他們發現新的科學道路，使美國絕對壓倒蘇聯。這個目標非常艱巨，因為當時的蘇聯幾乎在各方面都領先於美

上圖
甘迺迪就職後，前總統艾森豪乘轎車返回賓州的家。／攝影：埃德‧克拉克

國。儘管如此，甘迺迪在五月二十五日的一個重要演講中向美國人發出挑戰，美國將在十年內「把人送上月球並讓他安全返回地球」。這是一個幾乎難以想像的宏偉目標，但甘迺迪相信美國人一定能實現。

甘迺迪繼承的世界具有更險惡的一面。古巴一九五九年發生革命，卡斯楚領導的共產黨政府開始掌權。美國不傾向於用武力進攻古巴，因為這可能把距佛羅里達海岸僅九十英里的蘇聯捲入戰爭，但艾森豪已授權中情局策劃了一場非常規入侵。中情局打算從尼加拉瓜基地把一支由大約一千五百名古巴流亡者組成的部隊派到古巴去推翻卡斯楚政府。根據中情局的報告，古巴人民將歡迎此次入侵，踴躍加入反革命軍隊。

甘迺迪批准了此項計畫，並於四月中旬開始實施，流亡者的登陸點設在一處名為豬玀灣的沼澤地。入侵行動幾乎處處失利，僅在三天之後，行動就以失敗告終。四百名古巴流亡者喪命，美國耗資五千三百萬美元才得以贖回其餘的參加人員。這次慘敗讓甘迺迪顏面盡失，同時也證明中央情報局並不具備軍事特長。甘迺迪私下指責中情局行動失利，致使古巴和美國的關係愈加複雜，但是甘迺迪卻公開承擔了此次行動的責任。

八月，甘迺迪面臨著另外一個冷戰困境：東德築起一道圍牆，把西柏林環繞起來。該城儘管完全處於東德領土內，卻是西德的一部分。自一九四五年以來，西柏林受到美國和其他西方大國的嚴密保護；一九六一年的築牆行為，咄咄逼人，很有可能引起與東德及其背後的超級大國蘇聯的全面戰爭。幾位歐洲領導人疾呼做出軍事回應，甘迺迪也在做備戰準備，甚至談到核武器的使用。然而，在柏林圍牆每天、每週、每個月都在建造的期間，甘迺迪用極為隱祕的掌舵方式，成功地度過了危機。他的態度是，只要柏林圍牆只限制東德人，不侵害西柏林的主權，就不值得為此開戰。

甘迺迪就任第一年人道主義事務優先的做法給這個國家帶來一波樂觀主義的情緒。這些優先事項與白宮的甘迺迪家庭完美地結合在一起：約翰和賈姬的熱忱與風度，卡洛琳和小約翰的天真與可愛。當亞瑟王的田園情懷在百老匯的音樂劇獲得完美的詮釋後，甘迺迪的白宮之家也被冠以「卡美洛」（Camelot）[81] 的光環。美國推出「卡美洛」的這一年也就是國家復興的一年，一九六一年的各種舉措描述了約翰·甘迺迪所展望的一個世界。

甘迺迪的就職演說預示著他上任後第一年的工作內容：滿滿一車廂的大膽設想，加掛在現實的車頭上。

——道格拉斯·布林克利

羅伯特·達萊克,歷史學家,波士頓大學退休教授,美國總統的研究專家。他寫過兩本關於甘迺迪的著作:《未完成的人生:約翰·甘迺迪》(An Unfinished Life: John F. Kennedy, 1917-1963)和《讓每個國家都知道:約翰·甘迺迪言論集》。

# 使命的召喚

## 羅伯特·達萊克談〈就職演講〉

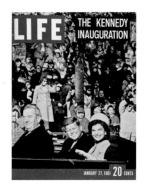

左圖
就職典禮前一天的晚上,風雪交加,第二天早晨需要為就職遊行清理道路,為此動用了美國陸軍工程兵團率領的一支工作組,並由一千多名哥倫比亞特區雇員和一千七百名童子軍協助完成清理工作。／攝影者不明

上圖
一九六一年一月二十七日的《生活》雜誌。約翰和賈桂琳乘坐敞篷轎車沿賓州大道行駛。來自阿拉巴馬州的參議員、支持種族隔離的民主黨人、就職典禮委員會主席斯派克曼(John Sparkman)坐在車的前排。

每一次總統大選都是一次破舊布新運動。即使不能讓國家實現偉大的復興,候選人也都會承諾重燃希望,匡正以往的錯誤。他們兌現競選承諾的第一次機會,便是面向全國人民的就職演講。此時,對於誰應當在未來的四年中領導這個國家,選民已經做出判斷,而此時全國人民已經基本接受了事實。

令人驚奇的是,在美國的歷史上,只有四次堪稱偉大的總統演講:傑弗遜進行的首次總統就職演講,他在演講中說我們都是聯邦制的擁護者,我們都是民主黨人,我們都是美國人;林肯的第二次就職演講,他承諾彌合國家的創傷;小羅斯福的第一次就職演講,其中最令人難忘的句子是「除了恐懼本身,無可恐懼」;然後就是約翰·甘迺迪措辭優美、鼓舞人心的使命召喚。

一九六一年是美國歷史上一個士氣低迷的時期,蘇聯的太空技術已經遙遙領先,美國面臨甘迺迪所說的「飛彈差距」,當時的國民大都覺得前景黯淡,在這樣的背景下,甘迺迪發表了就職演講。甘迺迪意識到了公眾的情緒,他希望重振國民對國家的自信,推動蘇美之間的溝通,減少核戰爭發生的可怕前景。他向眾多公眾人物和美國最傑出的思想家徵詢意見;他讓自己才華橫溢的演講撰稿人索倫森著手準備就職演講稿,重讀過去就職演講的名篇,尤其是傑弗遜、林肯和羅斯福的就職演講。他也學習了威爾遜演講中的修辭的力量,他記得評論家曾把威爾遜的演講詞與優美的旋律相媲美,你可以隨之翩翩起舞。由此,一篇關於總統領導力的絕佳演講稿誕生了。

面對龐大的現場觀眾和電視觀眾,在「西伯利亞寒風」的影響中,頂

著華氏二十三度的寒冷，他發表了就職演講。寒風中的他既沒有戴帽子，也沒有穿外套，這象徵了他和這個國家的韌性。他演講的很多內容已成經典，而且其中絲毫沒有對反對黨派的抱怨，也沒有講到蘇聯威脅之類的只會加劇與莫斯科緊張關係的冷戰詞調。一千三百五十五個單詞（過去歷屆總統演講平均為二千六百個單詞）使他的就職演講成為美國歷史上最簡短的就職演講之一。林肯在葛底斯堡所做的簡潔演講為甘迺迪樹立了榜樣，他力求言簡意賅。

甘迺迪的演講太令人難忘了，讓人忍不住就想引用一下；它的措辭鼓舞人心，呼籲公民承擔自己的使命，它簡直就是演講中的典範。「今天不是黨派勝利的慶祝，而是自由的慶典，」他開篇說道，「讓每個國家都知道——無論它對我們是友好還是敵對——為了確保自由的倖存和勝利，我們會不惜一切代價、身負重擔、排除萬難、支持一切朋友、對抗任何敵人！」他承諾美國要向發展中國家伸出援助之手，「我們這麼做並不是因為共產黨會這樣做，也不是因為我們需要他們的選票，而是因為這是人間正道。如果自由社會不能幫助貧困的多數人，那麼它也不能保全富有的少數人。」他特別提到了美國在西半球的姊妹共和國，他承諾「在一個新的進步同盟中，我們會把我們善良的言辭化為友好的行動」。

更為重要的是，他向蘇俄領導者發話，不是為了恐嚇或震懾，而是發出促進和平共存的渴望。他呼籲雙方相互理解，美國要以強大的姿態面對

上圖
由首席大法官厄爾·沃倫（Earl Warren）主持就職宣誓，宣誓中使用的是一本費茲傑羅家族的《聖經》。／攝影：雅克·洛

右圖
華氏二十度（攝氏零下七度）的寒風中，詹森和尼克森在貴賓區交談，等待就職典禮開始。／攝影：保羅·舒策

下頁圖
從美國國會大廈東廊看甘迺迪就職演講。／攝影者不明

共產國家和世界。他宣稱：「因為只有我們真正擁有強大的武器，我們才能完全確保它們絕不會被使用。……讓我們雙方絕不要出於恐懼而談判，但是我們也永遠不要畏懼談判。」他進一步呼籲建立「合作的灘頭堡」，「讓猜忌的叢林後退」。冷戰中的雙方要致力於「創造新的事業，而不是達到新的權力平衡，要締造一個新的法治世界，讓強者正，弱者安，世界得以和平」。然而他也告誡世人不要奢望這一切能迅速實現，「所有這些不會在第一個一百天內實現，」他說，這與羅斯福的想法十分不同，「也不會在第一個一千天內實現，也不會在本屆政府任期內實現，」他繼續說，就彷彿是預見到了自己有限的總統任期，一語成讖，耐人尋味，「甚至在我們的有生之年也難以實現。但是，讓我們開始行動吧！」

最後，他呼籲國民為自己的國家做出奉獻和犧牲。「現在，號角再次響起，在召喚我們——不是讓我們拿起武器，儘管我們需要武器，不是號召我們戰鬥，儘管我們正嚴陣以待。而是號召我們承擔起在漫漫長夜中戰鬥的重任，年復一年……向人類共同的敵人開戰：專制、貧困、疾病和戰爭本身……因此，我的美國同胞們：不要問你的國家能為你做什麼，而要問你能為你的國家做什麼！」這句話，與小羅斯福所說的「除了恐懼本身，無可恐懼」一樣，成了二十世紀就職演講、甚至是美國歷史上所有演講中最令人難忘的名言。在他誕生一百年後的今天，國家的未來再次難以預測，此時，重溫約翰·甘迺迪的演講具有非凡的意義。

# 就職演講

## 甘迺迪的總統就職演講
### 華盛頓哥倫比亞特區，一九六一年一月二十日

……今天，我們不是慶祝黨派的勝利，而是舉行自由的慶典——這象徵著一個終了，也意味著一個開始——預示著復興與變革。因為我已經依照我們先輩們大概一百七十年前所立下的誓言，在你們和萬能的上帝面前莊嚴宣誓。

世界已然今非昔比。人類的手中已經掌握了巨大的力量，既可以消滅各種形式的貧困，也可以摧毀一切生命。然而，我們的先輩們為之奮鬥的革命信念仍廣為世人所議——那就是，每個人的權利並非來自國家政權的慷慨給予，而是出自上帝之手。

今天我們不敢忘記，我們是那第一場革命的後代。此時此地，讓我們告訴我們的朋友，也告訴我們的敵人，火炬已經傳到新一代美國人的手中——我們出生在這個世紀，歷經了戰火的錘煉，在艱難而嚴峻的和平年代又飽受磨煉，我們為古老的傳統而自豪，為此，我們絕不願意目睹或者聽任這些權利慢慢被褫奪，因為這就是我們這個民族始終信守不渝的根本，也是我們正在國內外誓死捍衛之所在。

讓每個國家都知道，無論它對我們是友好還是敵對，為了確保自由的倖存和勝利，我們會不惜一切代價、身負重擔、排除萬難、支持一切朋友、對抗任何敵人！

這是我們矢志不移的承諾，而且遠不止於此。

對那些與我們有共同文化和精神起源的歷史盟友，我們承諾給予老朋友的忠誠。只要我們團結起來，我們在眾多的合作事項中可以所向披靡；但是如果各自為政，我們很難有所作為，因為我們不敢在爭執和分裂中應對強大的挑戰。

對那些新加入自由隊伍的國家，我們承諾，一種殖民控制形式的消

失，不應代之以更嚴酷的專制。我們不要總是期待他們會支持我們的觀點。但我們將一直期待他們堅定地維護自己的自由——永遠記住，過去那些愚蠢地騎在虎背上追逐權力的人終將為虎所吞。

對那些遍布半個地球、還住在茅棚與村落裡，並苦苦掙扎力求擺脫苦難枷鎖的人，我們承諾會盡最大的努力幫助他們自力更生，無論這需要多長的時間——我們這麼做並不是因為共產黨會這樣做，也不是因為我們需要他們的選票，而是因為這是人間正道。如果自由社會不能幫助貧困的多數人，那麼它也不能保全富有的少數人。

對於我們邊界南邊的姊妹共和國，我們提供特殊的承諾：在一個新的進步同盟中，我們會把我們善良的言辭化為友好的行動，協助自由的人民和自由的政府卸下貧困的鎖鏈。但是，這種和平革命的願望不能為敵對的強國所利用。讓我們所有的鄰國都知道，無論在美洲哪個地方，我們都會與他們並肩戰鬥，對抗任何入侵或顛覆。讓其他任何強國都知道，這個半球打算自己當家作主！

對於主權國家的國際集會，即聯合國，在一個戰爭手段超越和平手段的時代，它是我們最後希望所在，我們重申對它的支持，要防止它淪落為謾罵的講壇，要加強它對新成員國和弱成員國的保護，並且擴大它行使權威的領域。

最後，對於那些與我們為敵的國家，我們不提承諾，只提請求：在科學釋放出毀滅性的黑暗能量被人類有意無意地利用而致使自我毀滅之前，讓我們雙方重新開始對和平的追求。

我們不會示弱，誘惑他們輕舉妄動。因為只有我們真正擁有強大的武器時，才能完全確保它們絕不會被使用。

但是，兩個強大的國家集團都無法從現狀中獲得安寧，雙方都因現代武器的高成本而不堪重負，都為致命原子的穩步擴散而恐慌，但是，雙方卻在爭著改變那制止人類發動最後戰爭的不穩定的恐怖均勢。

因此讓我們重新開始，雙方都要記住，謙恭不意味著軟弱，真誠總是有待檢視。讓我們雙方絕不要出於恐懼而談判，但是我們也永遠不要畏懼談判。

讓我們雙方共同探索那些能使我們走向團結的問題，而不是反覆談論那些讓我們分裂的問題。

讓我們雙方第一次構建嚴肅而明確的武器審查和控制的提案——將毀滅其他國家的絕對武力置於所有國家的絕對控制之下。

讓我們雙方努力激發科學的奇妙之處而不是科學所帶來的恐懼。讓我們一起探索星辰、征服荒漠、根除疾病、開發海洋深處並且鼓勵藝術與貿易。

　　讓雙方團結起來，傾聽從地球每個角落傳來的以賽亞的諭令——「卸掉重負……讓受壓迫的人們獲得自由」。

　　倘若一座合作的灘頭堡可以抵擋猜忌的叢林，那就讓我們雙方共同創造新的事業，而不是達到新的權力平衡，要締造一個新的法治世界，讓強者正，弱者安，世界得以和平。

　　所有這些不會在第一個一百天內實現，也不會在第一個一千天內實現，也不會在本屆政府任期內實現，甚至在我們的有生之年也難以實現。但是，讓我們開始行動吧！

　　同胞們，我們事業的最終成敗，更多地掌握在你們的手中而不是我的手中。自從這個國家建立以來，每一代美國人都受到召喚，證明自己對國家的忠誠。響應號召加入服務的年輕美國人，他們的墳塋遍布全球。

　　現在，號角再次響起，在召喚我們 —— 不是要我們拿起武器，儘管我們需要武器；不是要我們戰鬥，儘管我們嚴陣以待 —— 而是召喚我們承擔重任，在漫漫長夜中繼續奮鬥，年復一年，「在希望中歡欣鼓舞，在磨難中保持耐心」 —— 對抗人類共同的敵人：暴政、貧困、疾病和戰爭本身。

左圖
甘迺迪的就職演講被視為美國歷史上最為不朽的就職演講之一，由他和顧問兼演講撰稿人索倫森起草，用詞極為考究。這份手寫修訂稿出自索倫森之手。

右圖
剛剛宣誓就職的總統和第一夫人前來國會大廈參加招待宴會，一九六一年一月二十日。／攝影：埃德‧克拉克

現在，號角再次響起，在召喚我們……召喚我們承擔重任，在漫漫長夜中繼續奮鬥……對抗人類共同的敵人：暴政、貧困、疾病和戰爭本身。

——約翰·甘迺迪

面對這些敵人，我們能否鑄造一個偉大的全球聯盟？不分東西南北，以此來確保全人類享有更加豐實的生活？你們會為了這一歷史性的抉擇而努力嗎？

在漫長的世界歷史中，只有幾代人有這樣的機會，得在最危險時刻挺身捍衛自由。面對這種責任，我絕不會畏縮——而是熱切地歡迎它。我相信，我們中間的任何人，都不願和其他任何民族或任何年代交換位置。我們為這項事業所付出的精力、信念與奉獻，將照亮我們的國家和所有為她服務的人——這團火焰足以照亮全世界。

因此，我的美國同胞們：不要問你的國家能為你做什麼——而要問你能為你的國家做什麼！

我的世界同胞們：不要問美國能為你做什麼——而要問我們一起攜手能夠為人類自由做什麼！

最後，無論你是美國公民還是世界公民，請在這裡要求我們以同樣高的標準，盡自己的力量，做出自己的奉獻，就像我們向你們提出的請求一樣。問心無愧是我們唯一確定的回報，歷史是我們行為的最終評判人，讓我們勇往直前，引領這片我們所熱愛的土地，祈禱上帝給我們祝福和幫助，但是，我們也要知道，在人間，上帝的工作必須依仗我們自己來實踐！

上圖
一九六一年一月十九日，詹森和夫人比爾德抵達由法蘭克·辛納屈舉辦的就職前歡慶會，到場的有演藝界的一些巨星。／攝影：保羅·舒策

右圖
總統和甘迺迪夫人。就職典禮當晚，雖然賈姬參加了三場舞會後在凌晨一點離席，傑克則參加了全部五場舞會，就職典禮後的次日凌晨快四點時才回家，而早上九點，他就需要開始任職後的第一天工作（一個週六），召開白宮工作人員會議。／攝影：保羅·舒策

# 與總統一起工作的人們

甘迺迪政府的內部親信並非全是男士。私人祕書兼好友的伊夫琳·林肯（Evelyn Lincoln）自甘迺迪任參議員以來一直是固定的一員，還有總統的私人醫生特拉維爾（Janet Travell），她鼓勵總統使用搖椅以減輕背部疼痛。「新邊疆」的主要設計者包括一些不尋常的人選，其中兩位是共和黨人：財政部長狄龍和國防部長麥克納馬拉，後者來自福特汽車公司，他的加入有些出人意料。最具爭議的是司法部長羅伯特·甘迺迪的任命：他才三十五歲，從未撰寫過庭審簡報，沒有在聯邦法院內辦理過一起案件。

保羅・索魯（Paul Theroux），一位
成功的旅行作家、文學批評家和小說
家，他的幾部書曾被改編為劇情片。
他是和平隊的早期成員，一九六三年
在馬拉威服務。

# 開明救濟

### 保羅・索魯談〈和平隊〉

VOLUNTEER APPLICATION
PEACE CORPS・VISTA

ACTION
ACTION
ACTION
ACTION

左圖
一名和平隊志願者在英屬宏都拉
斯，即現在的貝里斯。甘迺迪在
一九六〇年的競選演講中宣布了成
立這個志願者組織的想法。／攝影
者不明

上圖
甘迺迪的批評者將和平隊斥之為
「逃避兵役者的避風港」。

82 一九六四年，美國北方的志願者和
南方的社會活動家聯手，策劃了持續
十個星期的民權運動，以推廣非裔美
國人的投票登記，在為美國黑人爭取
平等權利的征途上邁出了重要一步。

作為一名不安分的活躍分子，在大學二年級的時候，我清晰地記得，一九六〇年的美國充斥著不確定性、特權、種族主義、政治偏袒、庸俗主義、戰爭狂熱、反智主義、對廣大世界的普遍無知和宿命意識。還有與這些對立的因素存在，導致整個社會成為一個矛盾體。南方的黑人教堂受到炸彈攻擊，民權運動缺乏動力——「自由之夏」（Freedom Summer）[82] 四年後才出現，蘇聯威脅要埋葬我們。有些書籍因言語或主題違禁而被禁。籠罩著所有這一切的卻是核子試驗的蘑菇雲及其滅絕人類的可能性。當年我才十九歲，內心的壓抑慢慢累積成為一股怒氣。

面對這種混亂的局面，甘迺迪參議員以前所未有的坦誠直面問題，並且採取了開明而出人意料的解決方法。一九六〇年十一月，在總統競選活動期間，他在舊金山發表演講，在講話的關鍵部分，他做了一個簡單的提議，讓聽眾學習一門外語。他用無可辯駁的細節，列舉了我們的駐外大使在語言和參與能力方面的不足，思想的狹隘：「我們六千名外交官中只有二十六名黑人。」然後，他又進一步呼籲美國人參加志願活動，成為和平大使，更好地瞭解世界——總而言之，參與其中。

這是一個令人神往的過程，他歡迎並邀請人們參與其中。幾週之前，在密西根的一次簡短演講中，他就談到美國年輕人志願前往貧困國家的可能性。他說：「你們中間將成為醫生的人，有幾位願意把時光花在迦納？」難以想像一位總統候選人會向今天的學生發出這樣的挑戰。

他第二次談到此事時，思緒已經更加成熟，他使用了「和平隊」一詞：「和平隊由才華出眾的男女青年組成，作為和平時期義務兵役的替代或補充，他們願意並且能夠以這樣的方式為國效忠三年。他們必須達到嚴格的標準，在語言、技能和外國習俗方面接受必要的培訓。」

這簡直就是應驗了我的祈禱。甘迺迪贏得了選舉，還沒過兩個月，他

和平隊有助於改變美國的敘事，它會繼續發揮這種作用。……在和平隊創立五十多年後的今天，它仍是甘迺迪的寶貴遺產之一。

——保羅·索魯

就簽署了建立和平隊的行政命令。同年稍後，和平隊志願者就在奈及利亞和迦納開始服務。我認為，和平隊的想法以及舊金山演講都清晰地傳達了甘迺迪這樣的一種理念：這支美國志願者的隊伍，他們的志願活動和他們的合作精神，將有助於破除世人的成見，認為美國人自私自利、金錢至上；也有利於抵制共產主義和蘇聯思想在新獨立國家的影響。比如說迦納：眾所周知，蘇聯正在拉攏迦納的首任總理恩克魯瑪（Kwame Nkrumah）（他自稱馬克思主義者）。其他一些非洲國家也是如此：西非的幾內亞和奈及利亞，東非和剛果河流域的坦桑尼亞與烏干達。這些國家的很多解放運動都得到了蘇聯的支持。美國在反殖民鬥爭中沒有發揮重要的軍事作用；的確，中情局也因為這些運動的共產主義傾向，一直在監視著這些國家，在有些地方，美國特工仍在熱切地嘗試與非洲政要建立密切關係，為他們提供到美國的公費旅遊項目，為他們的孩子提供到美國學習的獎學金。

作為一名醫學預科生，我沒有繼續深造的經濟來源，加入和平隊的時機恰好成熟，因此，我在一九六三年畢業時認為，在和平隊服役兩年，無論把我派到哪裡，我對人生都會有更清晰的認識。在那個時候，我還不知道「個性化」這個詞，它是指這樣一個過程：離家的年輕人獨自闖蕩世界，得到一個更加清晰的自我認知。

一九六三年的夏天，當時我正在義大利當老師，我收到了和平隊的錄

用通知書，要我到尼亞薩蘭[83]教書；我幾乎沒聽說過這個地方，在地圖上也不容易找到它。我提交了文件和一套指紋：在亞得里亞海岸的法諾小鎮，一個困惑的憲兵在警察局採集了我的指紋。同年秋天，我在波多黎各鄉村一處密林中的戶外訓練營裡開始了和平隊訓練。受訓一個月，包括攀岩、游泳和徒步旅行。然後是在錫拉庫紮大學進行為期六週的語言訓練和非洲政治背景學習。我的志願者同事中有一些黑人，他們之所以加入是因為美國南方城鎮中的種族隔離現狀讓他們難以忍受。

十一月的一天，我們正在上非洲歷史課，課剛講了一半，就得到甘迺迪總統遇刺的消息。這個可怕的消息使我們的決心更加堅定，我們很清楚，沒有甘迺迪就沒有和平隊，我們毅然在幾週後到達了中非。

在非洲腹地，身負使命，在實際工作中使用著一口日益流利的外語，想到要在這裡工作兩年，我不由感到興奮。那是我一生中最好的年華之一。我想到了康拉德（Joseph Conrad）[84]的話：「在剛果河面前，我僅僅是一隻動物。」

和平隊後來變得官方化，效率也提高了；但是在我那個時候，它是臨時設立的，在實踐中摸索工作開展的方法，這給我們這些灌木叢裡的教師提供了更多的自由空間，而不是監管。當時仍然屬於英國領地的尼亞薩蘭在次年變成了獨立的馬拉威共和國；因此我們有幸見證了這個地方的去殖民地化。英國的米字旗被丟棄，自由的希望迎面而來，但隨後的幾個月，國內政局發生了戲劇性變化，形勢混亂，甚至還有人在謀劃政變。

學校放假的時候我就去醫院工作，這滿足了我的醫學抱負。我獨自在非洲旅行，到過剛果河、南羅德西亞、辛巴威、奈及利亞，穿越了整個東非。我在旅途中結交了朋友，學習了當地的語言與文化──這是甘迺迪排在第一位的命令。在這個經驗與感知的新世界，我意識到我要寫些東西。我已經開闊了視野，思想也成熟起來，我已經知道自己想要什麼樣的生活。

不僅是我，國務院裡有很多和平隊的前志願者──我在旅行時經常遇上當和平隊志願者的外交官。許多政治家、詩人、小說家、大學教授、記者，還有一些美國工薪階層，他們都認為自己的生活因和平隊的經歷而豐富起來。和平隊有助於改變美國的敘事，它會繼續發揮這種作用。我無法想像，如果當年沒有加入和平隊，我現在的生活會是什麼樣子。在和平隊創立五十多年後的今天，它仍是甘迺迪的寶貴遺產之一。

左圖
埃莉諾‧羅斯福，美國自由主義的女泰斗，是和平隊的有力支持者。她和甘迺迪都認為和平隊是對蘇聯在發展中國家採取的新動向的一股抗衡力量。／攝影者不明

下圖
一名和平隊志願者在尼日。／攝影者不明

83 尼亞薩蘭（Nyasaland），非洲東南部國家馬拉威的舊稱。
84 康拉德（1857-1924），英國作家，曾航行世界各地。著有《黑暗之心》、《密探》等。

# 和平隊

新聞發布稿
華盛頓哥倫比亞特區，一九六一年三月一日

今天，我簽署了一項行政命令，出資籌備和平隊建立的臨時試點工作。我也正在向國會發出咨文，提議批准成立一支常設和平隊。這支隊伍會儲備一批受過專門培訓的美國男女公民，由美國政府或私人機構與組織派往海外，幫助其他國家，滿足他們對專業人力資源的迫切需求。

我們希望在年底之前能夠招募到五百名或更多的參加者。公眾對和平隊提議的第一反應有力地證明：我國儲備了大量此類人才——他們渴望將自己的精力、時間與辛勞奉獻給能促進世界和平與人類進步的事業。

通過建立和平隊，我們希望能充分利用私人機構和團體的資源與人才。大學、志願服務機構、工會和企業界將會被請求參與這一努力，貢獻他們多樣化的能量與想像力，希望各界都能明白，和平的責任就是我們整個社會的責任。

我們只會把東道國確實需要的人才派駐過去，讓他們能切實地發揮作用，且他們具有勝任工作所需的才能。在充分的談判之後，專案會謹慎展開，以確保和平隊是有必要的，能為其他民族的福祉做出貢獻。我們設立和平隊的目的不是作為外交、宣傳或意識形態鬥爭的工具。它的目的是使我們的人民在世界發展這一偉大的共同事業中更加充分地履行他們的責任。

左圖
「將（他們）自己的精力、時間與辛勞奉獻給世界和平與人類進步的事業。」一名和平隊的教師與多哥學童。／攝影者不明

和平隊的生活不會輕鬆。不會有薪水，津貼也僅僅能夠維持健康和基本生活的需求。無論男女，都將會與其所在國的國民一起工作和生活——做同樣的工作，吃同樣的食物，說同樣的語言。

雖然和平隊的生活不會很輕鬆，但是這將是讓人感到充實而滿足的一段經歷。因為參加和平隊的每一位年輕的美國人——在國外的一片土地上工作——他們將會知道，自己正在參與一項偉大的共同任務，那就是把體面的生活方式帶給人類，而這就是自由的基礎與和平的前提。

**讓我們堅持下去。和平未必不切實際，戰爭未必不可避免。**

——約翰・甘迺迪

左圖
甘迺迪委任妹夫施賴弗為和平隊隊長。施賴弗後來創建了美國志願服務隊、就業工作團和啟蒙計畫以及其他項目，幫助策劃了詹森夫人「向貧困開戰」的行動。／攝影者不明

右圖
一名和平隊志願者將些許美國情調帶到了秘魯海岸。／攝影者不明

若熱‧多明格斯（Jorge I. Domínguez），拉丁美洲政治學者，一九七二至二○一八年曾在哈佛大學政府系任教。

# 拉丁美洲計畫

## 若熱‧多明格斯談〈進步同盟〉

左圖
甘迺迪和墨西哥總統馬特奧斯（Adolfo López Mateos）（坐在中間者）在墨西哥城，一九六二年六月。／攝影：約翰‧多米尼斯（John Dominis）

上圖
一九六一年十月，哥倫比亞波哥大的熱情歡迎場面，甘迺迪的「進步同盟」資助了這裡的城市家園計畫，這是一個為十二萬六千居民提供住所的項目。一九六四年它更名為甘迺迪城。／攝影者不明

85 或稱《波哥大憲章》、《美洲和平解決爭端條約》。一九四八年美國和拉丁美洲國家在波哥大召開的第九屆泛美會議上通過。憲章規定美洲國家組織的任務是：鞏固美洲大陸的和平與安全，安排共同行動以對付侵略；就成員間發生的政治、法律和經濟問題尋求解決辦法等。

一九六一年三月十三日，富有遠見的甘迺迪總統提出了美國與拉丁美洲國家之間合作的平臺，他稱之為「進步同盟」。他迫切地呼籲美洲各國要採取行動「把人民從貧困、無知和絕望中解救出來」，他敏銳地指出，很多西半球的國家已經被忽視很久了。他認為實現這一點的關鍵就是要「摒棄帝國主義的武力或恐懼，用勇氣、自由和人類對未來所懷的希望為火炬，引導全球各地的人民為了美好的生活而鬥爭」。

甘迺迪總統在演講中還引用了巴西時任總統庫比契克（Juscelino Kubitschek）和哥斯大黎加前總統菲格雷斯（José Figueres）的主張，以此來支持自己主張。他向國會申請了五百萬美元，作為進步同盟的第一筆資助資金，向「實現《波哥大公約》（Act of Bogotá）[85] 邁出了第一步」，這是「一項美洲內部的大規模努力」，他適宜地將此歸功於他的「前任艾森豪總統……旨在克服阻礙經濟進步的社會障礙。」

「進步同盟」的演講突顯了甘迺迪將民主作為目標和執政方式的信念。演講強調了他對國際參與的高度重視。他鼓勵這個半球的所有國家致力於更自由的貿易政策（最終以《關稅與貿易總協定》下的「甘迺迪回合」談判而聞名）。他也讓他的政府致力於支持現有的「拉丁美洲自由貿易協會」和「中美洲共同市場」。

甘迺迪呼籲發展和深化國際學術交流，邀請「拉丁美洲科學家在醫學和農業、物理學和天文學以及海水淡化等領域的新專案中與我們一起合作」，以此來強化這個半球大學之間的紐帶。在甘迺迪的國際主義理念下，美國為拉丁美洲提供了切實的援助，用於拉丁美洲的社會與經濟發展，支持拉丁美洲有民主思想的總統正在實施的政策。扣除物價因素，實際算來，甘迺迪當政期間對這個地區的援助總量從未被超越。而且，他將進步同盟的理念牢牢植根於美洲內部政治體系中，賦予拉丁美洲國家對這

種「志向高遠的努力」的共同所有權。

拉丁美洲在二十世紀六〇年代取得了很大的社會和經濟進步。阿根廷、智利、哥倫比亞、秘魯和委內瑞拉等國的民選總統，欣然接受甘迺迪總統的很多設想，採取政策，加速經濟增長。他們實行的社會政策與進步同盟的目標相一致，促進民主的全面發展，尤其是努力推進學校教育。中美洲的貿易也蓬勃發展起來。在二十一世紀之前，這十年是這個地區發展的黃金時段。

甘迺迪總統對拉丁美洲的所面臨的挑戰做出了正確的判斷。為了應對這些挑戰，他主張走向社會和經濟共同發展的民主道路，帶有強烈的國際主義傾向。對於拉丁美洲領導人和該地區許多政府正在推進的很多舉措，他同時也給予認可，這為他和他的主張贏得了對方的支持，此外，甘迺迪政府隨時願意把美國的資金用於推進拉丁美洲發展的努力也為他贏得了支持。由於這些原因，此後幾十年間，人們一直對他的個人領導力念念不忘。

然而，事態並非一切順利。在發表「進步同盟」的演講後一個月，一九六一年四月十七日，由古巴流亡者組成的二五〇旅在古巴的吉隆灘和長灘（美國稱為豬玀灣地區）登陸。組成該旅的古巴流亡者（由美國中央情報局徵募、資助、訓練並錯誤地進行指揮）試圖推翻卡斯楚政府；行動在開始七十二小時後就以失敗告終。後來，就在約翰·甘迺迪在達拉斯遇刺那一天，一名中情局的工作人員將武器交給一名古巴特工，讓他去暗殺卡斯楚。

共產主義古巴給甘迺迪政府對拉丁美洲的想像、時間和資源都蒙上了一層陰影，因為它每天都在整個拉丁美洲大陸執行各種行動，試圖推翻或抑制和削弱古巴政府及其無數的國際革命活動。因為擔心賈根（Cheddi Jagan）[86] 極有可能在自由與公平的選舉中獲勝，進而成為古巴的盟友，美國政府阻礙了圭亞那的民主進程。甘迺迪政府出鉅資給多國提供軍事援助，以挫敗任何萌芽中的共產主義。在二十世紀六〇年代後期，拉丁美洲國家的民主政權一個接一個地倒臺，這在某種程度上歸因於共產主義威脅下的冷戰恐懼。甘迺迪之後的美國歷屆政府鼓勵、有時甚至支持了這種政變。到了二十世紀七〇年代後期，整個拉丁美洲只剩下了三個民主政權。

然而，從今天的角度來看，甘迺迪總統似乎有出色的預見力。在二十世紀七〇年代和八〇年代，這個地區充斥著專制政權與破產的經濟，他所大力呼籲的社會、經濟和政治改革日益緊迫。現在的情況已大為改觀。拉丁美洲最後一次武力推翻依照憲法自由公平選舉的平民總統、代之以軍人

除非所有居民都有工作機會……並能接受教育，否則這片大陸上沒有哪個妻子、母親、父親和家庭能夠感到真正的舒適。

—— 賈桂琳·甘迺迪，
拉莫里塔市，
委內瑞拉，
一九六一年十二月十六日

86 賈根（1918-1997），曾任英屬圭亞那總理、圭亞那總統，被圭亞那民眾稱為國父。

總統是發生在一九七六年。軍事政變已很罕見，本世紀只有兩次軍事政變取得成功，在每一次政變中，國民議會都反應迅速，任命一位平民繼任總統。

在二十世紀，拉丁美洲各國的貧困率全面大幅下降，其中在大約一半的國家中，收入的不平等在縮小。在大多數拉丁美洲國家中，人均壽命普遍延長，文盲率直線下降。

二十世紀八〇年代後期開始，美國繼續支援和捍衛這個地區的民主體制。對於新簽訂的一系列自由貿易協定，如果甘迺迪還在世的話，他大概會予以支持，因為自由貿易一直是他所宣導的。這些新的貿易協定促進了墨西哥、中美洲、多明尼加共和國和南美洲太平洋沿岸國家經濟的繁榮。雖然美國曾承諾「在規模和數量上一定會鼎力相助，使這項大膽的發展計畫取得成功」，但在甘迺迪去世後，這項計畫開始衰落，此後再也沒有得到恢復。在甘迺迪看來，他任內對拉丁美洲各國的支援堪比二戰後重建西歐的馬歇爾計畫。

在進步同盟正式啟動的五十五週年之際，拉丁美洲比以往更加自由和民主。貧困線以下的人口比例達到歷史最低。在二十世紀九〇年代，拉丁美洲開始出現中產階級，其數量在二十一世紀繼續增長。

約翰・甘迺迪所展望的遠景尚未實現，但是他所推崇的目標變得更加觸手可及──那就是把民主、自由貿易、社會包容和國際參與融為一體。自由和希望的火炬已經從飽受過苦難的一代人傳遞到了下一代，勇敢的拉丁美洲人民為實現這一目標已經做了很多至關重要的工作。

時隔多年，很多拉丁美洲人終於理解了甘迺迪當年所感受到的緊迫性、他所肯定的道德價值、他所強烈呼籲的目標，這或許是對甘迺迪真知灼見的最大敬意。拉丁美洲仍存在著許多弊端，甚至在我撰寫此文的時候，拉丁美洲還在經歷各種挫折。然而，這個地區在本世紀已經向著更加光明的歷史方向邁出了決定性的一步。拉丁美洲的未來掌握在拉丁美洲人民的手中，拉丁美洲變得更加美好。

上圖
賈桂琳・甘迺迪在委內瑞拉的拉莫里塔市的慶典上用西班牙語向民眾發表講話，根據一項農業改革計畫，農民被賦予土地的所有權──而這是美國提供援助的前提條件，為此舉行了此次慶典。
／攝影：塞西爾・斯托頓（Cecil Stoughton）

# 進步同盟

**甘迺迪對拉丁美洲外交使團的講話**
**白宮，華盛頓哥倫比亞特區，一九六一年三月十三日**

9

To fail to act -- to fail to devote our energies to economic progress and social justice -- would be a reproach to the spirit of our civilization, and a monumental failure for our free society.

~~But~~ If we are to meet a problem so staggering in its dimensions, our approach must itself be bold -- an approach consistent with the majestic concept of Operation Pan America. Therefore I have called on all the people of the hemisphere to join in a new Alliance for Progress -- "Alianza para Progreso" --

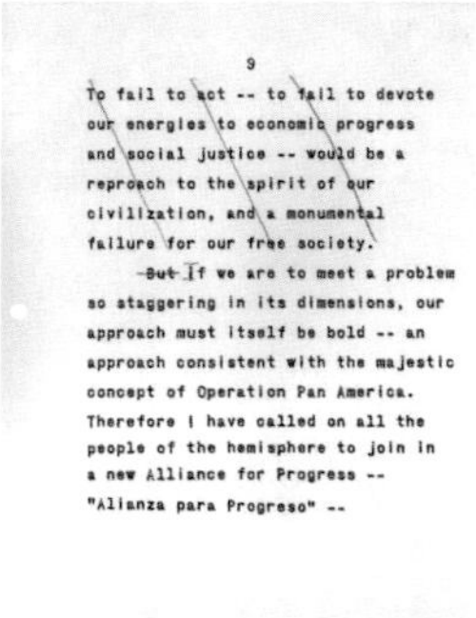

一百三十九年前的同一週，在美洲同胞英勇鬥爭精神的鼓舞下，美國敦促拉丁美洲新成立的共和國建立獨立的國家，並給予承認。當時，在整個半球取得自由的前夕，玻利瓦爾（Simón Bolívar）[87]談到了自己的期望，他希望美洲能成為世界上最偉大的地區，「最偉大的，」他說，「不是因為廣闊的土地和財富，而是因為她的自由和榮耀。」

在我們這個半球的漫長歷史中，這個夢想從未如此接近現實，但也從未處於如此大的危險之中。

我們的天才科學家已經為我們提供了工具，讓我們的土地富庶、工業強勁發展、知識普及到人民大眾。有史以來，我們終於有能力完全砸碎貧困與無知的枷鎖——解放我們的人民，滿足他們精神與知識上的需求，這一直是我們文明發展的目標。

然而，在這個機遇無限的時刻，我們還面對著歷史上一直在威脅著美洲的力量……

我們的友誼堅定而源遠流長。共同的歷史和經歷、推動美洲文明價值的共同決心，把我們緊緊地團結在一起，因為我們的這個新世界不僅僅是地理上的巧合。我們這片大陸因為共同的歷史、對新邊疆無窮的探索而凝結在一起。我們的國家是反抗殖民統治這一共同鬥爭的產物。我們的人民享有共同的遺產，那就是追求人類的尊嚴與自由。

革命使我們獲得新生，用潘恩的話說，「革命星火永不熄滅」。在這片遼闊而動盪的大陸上，美洲的理想仍然鼓舞著人們為了民族獨立和個人自由而奮鬥。雖然我們樂於把美洲的革命精神傳播到其他土地，但是我們也必須記住，我們自己的奮鬥尚未結束，包括一七七六年始於費城和一八一一年始於卡拉卡斯的革命[88]。我們這個半球的使命尚未結束，因為任務尚未完成，那就是向整個世界證明，人類對經濟進步和社會正義尚未

左圖
在委內瑞拉卡拉卡斯受到民眾熱情的歡迎。甘迺迪是第一位訪問委內瑞拉、第五位訪問南美洲的美國總統。攝影：保羅．斯萊德（Paul Slade）

上圖
總統「進步同盟」演講的原稿。

87 玻利瓦爾（1783-1830），委內瑞拉民族英雄，南美獨立戰爭領袖。領導解放了委內瑞拉、厄瓜多爾、秘魯、玻利維亞。
88 卡拉卡斯是委內瑞拉的首都，委內瑞拉於一八一一年獨立。

定鼎力相助，使這項大膽的發展計畫取得成功，正如當年西歐在面對幾乎同樣的逆境時，我們提供了足以重建西歐經濟的資源。因為只有志向高遠的行動，才能確保我們的十年進步計畫變成現實⋯⋯

⋯⋯我們提議美洲人完成此項革命，讓所有人都有希望過上舒適的生活，讓所有的人都有尊嚴、自由地生活，這就是我們所期望的一個半球。

為了達到這個目標，物質進步與政治自由必須共同發展。我們的進步同盟是自由政府的同盟，它必須致力於消滅專制，使它在這個半球無立錐之地。因此，請允許我們向古巴和多明尼加共和國人民表達我們的特殊友誼，希望他們能很快重新加入自由人民的社會，和我們一起共同努力。

這種政治自由必須伴以社會變革。除非我們進行必要的社會變革，包括土地與稅制的改革——除非我們為所有人民都拓寬機遇，除非美洲的廣大人民共用不斷增長的繁榮——否則我們的同盟、我們的革命、我們的夢想、我們的自由都會失敗。但是，我們呼籲自由的人民進行社會變革，以華盛頓和傑弗遜、玻利瓦爾、聖馬丁（San Martín）以及馬蒂（José Martí）的變革精神為榜樣，而不是尋求將我們一個半世紀以前就拋棄的專制政體強加於人民。我們的口號依然如故：支持進步；反對暴政！

但是，我們最大的挑戰來自內部——我們肩負著創造美洲文明的重任。在這裡，隨著物質基礎的不斷拓寬，精神與文化的價值也隨之茁壯成長，在它自身多元的豐富傳統中，每個國家都可以自由地選擇自己的進步之路。

當然，要完成我們的任務，這個半球所有政府都需要付出努力。但是只有政府的努力是絕對不夠的。最終人民必須做出選擇，獨立自主。

因此，我要告訴美洲的同胞們——田間的農民、城裡的工人、學校的學生，請做好思想和心靈上的準備，鼓足幹勁，為了我們所有人更加美好的生活而貢獻自己的能量。如此一來，在這個半球上，你們的孩子和我們的孩子都能過上更加富足、更加自由的生活！

讓我們再次將美洲大陸變成革命理念與行動的熔爐，讓我們高度讚揚自由人民創造性的幹勁，讓美洲成為這個世界的一個典範：在這裡，自由與進步攜手共進！讓我們再次喚醒我們的美洲革命，讓我們摒棄帝國主義的武力或恐懼，用勇氣、自由和對人類對未來的希望為火炬，引導全球各地的人民為了美好的生活而戰鬥！

## 我們的人民擁有共同的遺產，即對尊嚴和人的自由的追求。

——約翰·甘迺迪

下圖
古巴領導人卡斯楚一九五九年訪問紐約。甘迺迪在拉丁美洲毀譽參半，既有促進社會進步的努力，也有對古巴失敗的入侵。甘迺迪就任總統後，中情局制定了在古巴刺殺卡斯楚的多個計畫，無一奏效。／攝影者不明

右圖
一九六一年一段時期，甘迺迪的背傷使他不能上臺階，他不得不使用車載升降臺登機。／攝影：林·佩勒姆（Lynn Pelham）

約翰‧凱瑞，美國第六十八任國務卿。他過去曾擔任過麻薩諸塞州副州長和麻薩諸塞州的參議員，在二〇〇四年被民主黨提名為總統候選人。

# 外交的藝術

## 約翰‧凱瑞談〈談判的作用〉

今日重讀甘迺迪總統這篇〈談判的作用〉的演講，讓我們再次感受他光輝楷模的歷久彌新——這篇演講是對碎片化的資訊和口號推銷員的深刻回應，提醒我們這位歷史上的終極理想主義者的現實主義對我們仍能提供啟示。

所有外交家和領導人都有必要讀一下這篇演講——不僅僅是因為其所言，更是因為其所不言。

這不是一篇長於辭令的演講。

這是一篇直面嚴峻事實的演講——甚至是直面矛盾的演講。

二〇九五個單詞，取得了現實主義和理想主義和諧的平衡。

一九六〇年十一月七日，當時我還只是一名高中生，看臺上一個充滿理想主義的少年，伸長了脖頸，只為一睹擁擠不堪的波士頓花園裡的那個舞臺，在那裡，大選日前的那個晚上，時任參議員的甘迺迪宣布，「六〇年代擺在我們面前的機會」是「在全球範圍內自由遭受攻擊和考驗的時代，成為自由偉大的捍衛者」。

一年多以後，甘迺迪總統在華盛頓大學向西雅圖的民眾發表演講，這種勇於進取的精神依舊堅定。

對於美國在國際舞臺中不同尋常的角色，甘迺迪總統對自己的信念依然堅信不移：「我們是美國人，要堅決捍衛自由的邊疆。」

但是這位總統也明白，真正的日常辯論著重討論美國代表著什麼，而是我們如何實現並推動這些理想。

這是一位年輕的總統，自從波士頓花園的那個夜晚以來，一直在經受各種考驗。這些考驗不僅來自他所追求的最高職位對他的高格要求，還有他所繼承的這個世界的複雜性和這個世界中的傳統思想的局限性，甚至包括他自己假設的局限性。

左圖
一九六一年六月三日，維也納高峰會前夕的美泉宮國宴上，赫魯雪夫以連珠炮似的笑話和自我吹捧討好賈姬。／攝影：保羅‧舒策

就任最高統帥後的前十個月，甘迺迪總統經歷了最優秀的情報機構在豬玀灣的挫敗，挺過了在維也納與赫魯雪夫的失敗峰會，忍受了柏林圍牆的建立。十月中旬，在緊要關頭，他化解了美蘇坦克在東柏林查理哨所險些發生武裝衝突的危機，他也忍受著對盟友在南越問題上能力不足的無休止的爭論。

在華盛頓大學演講的甘迺迪總統，內心十分清楚所有這些經歷，卻不為之所束縛。

面對複雜的時代，他提出了自己冷靜的洞察：「我國的世界關係變得紊亂而複雜。我們過去的一位盟友成了我們的敵人，他也有自己的敵人，但是他的敵人並不是我們盟友；英雄被從墳堂中掘出；歷史被改寫；城市一夜之間改名換姓。」

然後甘迺迪列舉了一連串今天仍能引起我們共鳴的例子──談到國家，他說：「為了增加軍備，我們付出了沉重的代價，從根本上來說，提高軍備力量就是為了確保我們不必動用武力。」談到外交時他說：「為了鞏固自由的根基，我們必須與某些缺少自由的國家合作。」談到地緣政治的困境時，他說：「我們發現一些自稱中立的人實際上是我們的朋友，對我們抱以好感，而也有一些人雖然自稱中立，但是對我們始終懷有敵意。」

他的話彷彿是在回應我們這個時代中的一些人，他們嘲笑那些似乎只約束著美國但卻無法約束我們敵人的規範，對此，甘迺迪提醒美國人：

作為一個自由的國度，我們不能在恐懼、暗殺、虛假承諾、假冒暴徒與危機這類伎倆上，與敵人一爭高下。在自由媒體和公眾的監督下──無論是國內的還是國外的，也無論是敵對的還是友好的──我們不能向不同的聽眾講述不同的故事。我們不能放棄與盟友緩慢的協商，一如那為了速度而對其衛星國頤指氣使的強權。雖然我們在聯合國大會所占的票數還不到百分之一，我們也不能放棄或者控制它。

他知道，我們的道路，美國的道路，常常是更為艱辛的道路，但卻是我們唯一可以選擇的道路。

甘迺迪清晰而令人信服地傳達了美國權力受到的挑戰，以及我們運用這種權力的方式本身也是一種挑戰的原因：

我們擁有極其強大的武器，但是對於自由的敵人最經常使用的武器

上圖
總統和第一夫人歡迎印度總理尼赫魯（Jawaharlal Nehru）到訪白宮，一九六一年十一月七日。／攝影：鮑勃‧戈梅爾（Bob Gomel）

右圖
「空軍一號」等待起飛前往國會見戴高樂，然後前往奧地利與赫魯雪夫舉行會談。／攝影者不明

——顛覆、滲透、游擊戰、內亂——我們的武器效果最差。我們將武器送給他，正如我們將我們所信奉的民主理想送給他們一樣，但是我們無法送給他們使用這些武器或遵循這些理想的意志和決心。

這位總統不僅訴諸理性，他也尊重美國人領會複雜性的能力。這是多麼強大的思想！

他呼籲我們所有人：

直面那些無法輕易、迅速或永久解決的問題。我們必須直面一個事實，那就是——美國並非全知全能，我們只占世界人口的百分之六，我們不能將我們的意志強加給其他百分之九十四的人類，我們無法匡正每一個錯誤或扭轉每一次噩運，因此，對每一個世界性的問題，不可能都有一個美國解決方案。

是的，他也知道美利堅合眾國能夠做出的巨大善行，而且我們總是要去嘗試的特殊責任。

一九六一年秋，甘迺迪嘗試鞏固對蘇聯外交新的嘗試。然而，他承受著來自政治譜系兩端的批評壓力，他們認為他的態度要麼過於強硬，要麼

我們過去的一位
盟友成了我們的
敵人，他也有自
己的敵人，但並
不是我們盟友。

——約翰·甘迺迪

過於軟弱。因此，他在西雅圖的公開演講占據了一個更高的制高點，他的
話讓人想起他就職演講中許多讓人難忘的話語之一：「讓我們絕不要出於
恐懼而談判，但我們也不要懼怕談判。」他對談判得失的探討，對任何身
處領導崗位的人來說仍然具有說服力。他知道，分歧越深，欲望越強，呼
籲妥協的人所受到詆毀的危險就越大，儘管為了避免更糟糕的選擇，有的
時候，讓步也許是必要的。其實，他明白，力求不惜任何代價避免衝突的
人，往往會招致最為慘重的代價。

所有這一切都解釋了為何外交是一門藝術而不是科學。在時間、利益
衝突和截然不同的意識形態的複雜情況下權衡得失，能讓人在做出最艱難
選擇之前和之後輾轉反側，難以入眠。然而，正如甘迺迪所強調的，美國
「並非全知全能」，是什麼讓談判之路如此分歧？細究其中的緣由，必有
所收穫。

在甘迺迪總統任內，西雅圖演講後的兩年，談判之路取得了具有歷史
意義的成果，那就是美蘇之間達成了《部分禁止核子試驗條約》。近年來，
外交已經幫助我們在六個動盪地區解決或緩解了致命的衝突，為限制伊朗
核武器專案的突破性協定提供了支撐，達成了限制溫室氣體排放的協議，
實現了美國與古巴邦交正常化。

甘迺迪總統指出，談判常常是對成熟度和勇氣的檢驗，即使核心利益

已經得到保障，雙方也要尋求共同之處。那些在每一個問題上只盯著完勝或一敗塗地這兩種可能性的人，會缺乏耐心，無法識別雙方真正的需求。

並非每一次國際危機都適合用外交手段解決。跟納粹、伊斯蘭國和當下的「基地」組織，我們沒有任何妥協可言。但是，睿智的領導力意味著能夠明白該妥協的情況和不該妥協的情況有什麼不一樣；正如甘迺迪總統在西雅圖演講不到一年後所證明的那樣，他知道何時告訴他的將軍們：不，我們不會轟炸古巴；他知道何時私下與蘇聯人達成協議：只要蘇聯人從古巴撤出核彈頭，我們就從土耳其撤回朱庇特（Jupiter）飛彈。

這就是複雜世界中領導力的內涵，也是在一個艱難的世界中外交的要求。

縮小分歧就是談判意欲取得的結果。

正如甘迺迪總統提醒我們的，這是一項工作，一項艱辛的工作，一項不確定的工作，一項重要的工作——使我們能夠「搞清楚，在危急情況下，我們能否通過和平的方式來確保關鍵利益」。

在全球舞臺上探索這種可能性是不受歡迎的，而且既複雜又耗時費力。但是甘迺迪總統在華盛頓大學提醒我們，談判的勇氣能夠區分出什麼是逃避責任，什麼是領導力的展現，而僅僅在此之後的兩年，就在我們國家亟需他的現實主義與理想主義之時，我們卻痛失了我們的總統。

左圖
甘迺迪抵達維也納與赫魯雪夫進行高峰會晤，時值兩個超級核大國在柏林、南亞和古巴的緊張關係升級。／攝影：漢克・沃克

右圖
古巴飛彈危機期間，蘇聯外長葛羅米柯（Andrei Gromyko）在白宮，一九六二年十月十八日。葛羅米柯堅稱古巴沒有飛彈。甘迺迪知道他在撒謊，但沒有揭穿。／攝影者不明

# 談判的作用

甘迺迪在華盛頓大學的演講
華盛頓州西雅圖市，一九六一年十一月十六日

一九六一年，我國的世界關係變得紊亂而複雜。我們過去的一位盟友成了我們的敵人，他也有自己的敵人，但是他的敵人卻並不是我們盟友⋯⋯

為了增加軍備，我們付出了沉重的代價，從根本上來說，提高軍備力量就是為了確保我們不必動用武力。如果我們想要維持和平，就要勇敢地面對戰爭可能爆發的事實。為了鞏固自由的根基，我們必須與某些缺少自由的國家合作。我們發現一些自稱中立的人實際上是我們的朋友，對我們抱以好感，而也有一些人雖然自稱中立，但是對我們始終懷有敵意。作為地球上最強大的自由的捍衛者，我們身上有不可推卸的責任，但在履行捍衛自由這一責任時，我們必須要顧及自由的內在約束。

作為一個自由的國度，我們不能在恐懼、暗殺、虛假承諾、假冒暴徒與危機這類伎倆上，與敵人一爭高下。

在自由媒體和公眾的監督下——無論是國內的還是國外的，也無論是敵對的還是友好的——我們不能向不同的聽眾講述不同的故事。

我們不能放棄與盟友緩慢的協商，一如那了為了速度而對其衛星國頤指氣使的強權。

雖然我們在聯合國大會所占的票數還不到百分之一，我們也不能放棄或者控制它。

我們擁有極其強大的武器，但是對於自由的敵人最經常使用的武器——顛覆、滲透、游擊戰、內亂——我們的武器效果最差。

我們將武器送給他人，正如我們將我們所信奉的民主理想送給他們一樣，但是我們無法送給他們使用這些武器或遵循這些理想的意志和決心。

我們不僅相信武力，也相信公道和理性的力量，但我們知道理性並不總是能打動非理性的人，「婉言息怒」並不總是有效，公道並不總是有力

量。

　簡言之，我們必須直面那些無法輕易、迅速或永久解決的問題。我們必須直面一個事實，那就是——美國並非全知全能，我們只占世界人口的百分之六，我們不能將我們的意志強加給其他百分之九十四的人類，我們無法匡正每一個錯誤或扭轉每一次噩運，因此，對每一個世界性的問題，不可能都有一個美國解決方案。

　對於這些負擔和壓抑，大多數成熟和通情達理的美國人都能坦然接受。他們或許會懷念往昔，懷念戰爭就意味著衝上聖胡安山的時代[90]，或者懷念我們在兩個大洋保護下的孤立時代——或者懷念我們獨擁原子彈的時代，或者懷念工業化世界大多依賴我們的資源和援助的時代。但是他們現在知道，這樣的時代已經一去不復返，舊政策和往日的自滿也隨之而逝。他們也知道，無論承受什麼危險和代價，我們都必須妥善處理我們面臨的新問題，抓住我們所面臨的新機遇。

　但是，也有一些人無法承受在漫漫長夜中戰鬥的重任。他們對我們生存和獲勝的長遠能力缺乏信心。他們憎恨共產主義，但又認為長遠來看它或許是未來的潮流。他們想要某種迅速、簡單、一勞永逸而廉價的解決方案——就在現在。

　這些沮喪氣餒的公民分為兩類，他們觀點相差甚遠，態度卻甚為相似。一類人，在我看來，他們竭力主張投降路線——安撫我們的敵人，犧牲我們的承諾，不惜任何代價購買和平，拒絕為我們的武器、朋友和責任

上圖
甘迺迪得知剛果共和國以民主方式選舉的總理盧蒙巴（Patrice Lumunba）遭處決，一九六一年二月。／攝影：雅克·洛

右圖
「我們不僅相信武力的威力，」甘迺迪在概括他的美國外交觀時說，「也相信公道和理性的力量。」／攝影者不明

90 聖胡安山之戰，美西戰爭期間的一次戰役。經過三天激戰，美軍奪占可瞰制聖地亞哥的所有制高點並擊退西軍的多次反攻。

**我們身上有不可
推卸的責任，但
在履行捍衛自由
這一責任時，我
們必須要顧及自
由的內在約束。**

——約翰·甘迺迪

有所擔當。如果他們的觀點得勢，自由選擇的世界今天會變得更小。

另一類人，在我看來，是那些竭力主張戰爭路線的人：將談判等同於
綏靖，以強硬取代堅毅。如果他們的觀念得勢，我們現在將處在戰爭之中，
而且不止在一個地方。

一個奇怪的事實是，這極端對立的雙方彼此相似。每一方都相信我們
只有兩個選項：綏靖或戰爭，自殺或投降，屈辱或浩劫，變「紅」或死亡。
每一方都只看到「強硬」與「軟弱」的國家，強硬與軟弱的政策，強硬與
軟弱的人。每一方都相信，任何對自己路線的偏離都必然倒向另一方。一
方相信，任何和平方案都意味著綏靖；另一方認為，任何軍備增長都意味
著戰爭。一方認為所有其他人都是戰爭販子，另一方則將所有其他人都視
為綏靖分子。雙方都不承認自己的路徑會導致災難，但雙方都不能告訴我
們，一旦我們登上綏靖或持續干涉的災難性斜坡，我們該如何劃定界線，
應該在哪裡劃定界限。

簡言之，極端的雙方都自詡為我們這個時代真正的現實主義者，但實
際上他們卻是如此的不現實。雙方都聲稱是在為國效力，但他們對國家的
傷害無以復加。這種以簡單方案解決困難問題的論調，倘若信以為真，那
麼，在最需要我們的人民團結起來認清未來漫長而艱難的日子時，這會讓
他們喪失信心。在我們的盟友最需要信任我們時，這會讓他們感覺到不確
定性。更危險的是，倘若信以為真，那麼在必須讓我們的敵人確信我們將
捍衛自己的關鍵利益時，這會讓他們產生懷疑。

雙方都未能領會的最基本事實是,外交與國防並非互為替代品。只存其一,必將失敗。只對抗,不對話,勢必引起戰爭;只對話,不對抗,勢必招來災難。

但是,只要我們清楚自己的關鍵利益和長遠目標,我們就不用懼怕在適當的時機進行談判,拒絕談判會一無所得。在僅僅一次衝突就能在一夜之間升級為蘑菇雲浩劫的時代,把探查對方意圖的任務留給哨兵或不負完全責任的人,這並不是大國證明自己的堅定立場的明智之舉。除非我們已經嘗試了所有合理的解決方案,否則就沒有道理動用終極武器,或要求公民做出終極犧牲。邱吉爾曾寫道:「有多少戰爭是因為耐心和執著的善意而被避免!……有多少戰爭是因為煽動的言行而爆發!」

談判可以幫助我們定奪是否可以以和平的方式保全我們受到威脅的關鍵利益。談判可以幫助我們定奪敵人是否只是希望我們在權利上稍作讓步。倘若可以進行談判,我們也不會將選擇談判的論壇、框架和時間的任務拱手讓給敵人……

誰都不應該幻想為談判而進行的談判總是能夠推動和平的事業。如果缺乏準備,談判會在怨恨中破裂,和平的前景就會受到威脅。如果談判成了宣傳的論壇或侵略的掩護,和平的進程就會受到踐踏。

談判並不是一場非勝即敗的競爭,接受這個事實是對我們國家成熟度的考驗。談判可能會成功,也可能會失敗。只有雙方達成他們都認為優於現狀的協議——雙方都認為自己境況有所改善,談判才有可能成功,而這是最難達到的。

雖然我們可以自由地談判,但是卻不能以自由為籌碼談判。對於派翠克·亨利(Patrick Henry)的經典問題[91],我們的回答仍然是「否」——「如果要以鎖鏈和奴役為代價」,那麼生命沒有那麼珍貴,和平也沒有那麼可貴。我們今天的回答仍是如此。自古希臘城邦之間的衝突以來,在人類歷史上,第一次,戰爭意味著可以滅絕地球上的一切,毀滅我們所知道的一切,包括人類社會本身。為了拯救人類未來的自由,我們必須直面任何必須承擔的風險。我們將一直尋求和平,但我們絕不會投降。簡言之,我們既不是「戰爭販子」,也不是「綏靖分子」,既不「強硬」,也不「軟弱」。我們是美國人,只要有和平的可能,我們就會堅定而體面地爭取;但是對方若以武力侵犯我們,我們必將拿起武器,堅定地捍衛自由的邊疆……

# 沒有監督的裁軍不過是一個幌子,沒有法律的社會不過是一個空殼。

—— 約翰·甘迺迪,
一九六一年九月二十五日
在聯合國的演講

小尤金·迪翁（E. J. Dionne Jr.），美國國家公共電臺、公共廣播公司和微軟全國有線廣播公司的正式評論員，布魯金斯學會高級研究員，聖安塞姆學院高級研究員，並長期擔任《華盛頓郵報》專欄版評論員。

# 危險時期

## 小尤金·迪翁談〈極端主義的聲音〉

「把我們的愛國主義精神用於創造彼此的信任，而不是製造充滿懷疑的征討上。」

這似乎有些弔詭，約翰·甘迺迪居然會直面一個新的極右翼的崛起、新陰謀論的傳播以及軍方介入美國政治的威脅。甘迺迪畢竟是堅定的務實派和意識形態反對者。一九六二年，他在耶魯大學告訴畢業生，「橫掃一切的老問題已基本消失」，他那個時代的政治問題「與哲學或意識形態的根本衝突無關，而是要尋找到達到共同目標的途徑和方法」。對於這位一九六〇年當選的總統而言，意識形態的終結似乎順理成章，畢竟那是我國歷史上意識形態極端化色彩最少的一次競選，而且他是艾森豪的繼任者，而他們兩人對宏大理論都沒有太多信任。

但是，冷戰、麥卡錫時代以及蘇聯人造衛星發射後明顯的（在很多方面是虛幻的）強勢，已經使得國內釋放出一股「焦慮與懊喪」和一股舉國害怕與疑懼的風潮，正如甘迺迪在一九六一年十一月所描述的那樣。極右翼是二十世紀六〇年代初的重頭新聞故事之一，是大量學術研究的焦點，也是共和黨內的一支重要力量。在多年以來一直抱怨艾森豪一派的溫和政治家對共和黨有支配地位後，一場新興的保守主義運動將最終支配共和黨，並在一九六四年提名戈德華特總統競選人。

左圖
甘迺迪在新聞祕書賽林傑的辦公室中看錄影，一九六一年二月二日。
／攝影：保羅·舒策

強硬的右翼只是這場運動的一部分，甘迺迪還面對來自其他保守派的譴責，包括小巴克利（William F. Buckley Jr）[92]。然而這股力量勢頭嚴肅。一九五八年，韋爾什（Robert Welsh）成立「約翰·伯奇協會」（John Birch Society）[93]，他將艾森豪視為「共產主義陰謀的一位忠實而清醒的代理人。」二十世紀六〇年代初，出於對共產主義即將占領美國的恐懼，「一分鐘人」（Minutemen）[94] 組織從中得到啟發並成立。他們準備隨時將美國從共產主義手中奪回。

92 小巴克利（1925-2008），記者、作家、保守主義政治評論家，《國家評論》（National Review）創辦人。
93 美國極右保守主義組織。該組織攻擊黑人民權運動、反對共產主義。
94 「一分鐘人」原是美國獨立戰爭期間的特殊民兵組織，可以迅速集合奔赴戰場。這裡指的是反共的祕密武裝組織。

儘管甘迺迪本人是堅定的冷戰鬥士，但在右翼分子看來他的反共立場仍不夠堅定。許多保守派和軍隊人士（準確地）懷疑，他對美蘇之間簽訂的裁軍協議抱以同情。在軍隊內部，反甘迺迪的想法並不只是一種無形的的擔心。就在甘迺迪發表〈極端主義的聲音〉這篇演講的那個月，一次軍方調查對愛德溫‧沃克（Edwin Walker）[95] 少將提出警告，因為他「採取不明智的行動，對傑出的美國人發表了侮辱性的公開聲明」。這種類似外交的言辭描述了他向軍隊灌輸某種思想的行為，而這種思想與伯奇協會的觀點如出一轍。調查中提到沃克曾形容前總統杜魯門、前國務卿艾奇遜、第一夫人埃莉諾‧羅斯福是「絕對的粉紅色」。最終，沃克主動請辭。

把我們的愛國主義精神用於創造彼此的信任，而不是製造充滿懷疑的征討上。

——約翰‧甘迺迪

對軍事政變的恐懼現在看來可能有些牽強附會，但當時的極右翼十分活躍，以至於兩位記者克內貝爾（Fletcher Knebel）和貝利（Charles W. Bailey II）從中汲取了創作的靈感。他們將這種威脅戲劇化，完成了小說《五月裡的七天》（Seven Days in May）。這部小說後來成為全國暢銷書，由此改編的電影還獲得兩項奧斯卡大獎。

在這篇演講中，甘迺迪直面質問那些「懷疑地盯著他們的鄰居和領袖」的人，警告「極端主義的不和諧音又一次在這片土地上響起」，但這並不是一篇主題明確的演講。它是甘迺迪在民主黨的一次籌款活動上的演講，地點是好萊塢帕拉丁音樂廳。這篇演講全文僅有一千八百個單詞，主要講述了民主黨的成就，包括一年後在州長競選中戰勝尼克森的艾德蒙‧布朗（Edmund Gerald "Pat" Brown）州長的成就，演講中還做出了一系列的承諾，包括呼籲「為老年人提供醫療護理」等。在甘迺迪去世後不久，這項承諾以醫療保險的方式兌現。

儘管這篇演講只有不到三分之一的篇幅針對極右翼，但記者們立刻就明白了這一部分的重要性。《紐約時報》在頭版刊登威克（Tom Wicker）的報導，並登出摘要以突顯其嚴肅性。

威克在報導中說，甘迺迪對「伯奇協會」和「一分鐘人」組織都表示反對，儘管總統沒有點到他們的名字。當他說那些「在我們的教會、最高法院甚至是水處理工廠發現了叛國行為」人，他顯然指的是前者，因為伯奇會員譴責進步派神職人員，要求彈劾首席法官厄爾‧沃倫，將飲用水氟化處理視為危險的陰謀。

當他談及「國民游擊隊武裝團夥，他們更可能成為地方的義務治安員，而不是國家的警衛隊」時，他腦子裡想的顯然是「一分鐘人」組織。沃克和軍隊中的右翼分子也得到了譴責：「他們理直氣壯地反對政治干涉

95 愛德溫‧沃克（1909-1993），美國軍官，參加過第二次時間大戰和韓戰，因為保守主義政治觀點而聞名。一九六一年，他因眾稱羅斯福夫人和杜魯門為「粉紅色」被批評，提出辭呈，並被甘迺迪總統批准。

軍隊，卻又急於讓軍隊涉足他們那種類型的政治。」

多年以後，演講中的一句話聽起來有些奇怪——「他們呼喚『馬背上』的男人，因為他們不相信人民」。正如《洛杉磯時報》（Los Angeles Times）的威克和的巴西特（James Bassett）所指出的，這顯然是對極為保守的《達拉斯晨報》（Dallas Morning News）出版人迪利（Edward M. Dealey）的還擊。在一次白宮早餐會上，迪利攻擊甘迺迪和他的政府像「弱女子」。迪利說，當國家需要一個「馬背上的男人」時，甘迺迪卻在「騎著卡洛琳（指總統的女兒）的自行車」。

我們不清楚甘迺迪的演講是否起到了鼓舞作用，但是五天之後艾森豪加入了總統的反擊，他譴責右翼極端主義者將他們自己樹立為「超級愛國者」，似乎正在尋找一位想成為獨裁者的領導人。

甘迺迪的演講不僅適用於他的時代，許多話也適用於今天。在為自己的政治立場辯護時，甘迺迪形容他的對手在意識形態上的簡單化，在如今的右派觀點中，這仍很常見：「他們將民主黨等同於福利國家，將福利國家等同於社會主義，將社會主義等同於共產主義。」

此外，甘迺迪自己關於偉大國家的觀點，與二〇一六年大選中引起轟動的口號頗為不同。甘迺迪宣稱：「讓我們證明：我們認為我們的國家之所以偉大是因為我們努力讓它變得更偉大。」

左圖
要求彈劾最高法院首席大法官的告示牌。一九五四年，沃倫主持的最高法院裁定學校種族隔離行為違反憲法。在甘迺迪的任期，右翼團體對此仍然很惱怒。／攝影：杜安・豪厄爾（Duane Howell）

右圖
霍姆斯（Hamilton Holmes）是喬治亞大學廢除種族隔離後錄取的兩位黑人學生之一，根據法院的命令，他在第一天上課時被護送到學校，一九六一年一月十六日。／攝影者不明

# 極端主義的聲音

甘迺迪在加州民主黨晚宴上的講話
加州洛杉磯市，一九六一年十一月十八日

在我國歷史上最危機的時刻，總有一些社會中的邊緣人，試圖找到一個簡單的解決方案、一個有吸引力的口號或一個替罪羊，以此來逃避自己的責任。

財政危機是因為於移民太多或美元太少。戰爭是因為軍火商或國際銀行家。和平會談的失敗是因為英國人對我們的愚弄或法國人的伎倆，或俄國人的欺騙。東歐國家走向共產主義，跟蘇聯強大的軍隊無關，而是因為我們在雅爾達會議上遭到了背叛。中國脫離自由世界並不是因為內戰，而是因為美國高層的叛國。

有的時候，這些狂熱分子會成功得到一些人的短暫支持，這些人在面對不愉快的事實或未能解決的問題時缺乏意志或智慧。但良好的判斷力和偉大美國共識所帶來的定力，最終總會占據上風。

今天，我們又處於一個危險不斷攀升的時期。風險巨大，負擔沉重，問題無法得到迅速而持久的解決。在持續緊張和騷擾的壓力和挫折下，極端主義的不和諧音調又一次在這片土地上響起。那些不願意直面外部危險的人確信真正的危險來自內部。

他們懷疑地盯著他們的鄰居和領袖。他們呼喚一個「馬背上的男人」，因為他們不信任人民。他們在我們的教會、最高法院和甚至水處理工廠發現了叛國行為，他們將民主黨等同於福利國家，將福利國家等同於社會主義，將社會主義等同於共產主義。他們理直氣壯地反對政治干涉軍隊，卻又急於讓軍隊涉足於他們那種類型的政治。

左圖
南卡羅來納州的三 K 黨（Ku Klux Klan）[96] 夜間集會。一九六一年，在「自由騎士」[97] 受到三 K 黨和南方的種族隔離主義者襲擊後，羅伯特‧甘迺迪派聯邦員警保護他們。
／攝影者不明

96 三 K 黨，美國奉行白人至上主義的民間團體。
97 反對種族歧視的運動。

但是，我和你們——大多數美國人、士兵和平民——對面對我們國家的危險持有不同的觀點。我們知道它來自外部而不是內部，我們必須冷靜地防備而不是以刺激性的言語加以應對。今年我們所採取的加強國防的措施：如增加我們的飛彈部隊，啟動更多隨時待命的戰機，提供更多空中和海上補給和後備師，使我們比以往更加確信這個國家擁有強大的力量，可以阻止任何進攻，而這些措施就是對那些播撒懷疑和仇恨種子的人最有效的回應。

所以，讓我們不要理會那些出自恐懼和懷疑的建議。讓我們把精力集中於敵人，讓他的轟炸機和飛彈遠離我們的海岸，而不是把心思花在是否要驅逐那些受我們庇護的鄰居身上；讓我們將更多的精力用於組織世界上有共同的貿易往來和戰略目標的那些自由而友好的國家，而不是把心思花在組織國民游擊隊武裝團夥上，他們更可能成為地方的義務治安員，而不是國家的警衛隊。

把我們的愛國主義精神用於創造彼此的信任，而不是製造充滿懷疑的征討上。讓我們證明：我們認為我們的國家之所以偉大，是因為我們努力讓它變得更偉大。我們要記住，無論前景如何嚴峻，無論任務如何艱巨，自由是世界歷史不可逆轉的發展趨勢，而我們始終站在自由的這一邊！

> 讓我們證明：我們認為國家之所以偉大，是因為我們努力讓它變得更偉大。
>
> ——約翰·甘迺迪

左圖
在建設柏林圍牆的期間，美軍坦克在西柏林的查理檢查站附近隨時待命，一九六一年十月。／攝影者不明

右圖
一九六一年白宮內閣會議室的一次會議。內閣會議室的每一把椅子上都有一個身分識別牌，甘迺迪的椅子上寫著「總統，一九六一年一月二十日」。／攝影：康奈爾·卡帕

# 5

第五章

TOWARD A MORE
PERFECT UNION

邁向
更完美的
聯邦

1962

# 1962

1.14 第一夫人史無前例地通過電視媒體帶領美國八千萬觀眾參觀新整修過的白宮。這個節目為她贏得了一項艾美獎榮譽獎。

1.18 美軍開始向越南叢林噴灑落葉劑用以搜尋越共游擊隊。

2.3 甘迺迪下令，除了食物和藥品之外，禁止美國與古巴的全部貿易。

2.20 約翰·葛蘭（John Glenn）登上「友誼七號」（Friendship 7），成為首位環繞地球飛行的美國太空人，他環繞地球軌道飛行了三週，用時四小時五十五分二十三秒。

3.4 世界上唯一的核電站在南極洲啟動。

3.12 賈桂琳·甘迺迪和妹妹李·拉齊維爾（Lee Radziwill）到印度和巴基斯坦進行友好訪問。

3.19 巴布·狄倫（Bob Dylan）的首張同名專輯發布，獲得評論家好評。

4.21 太空針塔（美國西雅圖著名建築）在二十一世紀博覽會上揭幕。

春 海倫·布朗（Helen Gurley Brown）的《性與單身女孩》（Sex and the Single Girl）一書出版，鼓勵女性過單身生活、追求事業發展、經濟獨立和性解放。

5.19 在麥迪遜廣場花園舉辦的民主黨籌款活動上，影星瑪麗蓮·夢露（Marilyn Monroe）為甘迺迪總統獻唱〈祝你生日快樂〉。

6.4 奧斯維德乘坐荷美郵輪公司的「馬士丹號」（SS Maasdam）郵輪離開荷蘭的鹿特丹市前往美國。

6.8 甘迺迪以杜魯門總統所設立的「科學顧問委員會」為基礎創立「科學與技術政策辦公室」。

6.13 史丹利·庫柏力克（Stanley Kubrick）根據納博科夫（Vladimir Nabokov）同名小說拍攝的電影《洛麗塔》（Lolita）與成人觀眾見面。

6.25 在首席大法官厄爾·沃倫的主持下，最高法院在「恩格爾訴瓦伊塔爾」[98]（Engel v. Vitale）一案中裁定校園祈禱違憲。

6.29 甘迺迪夫婦對墨西哥進行四十八小時國事訪問，與墨西哥總統馬特奧斯進行會晤。

太空人約翰·葛蘭將美蘇太空競賽拉至平局，且美國在實現甘迺迪登月的目標上又邁進了一步。

賈姬主持的白宮之旅吸引了近八千萬名觀眾，第一夫人也由此贏得了艾美獎榮譽獎。三家主要的廣播電視網都對此進行了特別報導。

為甘迺迪慶祝生日的瑪麗蓮·夢露，這是她八月五日去世前最後一次主要的公開亮相。

7.5　阿爾及利亞宣布脫離法國獨立。

7.9　普普藝術家安迪·沃荷（Andy Warhol）在首次個展中展示了作品《康寶湯罐頭》（Campbell's Soup Cans）。

7.23　傑克·羅賓遜（Jackie Robinson）成為首個入選棒球名人堂的非裔美國人。

7.24　甘迺迪總統修訂了過去的政策，發布〈聯邦服務機構中女性機會均等備忘錄〉。

9.11　蘇聯發出威脅，如果美國襲擊向古巴提供援助的船隻，蘇聯將發動核戰爭。

9.23　美國廣播公司首部彩色電視劇《傑森一家》（The Jetsons）亮相。

9.27　環保主義者瑞秋·卡森（Rachel Carson）的《寂靜的春天》（Silent Spring）一書出版，提醒公眾注意合成農藥的危害。

9.29　甘迺迪授權聯邦軍隊進駐密西西比大學以確保校園種族融合順利進行。次日美國法警護送一名非裔美國學生入校，引起騷亂，造成兩人死亡。

10.16　總統通報了 U2 偵察機拍攝的照片，顯示蘇制可攜帶核彈頭的彈道飛彈正在古巴進行布置——距離美國海岸線只有九十英里。古巴飛彈危機爆發。

10.28　在對行動方針進行通報和討論後，美國海軍對古巴進行了海上封鎖，一名軍人犧牲，之後是一系列緊張的談判，在十三天緊張的局勢後，蘇聯同意美方提出的解決方案，古巴飛彈危機結束。

11.1　總統簽署行政令，禁止聯邦機構以一個人的種族、宗教或祖籍為由，拒絕提供住房或住房基金。

11.6　泰德·甘迺迪當選麻薩諸塞州聯邦參議員。

11.20　蘇聯同意從古巴撤出 IL-28 噴氣式轟炸機，美國解除對古巴的封鎖。

12.29　豬玀灣事件中的戰俘獲釋。

12.31　北越領袖胡志明宣誓，如有必要，游擊戰可以進行十年。

98 美國法院具有里程碑意義的案件。一九五一年，紐約州教育委員會建議各地方教育委員會，可以要求公立學校的學生在課前誦讀祈禱詞：「萬能的上帝，我們承認您是我們的依靠，祈求您賜福於我們、我們的父母、老師和國家。」但是這一祈禱，引來了以史蒂文·恩格爾（Steven Engel）為首的學生家長的抗議，因為他們並非基督徒，他們認為這種做法侵害了非基督教學生的信仰自由權、違反了憲法中規定的政教分離原則。一九五九年，恩格爾將地方教育委員會主任瓦伊塔爾告上法庭。一九六二年，聯邦最高法院判定校園祈禱違憲。

梅雷迪斯（James Meredith）與密西西比州艱苦的法律戰鬥是民權運動的一個閃光點。

美國設立特種部隊營地監控北越在溪生的軍隊，一個月後，古巴飛彈危機爆發，形勢緊迫，美國對古巴周圍進行海上封鎖。甘迺迪在電視講話中公開了相關細節。

甘迺迪兄妹中最小的一個加入到政治競爭中。在一場特別的選舉中，泰德·甘迺迪就任曾經由他的兄長約翰所擔任的參議院席位。

除非萬不得已，否則我們絕不會貿然地使世界處於核戰爭的危險之下，因為即便我們贏得了戰爭，勝利的果實也不過是一片灰燼──但是我們也絕不會因此而退縮，任何時候，只要風險存在，我們就會迎難而上。

——約翰·甘迺迪，一九六二年十月二十二日，關於古巴飛彈危機的電視講話

引言
道格拉斯·布林克利

　　一九六二年四月二十九日，甘迺迪夫婦在白宮為西半球歷屆諾貝爾獎得主舉辦晚宴。那天晚上，英才齊聚，舉世矚目。記者們戲謔地把此次晚宴稱為「書呆子大鬧白宮」，這一說法也逗樂了甘迺迪總統。但是對於甘迺迪夫婦來說，這個晚上沒有那麼特殊，因為他們與那些在智力和文化上追求卓越的人士已經度過了許多個相似的夜晚。

　　甘迺迪家族已經算不上是移民了，但是在約翰小的時候，家裡人就向他灌輸一種理念，這種理念可能在新移民當中更為流行，那就是渴望接受美國最優秀的教育、文學和理念。入主白宮之後，甘迺迪便迫不及待地分享這種理念和熱忱，讓每個人都能感受到美國所擁有的最優秀的資源。在諾貝爾獎的晚宴上，他將此次聚會描述成一種嘗試：「鼓勵美國和西半球的年輕人對知識與和平培養起同樣的探索動力與深切渴望。」

　　在甘迺迪執政期間，經濟更有活力，以至於通貨膨脹成了令人擔憂的問題。總統的首要目標是保持經濟的穩定，為此，他的政府公布了工資和物價之間的指導線。在鋼鐵行業，甘迺迪運用一切手段說服工會接受工資凍結，前提條件是鋼鐵價格保持不變。他對此協議很有信心，沒想到美國鋼鐵協會主席在一九六二年四月中旬宣布，他將忽略政府及其指導綱領，提高鋼鐵的價格。憤怒的甘迺迪立刻做好準備，進行還擊，但鋼鐵產業也做好了準備，很快，其他企業也效仿美國鋼鐵協會，加入了戰鬥。

　　司法部長羅伯特開始著手調查行業內可能存在的舞弊問題，總統則在電視上揭露鋼鐵公司的行為，斥責他們「對一·八五億美國人民利益的徹底蔑視」。他列舉了鋼鐵價格對通貨膨脹的影響，直接控訴鋼鐵公司的管理層，稱他們「對權力和利潤的追求超過了對公眾的責任感」。在

章名頁
一九六二年十月二十二日，洛杉磯一家百貨商店中，電視上的甘迺迪總統正在宣布美國準備對古巴實行海上封鎖的決定，這引起廣泛關注。／攝影：拉爾夫·克蘭

左圖
一九六二年十月二十九日，甘迺迪與國防部長麥克納馬拉交換意見。／攝影者不明

隨後出現的抗議聲中，鋼鐵公司讓步了。他們或者是被甘迺迪激烈的措辭所震懾，或者是畏懼政府對行業操作所進行的調查。無論出於什麼原因，甘迺迪控制住了通貨膨脹，通膨率從一九六一年的百分之一·七一降至一九六二年的百分之○·六七（遠低於一九五七到一九五八年間百分之三·三一的平均數）。

整個夏天風平浪靜。到了九月份，二十九歲的黑人梅雷迪斯準備去密西西比大學讀書了，一場動亂隨之發生。一年前他看過甘迺迪的就職演講，心中對自己和這個國家滿懷希望，第二天，他便申請去密西西比大學讀書，並在不久之後被錄取。為此他向學校寫信表示感謝，並謙遜地希望學校的態度「不會因為得知我不是白人，而是美國密西西比州的黑人公民而改變」。學校的態度當然沒有變化——就像對其他黑人申請者一樣，校方最終拒絕了梅雷迪斯的申請。

第二年，雖然學校裡反對種族融合的派系製造了一系列的混亂，但是法院基本上還是支持了梅雷迪斯的訴求。一九六二年九月十日，身為最高法院法官的阿拉巴馬人布萊克（Hugo Black）明確判定梅雷迪斯入密西西比大學學習，但該州的官員並沒有被嚇住，繼續設法阻止他入校。形勢越發緊張，暴力威脅若隱若現，但是約翰和羅伯特都沒有畏縮。九月三十日，羅伯特親自安排梅雷迪斯進入校園，隨之就有數千名反種族融合者參與了暴亂，梅雷迪斯安然無恙，但是有兩人在暴亂中死亡，數百人受傷。作為回應，甘迺迪派遣國民警衛隊進入密西西比州，保護梅雷迪斯，捍衛美國法律。

在這場危機中，總統行事強硬而堅定，但他的心中並沒有裝著仇恨。甘迺迪不僅擁有堅強的頭腦和身體，還有一顆更堅定的心靈，他斥責那些反種族融合者，又為他們提供了一條進步之路。在一次關於當時形勢的演講中，他說：「我承認，在我國南部地區所進行的過渡和調整，對很多人來說十分艱難。無論是密西西比州還是其他南方各州，都不應該因為過去一百多年來種族關係的積弊而受到指責。弊病的確存在，但其中的責任應當由我們所有人來承擔，由每個州、每一名公民共同分擔。」

密西西比州的對峙剛過幾天，甘迺迪的領導能力再次受到考驗。諜報照片顯示蘇聯正在古巴建立核飛彈設施，這些飛彈能夠擊中美國東半部的任何目標。對於甘迺迪來說，蘇聯軍事設施在西半球的存在是不可容忍的。

在一次緊急會議上，他的顧問們各執一詞，到底採取何種行動最為有

上圖
一九六二年，「阿特拉斯」飛彈在加州隆皮克市的凡登堡空軍基地發射。面對不斷升級的軍備競賽，總統試圖與蘇聯在限制核武器上達成和解。／攝影者不明

勇氣是在重壓之
下的優雅。

—— 海明威
（Ernest Hemingway），
摘自《傑克喜愛的名言》

效：是外交斡旋，還是直接對飛彈基地進行轟炸，隨後開始全面軍事入侵？甘迺迪深知引發核戰爭的風險，他選擇了有力但緩慢的應對方案：封鎖島嶼。十月二十二日他向國民發表講話，告知美國人民當前所面臨的危機及其可能產生的影響。其中最重要的一點是，他堅定了自己的立場，如果有任何核武器從古巴發射，美國將立刻向蘇聯實施核打擊。

隨著封鎖的實施，甘迺迪日日夜夜緊盯事態的發展。十月二十五日，對飛彈基地進行轟炸似乎越發變為可能。如果這樣做，總統不確定蘇聯會如何反應，但戰爭很可能爆發。

甘迺迪繼續等待——從很多方面來說，這是最困難的過程，但這也讓他占據了最大的優勢。不管怎麼樣，甘迺迪時刻準備著採取行動並承受其後果，赫魯雪夫也承受著相似的壓力。十月二十六日深夜，他向甘迺迪發出一封長信，主張和談，消除核戰爭的任何可能。事實上，信中的許多內容與甘迺迪的想法不謀而合。一天後，蘇聯領導人再次寫信，提出美國在土耳其的飛彈基地這一挑釁性的問題。他堅持美國必須拆除這個基地，否則，他暗示，蘇聯的飛彈將留在古巴。

在非正式管道、外交手段、情報機構、軍方、媒體以及雙方領導人直接對話等多種資訊交流方式之下，甘迺迪周圍充斥著各種意見。他的大多數顧問認為他給蘇聯留有太多的餘地，赫魯雪夫只是在拖延時間。他們再次建議先發制人，發動炸彈襲擊。

在決定下一步行動時，甘迺迪做出了很好的選擇。他對赫魯雪夫的第二封信置之不理，只是睿智地回覆了第一封信，與蘇聯總理聯手追求和平。然後他仔細地描述了在聯合國監督下拆除在古巴安置的蘇聯飛彈的方式。他確保，美國絕不會在此期間攻擊古巴。發出這封信後，甘迺迪只能再次等待，與此同時，隨時待戰。此外，對赫魯雪夫的要求，他也做出明智之舉。他派羅伯特將一封密信交給蘇聯外交官：美國的飛彈將從土耳其撤出，但不作為有關古巴協定的正式內容。甘迺迪充分利用自己的能力，從多方面展示了他的領導才能。

十月二十八日，甘迺迪的煎熬終於結束，赫魯雪夫向他的國民和全世界發表公開聲明：古巴的飛彈將被拆除。

後來，許多人為甘迺迪的勝利歡呼。他在戰爭籠罩的烏雲中堅忍地熬過了可怕的六天，這樣的一個結論遠不能對其進行總結。正是由於甘迺迪的努力，美蘇兩國和千百萬人民贏得了共同的勝利，由此，他們才能在這個極為緊張的時代繼續享受世界的和平。

# 培育偉大的藝術

## 戴夫·艾格斯談〈人類心智的解放〉

戴夫·艾格斯（Dave Eggers），出生於波士頓的作家、編輯和出版商，他以慈善活動和為人權所做的努力而聞名。其回憶錄《令人心碎的驚天巨作》（A Heartbreaking Work of Staggering Genius）獲普利茲獎提名。

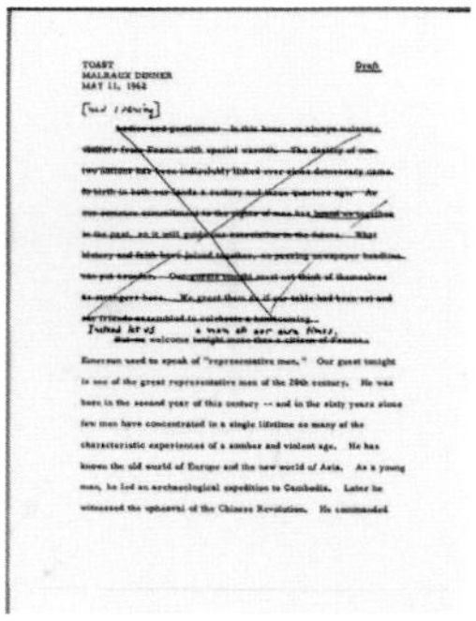
TOAST
MALRAUX DINNER
MAY 11, 1962

Draft

Emerson used to speak of "representative men." Our guest tonight is one of the great representative men of the 20th century. He was born in the second year of this century -- and in the sixty years since few men have concentrated in a single lifetime so many of the characteristic experiences of a somber and violent age. He has known the old world of Europe and the new world of Asia. As a young man, he led an archaeological expedition to Cambodia. Later he witnessed the upheaval of the Chinese Revolution. He commanded

很多人都不記得或難以相信，幾十年前，美國知識分子圈內有一場真實而活躍的論戰——哪一種社會，美國的、還是蘇聯的，能為公民提供更公正、更令人滿意的生活。在甘迺迪入主白宮時，即使是最富同情心的頭腦也被蘇聯那種殘忍而灰暗的共產主義實踐形式所震驚。但是在地球的其他地方，爭取人心和精英的鬥爭仍在繼續。

甘迺迪認為，藝術無拘無束的自由，是展示自由社會優勢的一種方式。赫魯雪夫曾經宣稱：「蘇聯的作家、藝術家、作曲家以及每一個有創造力的勞動者……都要為馬克思列寧主義思想的勝利而奮鬥。」（這明確暗示了不服從者的悲慘前途）甘迺迪知道，美國人民的「無政府主義」式的多元文化傳統及其表達可以為世界做出更為獨特的貢獻。

甘迺迪入主白宮之前的幾年，麥卡錫試圖在美國營造一種類似於赫魯雪夫所提倡的氣氛，但是最終以失敗告終。當時的藝術家需要為國效忠，異見人士被稱為叛國者。最近一段時間，共產主義者譴責了在莫斯科舉辦的抽象藝術展，作為對麥卡錫年代和共產主義者的直面批評，甘迺迪邀請一批重要的先鋒藝術家參加了他的就職典禮，包括克蘭（Franz Kline）和羅斯科（Mark Rothko），他們後來都成為甘迺迪最重要的支持者。整個甘迺迪年代，白宮特別重視那些最大膽、最具實驗精神的美國藝術家，這與他的前任艾森豪形成了鮮明對比。例如，當艾森豪邀請赫魯雪夫參加白宮的活動時，樂隊為他演奏的竟然是〈哦，多麼美麗的早晨〉（Oh What a Beautiful Morning）[99]。

當時，很多的藝術精英，尤其是來自歐洲大陸的藝術家，他們認為美國在文化領域無足輕重。二戰之後，儘管美國的財富和實力不斷增長，美國在文化世界中的地位並沒有太大改變。美國人完全沉迷於電視節目和大眾消費，處於滑向文化平庸煉獄的危險。

左圖
甘迺迪對藝術的支援在美國總統中是史無前例的。／攝影：史蒂夫·夏皮羅（Steve Schapiro）

上圖
甘迺迪在一九六二年的一次白宮晚宴中的講稿，這次演說是向小說家、反法西斯戰士、法國文化部長瑪律羅（André Malraux）致祝酒詞。

99 音樂劇《奧克拉荷馬》（Oklahoma!）的開場曲。該劇後來被拍成電影，並獲一九五六年第二十八屆奧斯卡最佳錄音獎。歌曲副歌部分是：「哦，多麼美麗的早晨！哦，多麼美好的一天！我有一種美妙的感覺！一切皆如我願！」

　　因此，這個話題很切合甘迺迪總統的發言。他在競選巡迴演講中就談到過這個問題——美國需要探索科學、外交和太空的新邊疆，還有「美國藝術的新邊疆。因為我所說的這一切可以提升我國的聲望……接納新生的事物，消除那些在海外玷污我們聲譽的各種懷疑和恐懼」。甘迺迪當選總統後，他和賈姬便運用自己的管理權傳遞出這樣的訊息：他的政府將支持偉大的藝術和偉大的藝術家，越大膽創新越好。並且，白宮的晚宴、音樂會和晚會上總是群星閃爍。在為法國文化部長瑪律羅舉行的國宴上，來賓包括亞瑟・米勒（Arthur Miller）、田納西・威廉斯（Tennessee Williams）、羅伯特・洛厄爾（Robert Lowell）、嬌拉汀・佩奇（Geraldine Page）和喬治・巴蘭欽（George Balanchine）。

　　這些高品位的活動主要歸功於賈桂琳・甘迺迪，她是瓦薩學院和索邦大學的畢業生，可能是二十世紀世界上教養最好的第一夫人。賈桂琳是總統夫婦中的音樂愛好者——她曾經說，她丈夫唯一喜歡的音樂就是〈向統帥致敬〉（Hail to the Chief）；她也是創辦今天已眾所周知的白宮音樂會的關鍵人物。她在這方面的努力，體現了甘迺迪政府用藝術超越政治，甚至是改變政治的理念。

　　一九六一年，甘迺迪夫婦設晚宴款待波多黎各總督馬林（Luis Muñoz Marín）。甘迺迪夫婦希望流亡波多黎各的西班牙著名大提琴家卡薩爾斯（Pablo Casals）能夠在晚宴上演奏，但卡薩爾斯拒絕為任何承認佛朗哥（Francisco Franco）[100] 法西斯政府的國家演奏。甘迺迪堅持不懈，派特使去卡薩爾斯的家中說服他，最終，卡薩爾斯態度緩和。儘管已是八十五歲高齡，身體虛弱的卡薩爾斯來到華盛頓為這位新總統演奏。

上圖
一九六一年，抽象表現主義畫家沃爾頓（William Walton）在橢圓辦公室幫助甘迺迪掛上一幅畫。沃爾頓是甘迺迪支持過的眾多先鋒藝術家和音樂家之一。／攝影：康奈爾・卡帕

右圖、下頁圖
一九六一年十一月十三日，海軍陸戰隊隊軍樂團成員悄悄地在一旁觀看西班牙大提琴家卡薩爾斯在白宮東廳的演奏。這位被流放的音樂家曾於一九〇四年首次在白宮為老羅斯福總統演奏。／攝影：馬克・肖（Mark Shaw）

## 藝術正是偉大的民主，它喚醒社會各角落那些有創造力的天才。

——約翰·甘迺迪

甘迺迪在介紹卡薩爾斯時說：「我們相信，一位忠實於自己和自己作品的藝術家一定是一位自由的人。」隨後卡薩爾斯以憂傷的風格演奏了一首他的經典曲目〈鳥兒之歌〉（Song of the Birds）。傳統來說，這首曲子如同耶誕節一樣歡快，但是卡薩爾斯在演奏中把節奏放慢，將一個沒有祖國的人的全部痛楚傾注於其中。

一年以後，甘迺迪任命政治學家赫克舍爾（August Heckscher II）為「總統特別藝術顧問」，這是美國歷史上第一次設置這樣的職位。接受任命時，赫克舍爾正在埋頭撰寫一本關於藝術如何能夠減輕現代社會精神衰落的書。一九五八年，加爾布雷思（John Kenneth Galbraith）[101]曾哀歎美國繁榮的兩面性，財富在全面增長，文化素質卻在下降。他說，這是一個千篇一律的時代，一個「平庸引領平庸」的時代。

甘迺迪給予赫克舍爾廣泛的權力去探索和籌畫國家的藝術政策。赫克舍爾提出成立國家文化藝術基金會的設想，最終促成了「國家藝術基金會」和「國家人文基金會」的建立。他建議這個基金會向藝術家和地區文化組織提供實際的資助，著重加強對實驗性藝術實踐的資助——「能增加觀眾參與，培養創造性，向新觀眾介紹當代作品，或為實驗活動提供服務的各種藝術設計」，他的使命是通過獎金和直接財政資助支持最大膽的藝術家創作出最好的作品。

當時就像現在一樣，有些納稅人和政客反對政府直接資助藝術，他們希望人民的意願得到順從，讓資本主義看不見的大手隨意發揮作用。但甘迺迪和赫克舍爾認為，只有市場調控是不夠的。偉大的文明必須直接培育偉大的藝術，並用榜樣加以引導。偉大的藝術品應當懸掛於白宮的牆上，出現在副總統宅邸的草坪上。這需要資助、探討和推廣。

老羅斯福曾經擔心我們失去開闊的土地、河流和峽谷，因而在環保上積極推動聯邦的作用；甘迺迪也是如此，他擔心我們失去美國的羅斯科、德庫寧（Willem de Kooning）和巴蘭欽，因而積極地推動聯邦在促進藝術發展中的作用。甘迺迪在發表此次演講後不到一年便遇刺身亡，但是詹森在一九六五年完成了甘迺迪的工作，建立了「國家藝術基金會」和「國家人文基金會」。儘管常有聲音質疑這兩個基金會存在的意義，但是在二〇一五年這兩個機構進行了六十週年慶賀。迄今為止，國家藝術基金會已經發放十四萬五千筆撥款，總額達五十億美元；國家人文基金會向六萬三千名受助人授予了五十三億美元的獎勵。

100 佛朗哥（1892-1975），西班牙國家元首、首相，西班牙長槍黨黨魁。一九三六年發動西班牙內戰，自一九三九年開始到一九七五年獨裁統治西班牙長達三十多年。
101 加爾布雷思（1908-2006），經濟學家，多次擔任總統經濟顧問。

約瑟夫·斯蒂格利茨（Joseph E. Stiglitz），哥倫比亞大學教授，也是二〇〇一年諾貝爾經濟學獎得主。他是一位新凱恩斯主義經濟學家，曾在柯林頓政府中擔任總統經濟顧問委員會主席。

# 復甦之路

## 約瑟夫·斯蒂格利茨談〈機會的擴展〉

在一九六二年的國情咨文演講中，甘迺迪描述了他那個時代面臨的兩項主要挑戰，這兩項挑戰在隨後的幾十年中變得更為嚴重，但是我們的國家還沒有奮起迎擊。首先，他指出我們是一個分裂的國家，社會分裂成富人和窮人，他們分別生活在兩個不同的世界裡，貧富之間存在著不合理的鴻溝。如果我國是一個資源匱乏的窮國，底層的困苦尚可理解，但事實卻不是如此。

甘迺迪所強調的不平等在今天更為真實。大約只占國家千分之一的人口持有國民總收入的百分之三至四，相當於占人口百分之二十的底層人民的財富總和——財富比高達兩百比一。一名首席執行官一小時的收入，甚至比一名打雜員工在公司裡一整年的收入還要多。

甘迺迪呼籲進行科學而客觀的研究，弄清楚是什麼樣巨大的社會和經濟力量導致了如此的不平等。他認識到，社會受制於一些普遍的觀念，神話常常出現在過往的世代，那時他們可能不比在今天更令人信服；然而，長期存在的神話獲得了一種神聖性，使它們更難以戳穿。面對工業時代日益加劇的不平等，有些人為了反駁那些認為剝削是進行式的觀點，聲稱每個人都獲得了他所應得的那一部分，他們的所得反映出他們為社會所做出的奉獻的大小。這種「理論」認為，這種不平等是一種自然排序，只有當個體處在危急時刻才要對此做出修正。多年以來，這類理論得到進一步粉飾，處於上層的人被認為是創造了就業崗位，是讓我們都得益的革新者。言外之意是，即使是對現狀微小的改變（例如，輕微提高富人的邊際稅率）也將導致增長放緩，我們想要救助的人反而會受到傷害。

甘迺迪很聰明，不會被這種過於簡單化的理論所欺騙。誰都能看到種族和性別歧視的影響。就像他在耶魯大學的演講中指出的：「我們如何消除障礙，使我們公民中很重要的一部分少數群體能夠與其他人一樣平等地

左圖
一九六一年，西維吉尼亞州。甘迺迪在入主白宮的道路上。他曾在美國鄉村地區積極進行競選活動。他親自看望貧困群眾，承諾改善遍布全國的那些被遺忘的社區。／攝影：康斯坦丁·馬諾斯（Constantine Manos）

除了那些讓生活
有價值的東西，
國家生產毛額衡
量一切。

── 羅伯特・甘迺迪，
一九六八年三月十八日堪薩斯大學

享有教育和工作的機會？」對高收入群體的加稅（比如柯林頓在一九九三年實施的加稅）將會導致世界末日的預言永不會應驗。適應社會需求的就業崗位隨之被創造出來，百分之一最富有的人並沒有壟斷創造力和創業精神，事實上，過去的半個世紀以來，那些帶來革命性創新的科學家沒有一個來自美國最富裕的群體。

甘迺迪認為經濟的進一步增長會帶來福利的共用，他很看好這樣的趨勢。但是，他並不知道自己正處於美國資本主義的黃金年代，那時仍有共同繁榮，那時人們還能像他一樣說「水漲船高」。然而，那個時代早已離我們遠去。最近的三十幾年，只有最大的遊艇還在上浮，但是他們很少關注自己前行造成的尾波已導致小舢板觸礁。

甘迺迪的講話也暗示著美國另一個方面的分裂：我們的身分與機會平等的信念連結甚密，以至於將其視作「美國夢」的定義。然而，不需要特別嚴密的統計分析也能知道，對來自義大利或法國的年輕外國僑民來說，這種夢想可能是真實的，但是實際上這個國家卻讓建設這個國家的大多數人失去了機會，他們的辛苦勞作甚至造就了白宮。但是，隨著時間的推移，我們的自我形象越來越讓人擔憂。《退伍軍人權利法》（G.I. Bill）也許開創了一個前所未有的機會平等均等的時代，但在該法案頒布幾十年後，用標準指標來衡量，美國機會平等的水準甚至比歐洲還要低。

甘迺迪知道，這些積弊不可能靠市場自身加以糾正，再多的善意也改變不了現狀，除非出現奇蹟。政府必須發揮作用，他提出向貧窮開戰的計

上圖、右圖
甘迺迪試圖調和美國社會兩個不同場景：紐奧良的棚屋和加州伯班克郊區的大街。／攝影：厄恩斯特・哈斯（Ernst Haas）（上圖）、勞倫斯・席勒（右圖）

畫。然而他英年早逝，只能由他的繼任者繼續這場戰爭。六十年過去了，我們打贏了某些重要的戰役，但是還沒有贏得戰爭的勝利。

在論述物質財富與全民幸福的關係時，甘迺迪用簡潔的概述提出了一些不同的問題：「對於一些人而言，這可能是一個物質繁榮的時代，但也是一個精神貧瘠的時代。」物質繁榮本身不能保證普遍幸福感的提升，也不能深化那些最重要的道德價值。日復一日地面對底層人民揮之不去的艱難生活固然需要有巨大的勇氣，但對一個人或一個國家而言，每天擔心溫飽時是很難發揮自己的潛力的。如果我們能更好地分享物質資源，美國將會成為一個更強大的國家；如果我們的視野更寬廣，不是只關注 GDP 的增長，美國將是一個更強大的國家。甘迺迪的弟弟羅伯特在這個問題上說得很好：「除了那些讓生活有意義的東西，GDP 衡量一切。」這種認知已成為全球行為的基礎，有時被簡單地稱為「超越 GDP」。由本人擔任主席的「衡量經濟績效和社會進步國際委員會」就是這種理念的先鋒隊。

在這個國家向二戰後的世界轉型，從農業主導到製造業主導的世界轉型的過程中，甘迺迪撰寫了這篇演講稿，對於我們將要面對的經濟和道德挑戰，他的預見力無人能及。

甘迺迪的白宮有諸多的特點，其中，孩子的存在成了國家遊戲的變革者。總統的家庭反映著整個國家對孩子未來的關心。媒體很快就發現，這是一種成功的套路，甘迺迪家族在美國政治界獲得了前所未有的的聲望。賈姬對白宮進行了歷史性的修繕，並進行了史無前例的白宮電視之旅，這都成為重要的媒體焦點，培養了公眾與白宮的個體情結，這是白宮多年所缺乏的，同時也讓觀眾瞭解了這位既年輕又堪稱典範的第一夫人。她在國際上的人氣甚高，與其丈夫相比，有過之而無不及。

# 機會的擴展

甘迺迪國情咨文演說
華盛頓國會大廈，一九六二年一月十一日

當今日的孩子長大成人時，我們現在為他們所提供的一切會決定我們未來在這個世界上的地位——給他們的教育、健康、一個溫暖的家、一份好工作和一個美好人生的機會。

在國內，我們年初時處於經濟衰退的底谷，但是，我們在年終時已處於經濟復甦和增長的高速路上……今年年底，曾被赫魯雪夫稱為「瘸腿馬」的經濟快速發展，在居民消費支出、工人收入和工業產量上都刷新了紀錄。

我們很欣慰，但我們並不滿足。仍有許多失業者期待著繁榮的福音。離開學校和農場的人們在尋找新的工作機會，因為自動化搶走了他們舊的崗位。為擴大我們的經濟增長和就業機會，我敦促國會採取措施，進行人力資源的培訓和培養……為年輕人創造就業機會……對機器設備的投資給予稅收減免。

此外，在復甦的溫暖中我們會感到愉快舒適，但我們不可忘記，在過去的七年中，我們經歷了三次經濟衰退。好天正好修房頂——此時正好可以填補經濟保護中出現的裂縫，防止經濟衰退的再次出現。

如果我們實施這種……計畫，我們就可以向全世界顯示，自由經濟未必就不穩定，自由經濟體制未必導致失業，自由社會不僅有最強大的生產

左圖
一九六二年一月十一日，甘迺迪總統發表了他的第二次國情咨文。／攝影者不明

力，也是人類所塑造的最穩定的社會組織形式。

然而，經濟衰退只是自由經濟的敵人之一，另一個敵人便是通貨膨脹。去年，即一九六一年，儘管生產和需求一直都在增長，消費價格基本穩定，批發價格還有一定下降。自二戰結束以來，與任何類似的恢復期相比，這段時期整體價格的穩定性創歷史最好紀錄。

隨著經濟增長，通貨膨脹經常尾隨而來，經濟停滯或者控制則很容易讓價格保持穩定，但我們希望經濟能在自由的環境下既保證穩定又保持增長。

我們對抗通貨膨脹的第一條防線就是良好的判斷力、企業和工人的公共精神——使他們的工資、利潤的總體增長與生產力的增長保持一致。雖然沒有某個單一的統計學標準可以指導每一家公司和每一個工會，但我強烈建議他們能為了國家的利益，也為了他們自身的利益，把公共利益納入考慮之中。

一九六三年的財政年度，我將遞交一份收支平衡的聯邦預算。

但是，一個更強大的國家和經濟需要的不僅是平衡的預算，還需要推進很多專案去刺激我們的經濟增長、加強我們力量……新的城市事務與住房部……新的綜合農業規劃……新的長期保護和再生專案——進一步擴大我們宏偉的國家公園和森林，保護我們真正原始的自然生態區；隨著我國人口的穩定增長，啟動水力和能源項目；增加農村電氣化管理局的發電輸電貸款。

最後，一個強大的美國不能忽視公民的願望——貧困人口的福利、老人的保健和年輕人的教育。因為我們的發展不僅是為了財富本身，財富只是手段，人民才是目的。如果我們不利用我們的物質財富擴大人民的機會，這些財富對我們的回報將微乎其微。

為了幫助那些最不幸的人，我在此提議設置一個新的公共福利專案，強調服務而不是支援，注重康復而不是救濟，為他們提供切實有用的工作培訓而不是不斷延長其對社會的依賴。

為了緩解醫生和牙醫的嚴重短缺——這與我們所有的人都息息相關——和擴大研究領域，我敦促採取行動，幫助醫科、牙科學院的發展，為其提供獎學金，並建立新的國家健康研究機構。

為了更好地利用當代免疫接種方面的成果，我建議啟動全面免疫計畫，消滅自古以來危害兒童健康的那些疾病，如小兒麻痺症、白喉、百日咳、破傷風等。

為保護我們的消費者不受疏忽和不道德行為的傷害，我建議改進食品
和藥品的法律——加強檢查，提高標準，叫停不安全和無價值的產品，禁
止誤導性的標籤，取締易上癮藥品的違法銷售。

但在保健方面，有待完成的最重要、最緊迫的事情就是在社會醫保制
度下為老年人提供健康保險……另外，我將制定具體計畫，全面結束成年
文盲狀況……通過法案提高教育品質，鼓勵藝術，為大學設施的建設提供
聯邦貸款和聯邦獎學金……出資建設公立學校並提高教師的工資。

這些措施與我們國民生活中某些具體的差異和不平息息相關，它們是
我們意圖的範本，我們希望的基礎。威爾遜曾說：「我信仰民主，因為它
能釋放出每個人的能量。」民主的動力是個人的力量和目標，本屆政府的
政策就是要給予每個人實現自身最大可能性的機會。

我們的計畫就是向所有人開放，使他們得到穩定而富有成效的就業機
會，清除一切專斷或不合理的歧視，向所有人提供教育、健康和福利資源，
讓社會為個人服務，讓個人成為社會進步的源泉，由此使美國生活的承諾
能在所有人身上都得到充分的體現！

左圖
為了對抗經濟衰退和機會匱乏，甘
迺迪提出了一份平衡的預算，以
及一個幫助農村、城市和少數族
裔人口的社會計畫。／攝影：阿
姆斯壯．羅伯茨（H. Armstrong
Roberts）

右圖
在華盛頓的一處收容所「濟貧村」
（Junior Village），賈姬向無家
可歸的兒童發放聖誕棒棒糖。／攝
影者不明

羅恩‧薩斯金德（Ron Suskind），記者，在其幾部專著中論述了美國最近幾屆總統的施政管理，因為在《華爾街日報》上發表的文章而獲得一九九五年普利茲特寫獎。

# 一項公共責任

## 羅恩‧薩斯金德談〈維持價格穩定〉

甘迺迪的〈鋼鐵危機演講〉（Steel Crisis speech）是一篇「短跑衝刺」式的演講，時間只有七分鐘，是為一場匆忙召開的新聞發布會臨時準備而成的。當時要著手解決的問題──政府與鋼鐵公司之間的衝突──已引起廣泛關注。

現在讀這篇演講，我覺得自己就像是一個民族學家，在研究那些已經消失的語言，解構那些古怪的術語和迂迴的表達，以窺視一個已經消失的世界。但是，將這篇演講放在當代的燈光下，你仍可以看到它所堅守的基本價值。雖然簡短，但是它散發著光輝，年復一年，這種光輝卻日益明亮。

挖開歷史的淤泥，回到一九六二年。這一年甘迺迪身擔總統之職，經濟正在奮力走出衰退；隨著柏林分而治之，衝突不斷，美國對越南局勢的干涉面不斷擴大，政府向軍事的投入不斷擴大；前一年的失業率達到百分之六‧七，如今依然居高不下；甘迺迪急於控制通貨膨脹引起的各種壓力。在他任期的第一年，美國經濟蹣跚前行，復甦乏力，這位年輕的總統感到了肩上的責任。

這時政府看到了一個機會。鋼鐵業的老闆們正在與鋼鐵工人進行緊張的談判。過去三年，有十萬鋼鐵工人被解雇，他們威脅要舉行罷工。甘迺迪與對峙中的雙方會面，勞工部長戈德伯格隨後介入談判，最終設計了一套折衷方案：鋼鐵工人得到不再進一步被解雇的保證，期望的工資上漲由額外的福利代替。作為交換，鋼鐵公司將保持鋼鐵價格不變，這可以使許多經濟部門的產品成本得到控制。用控制鋼鐵價格來換取美國鋼鐵公司所期盼的工人工資的凍結，這樣也就控制住了可怕的通貨膨脹。私人利益適時參與，支持國家經濟的發展──這是一次完勝。

政府認為自己贏了。鋼鐵工人接受了不漲工資的協議。鋼鐵價格保持穩定。戈德伯格回到華盛頓，頓時成了英雄。然而，就在工會簽訂了協定，罷工風波平息之後，鋼鐵公司高管們在四月十日立刻宣布大幅漲價。這讓甘迺迪目瞪口呆，十分憤怒。他私下告訴顧問：「我被耍了。」他立即宣

左圖
一九六二年上半年道瓊指數下跌百分之五‧七。這次「閃崩」（也被稱為「甘迺迪滑落」）是一九二九年以來股票市場最大的下跌。／攝影：耶爾‧喬爾

布召開新聞發布會。第二天下午他登上演講臺，翻著文件，怒視攝相機，發表了他在總統任期內最憤怒的演講。

「下午好，」甘迺迪簡短地說，「美國鋼鐵公司和其他主要的鋼鐵企業同時採取了相同的行動：將每噸鋼鐵的價格提高了大約六美元，這種不正當、不負責任的行為是對公共利益的蔑視。」

請注意，現在既沒有戰爭，國內也沒有緊急狀態，鋼鐵產業並不是需要受到價格管制的壟斷行業。按照今天公司為上的主流觀點，有人可能會大叫：一家合法經營自己業務的企業，怎麼會構成對公共利益完全不正當、不負責任的蔑視呢？

甘迺迪在演講中列舉了一些公民作為榜樣，定義了「公共利益」的含義。「我們請求預備役軍人連續數月遠離家鄉和親人……我們請求工會會員擱置他們的工資要求，在這樣的時刻，我們要求每一位公民自我克制、為國奉獻。而就在這樣嚴峻的形勢下，一小撮鋼鐵公司高管，他們對私人權力和利益的追求遠遠超過了他們的公共責任感，完全不顧一‧八五億美國人民的利益，對此，我難以接受，美國人民也難以接受此種行徑！」

私人公司的……公共責任？為了融合公與私，甘迺迪推行廣為接受的權責平衡概念，這是在二戰後的美國即甘迺迪時代形成的。在一九六二年，一名首席執行官的平均收入是薪酬最低工人的二十二倍。公司主管在有空調的辦公室裡獲得的收入是工人的二十多倍，當這個工人還是孩子時，他可能和那個首席執行官一起排隊等待領取救急品，或者與他一起蜷縮在瓜達爾卡納爾島（Guadalcanal）[102] 的山坡上，而現在的貧富差距如此之大，這是完全錯誤的，真的需要給出一個解釋嗎？

今天，首席執行官的平均工資已是工人平均工資的三百倍。為了解釋這種現象，你只需要搬出精心炮製的術語，如「市場效率」、「股東利益」等──就像一種聰明的世俗宗教的教義問答，它造成了巨大的財富和同樣巨大的不平等。他們現在的這種立場完全否定了過去的標準，如正直、謙遜、責任和犧牲。

甘迺迪喜歡「克制」一詞，他將其與得到共識的生產力標準相聯繫。當時的一條基本原則是：生產力的收益應當讓為之努力工作的人共用。他說，「人均鋼產量」已經提高，這使一九五八年以來每單位鋼的雇工成本保持不變，給股東帶來巨大的分紅和創紀錄的收益。面對豐厚的利潤，不斷攀升的生產力──你們仍然要這麼做嗎？

甘迺迪用一個詞來表明對此事的態度：夠了。從此以後，這個詞便

甘迺迪的經典提問…… 在社會中，在一個相互緊密聯繫的廣闊世界裡，我們彼此的責任是什麼？

── 羅恩‧薩斯金德

102 瓜達爾卡納爾島，位於西南太平洋，所羅門群島中最大的一個島，第二次世界大戰中美軍與日軍在此發生激戰，美軍最終占領該島。

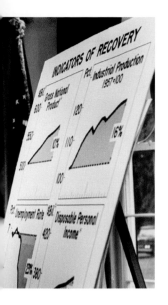

脱離了它通用的含義，一時間，成了人們的口頭語。對那些經歷過大蕭條的人來說，「足食如盛宴」是一條標準。或者如果你喜歡的話，還有甘地（Mahatma Gandhi）的傳世名言：「地球的供給足夠滿足每個人的需求，但滿足不了每個人的貪婪。」

語言作為價值的載體作用重大。在現代，貪婪使人「德商」（moral quotient）的血液流幹，它與「誘因」親近，與「必需」為伴，是「創新」之母。一九六二年的那些鋼鐵製造商無疑展示了一種戰略創新：誘騙工會入套、將總統當傻子玩弄。五十年後的今天，這種行為已完全不值得一提——這就是遊戲的套路。它與個人無關，沒錯，除非你是勝利的一方。這就是生意。試想一下失敗的隊伍，幾十年來有越來越多的美國人發現他們自己是在追隨著這支隊伍。到二十一世紀第二個十年中期，雖然生產力在之前的四十年中有驚人的提升，但四分之三的美國人的生活水準並沒有提高。出現這種情況的原因是複雜的，它引起的反應卻與歷史頗為相似。憤怒的人們開始攻擊已經不健全的結構。他們歡迎煽動家，尋找替罪羊，燒毀建築。

甘迺迪時代的人們懂得這些，他們研究歷史，經歷了許多事情，知道模稜兩可的商業說辭和經濟學術語之下掩蓋著什麼，人類生活安危未定，爭議有強烈的個人色彩。這次演講幾天之後，由於面臨羅伯特‧甘迺迪主管的司法部的調查、政府合同的撤銷和總統的公開羞辱，鋼鐵公司的高管們撤銷了漲價的決定。

他們怎能不撤銷？在結束這次演講的同時，甘迺迪做了一件特殊的事：在他的簽名文件上畫了一條線，這是唯一的一次，他畫了一條線，上面有他的簽名，這也是唯一的一次，這條線也將最終定義了他。他說：「之前，我曾請求每個美國人思考他能為這個國家做什麼，我也向鋼鐵企業提出了這個問題。我們在過去二十四小時已經得到了他們的回答……」

每天，這個問題都被默默地擺出來。鋼鐵產業最初的態度（企業的責任是在法律界限內以儘快的速度創造盡可能多的利潤）在當下卻盛行於世。

甘迺迪的標誌性問題儘管已年代久遠，但將在我們身後長存：在社會中，在一個相互緊密聯繫的廣闊世界裡，我們彼此的責任是什麼？在鋼鐵公司這件事上，它迅速落實為權力及其行使的問題。那個年代的政府對「公共利益」的界定占據了上風，然而，此後美國的企業則斷定它與生意無關。

未來會是這樣，因為它可以這樣——直到那些仍然遵循甘迺迪呼喚的人拍案喝到：「夠了！」

上圖
一九六二年八月，甘迺迪概述了他的政府在抗擊通貨膨脹戰役中所取得的成績。／攝影：約翰‧洛恩加德（John Loengard）

# 維持價格穩定

總統新聞發布會
華盛頓哥倫比亞特區，一九六二年四月十一日

左圖
二十世紀六〇年代早期，整修中的紐約時代廣場上，聯合化工大廈的鋼鐵框架。／攝影者不明

上圖
一九六二年四月二十三日，甘迺迪與美國鋼鐵公司主席羅傑·布勞（Roger Blough）對峙的照片登上了《新聞週刊》的封面。甘迺迪怒斥鋼鐵公司主管背信棄義，單方面提高鋼鐵價格——並使他們最終態度緩和。

我要宣布幾項聲明。

美國鋼鐵公司和其他主要的鋼鐵企業同時採取相同的行動：將每噸鋼鐵的價格提高了大約六美元，這種不正當、不負責任的行為是對公共利益的蔑視。現在我們民族正處於歷史上一個危急時刻，我們在柏林和東南亞面臨著重大危機，我們為經濟復甦和穩定投入了大量的精力，我們請求預備役軍人連續數月遠離家鄉和親人，讓軍人冒著生命危險——過去兩天中已有四名軍人在越南犧牲，我們請求工會會員擱置他們的工資要求，在這樣的時刻，我們要求每一位公民自我克制、為國奉獻。而就在這樣嚴峻的形勢下，一小撮鋼鐵公司高管，他們對私人權力和利益的追求遠遠超過了他們的公共責任感，完全不顧一·八五億美國人民的利益，對此，我難以接受，美國人民也難以接受此種行徑！

如果鋼鐵成本的上升為其他行業所模仿，那麼房屋、汽車、家用電器以及與每個美國家庭息息相關的大多數產品的成本都將上漲，那麼每一位商人和農民所需要的機械和工具的成本都會上漲。這將嚴重妨礙我們阻止通貨膨脹率螺旋上升的努力，會耗盡老年公民的養老金，會抵消美國人民新增長的實際購買力。

今天早上，國防部長麥克納馬拉告訴我，鋼鐵上漲之後，我們的國防成本預算要增加十億美元，而此時國家的每一塊錢都需要用在國家安全和其他目標之上。這將使美國的商品更難以在國際市場上競爭，更難以抵抗外國進口商品的競爭，因此也更難以改善我們的收支平衡，阻止黃金外

流。為了我們的國家安全，我們必須遏制這樣的勢頭，假如我們打算履行我們在海外安全方面的承諾，我們也必須這樣做。否則的話，這肯定也會妨礙我們引導其他行業和工會採取負責任的價格和工資政策。

這件事的事實是，提高鋼鐵價格沒有任何正當理由。最近，鋼鐵產業和工會達成了一致的協定——這要到七月一日才會生效——協議的反通貨膨脹性質獲得了廣泛的認同，雙方都理解在這件事上政府角色的目的和影響：達成協議，避免任何不必要的價格上漲。人均鋼鐵產量在迅速上升，每噸鋼的人工成本預計在未來的十二個月還會下降。今天早上，勞工統計局的代理局長告訴我，事實是——我引用他的原話：「一九六一年單位鋼產量的人力雇傭成本與一九五八年基本相同。」

主要原材料、廢鋼和煤炭的成本也都在下降。對這個生產能量普遍低於三分之二的產業來說，利潤率已經屬於正常。同時，今年鋼鐵業的閒置率降低，他們的利潤預期還會大幅上升。他們的命運比過去三年中失去工作的十萬鋼鐵工人要輕鬆得多。在過去五年，該行業每年的現金分紅都超過六億美元。據二月二十八日的《華爾街日報》估計，今年一季度鋼鐵行業的收入處於歷史最高水準。

總之，此時，他們本來應該探討如何提高效率，制定更合理的價格，按照降低的成本，降低鋼鐵的價格，利用異常有利的雇傭合同、國際競

上圖
在鋼鐵危機期間的甘迺迪及其內閣。「我的父親總是對我說，所有的商人都是狗娘養的，直到今天，我才相信了他的話。」／攝影：阿特·瑞克貝

右圖
甘迺迪在鋼鐵危機中的勝利也是工會的勝利，他信守了協議，在危機期間不要求提高工資。／攝影者不明

爭力以及未來一年產量和利潤的增長，降低這個產業的價格。但是幾個行業巨頭卻在這樣的局面下無情地決定提價，全然不顧他們所肩負的公共責任。

鋼鐵工人和工會可以驕傲地宣稱，他們履行了協議中的責任，本屆政府也承擔了我們要履行的責任。司法部和聯邦貿易委員會正在審查這種行為在一個有競爭力的自由經濟體中的意義，國防部和其他機構正在評估鋼鐵業的提價政策對他們採購政策的影響。我已獲悉，有些議員打算採取措施，適當問詢鋼鐵業為何如此迅速地制定並推出這些價格，以及需要用什麼樣的立法手段去保護公共利益。

在這個國家，在壟斷和國家發生緊急狀態的情況下國家會對經濟進行非常有限的約束，除此之外，價格和工資都是自由制定的，並且是由私人來決定的，也理應如此。但美國人民也有理由期待，作為這種自由的回報，為了他們國家的福祉，企業應該有一種比過去兩天所展示出的更高尚的商業責任感。

之前，我曾請求每個美國人思考他能為這個國家做什麼，我也向鋼鐵企業提出了這個問題。我們在過去二十四小時已經得到了他們的回答⋯⋯

保羅・克魯曼（Paul Krugman），經濟學家、《紐約時報》的專欄作家和紐約城市大學研究生中心教授。因為在新貿易理論和新經濟地理學方面的著作，他獲得了二〇〇八年的諾貝爾經濟學獎。

# 甘迺迪對赤字的指謫

## 保羅・克魯曼談〈耶魯大學演講〉

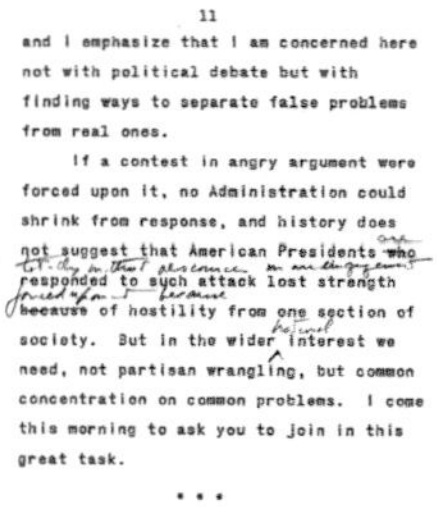

11

and I emphasize that I am concerned here not with political debate but with finding ways to separate false problems from real ones.

If a contest in angry argument were forced upon it, no Administration could shrink from response, and history does not suggest that American Presidents who responded to such attack lost strength because of hostility from one section of society. But in the wider interest we need, not partisan wrangling, but common concentration on common problems. I come this morning to ask you to join in this great task.

. . .

一九六二年甘迺迪在耶魯大學畢業典禮發表演講時，美國與我們今天生活的美國大不相同。當時美國的有些方面很不好，種族主義和性別歧視根深蒂固，《民權法案》還是未來的事。當然，也有一些好的方面：那時美國仍處於戰後一代人的繁榮之中，生活水準翻倍提高，中產階級的經濟體逐漸穩定，繁榮的收益被廣泛共用。

我們的政治生活中也仍然存在著好的方面，雖然今天我們已經丟失了他們。甘迺迪宣稱，已經不再有任何「敵對意識形態的宏大戰爭」，而壞思想以神話的形式而不是精心編造的謊言流傳於世。即使在現在，誰還能如此直面地討論我們當前的話語？

儘管如此，這篇演講的許多內容聽起來相當具有現代感，這著實讓人驚訝。因為甘迺迪所提到的那些神話，也就是我們現在所說的「殭屍」觀念——無論多少次你認為它們已經被置於死地，它們仍然四處遊走，設法吞噬我們的大腦，每一代人都必須重新把它們打倒。

要理解甘迺迪的想法從何而來，就需要瞭解一下當時的一些背景：一九六二年，美國正在努力走出一九六〇到一九六一年的經濟衰退——當時的失業率超過了百分之七。他在耶魯演講時，失業率仍高達百分之五・五，比我撰寫本文時的失業率還要高一個百分點。甘迺迪的顧問們認為，為了「讓國家再次向前邁進」（一九六〇年他的競選口號），經濟需要凱恩斯主義的刺激，即把政府更多的支出（擴大社會保險的受益面，並投資建設高速公路）與減稅結合起來，甘迺迪對此十分贊同。

從演講中判斷，甘迺迪所面對的神話，就是近半個世紀後歐巴馬所面

左圖
「閃崩」期間的華爾街報攤。到一九六二年中，美國經濟已經與衰退和失業鬥爭了兩年多。／攝影：鮑勃・戈梅爾

上圖
甘迺迪耶魯大學畢業典禮演講稿中編輯後的一頁。

對的那些神話，面對嚴重的經濟衰退，歐巴馬試圖解決問題，便立刻遭遇到這些謬見的縛絆。

首先，有一種神話認為赤字引起通貨膨脹，甘迺迪把這稱為「不假思索的陳腔濫調」，認為與事實不符。他是正確的，二〇〇八年經濟大危機後，巨額的財政赤字隨之出現，但並沒有任何通貨膨脹的跡象，這只能再次證實甘迺迪的觀點。但這些神話仍然存在。

其次是對債務的過度緊張。甘迺迪的態度是完全現代的，並且也與事實一致。他聲稱，債務，「無論公債還是私債，就它們自身而言，既不好也不壞。舉債能導致過度擴張和破產，但它也能增強擴張與力量。在這個領域，我們不能相信任何單一而簡單的口號」。的確如此，他的言外之意是，如果舉債能促進經濟發展，那麼政府借貸更多的資金是明智的政策。這種觀點現在看起越發正確。

最後是「信心問題」。甘迺迪首先提出了全民信心的條件；商業以「公共責任」為榮，政府履行其「密切關注經濟健康發展的職責」——這會讓今天的保守主義者指責他是社會主義者。然而更重要的是，他拒絕讓「投機之輪的一切不利反轉」成為裁定國家政策的一種方式。

有人認為他在暗指一九六二年春天股票價格下跌並隨之迎來牛市的這一事件。不管怎樣，這在當代仍然引起巨大的迴響：二〇〇九年初，評論家發出震耳欲聾的吼聲，說股票價格的下跌證明了歐巴馬新政府的失敗。

上圖
「閃崩」期間紐約證券交易所辦公室內的情形。／攝影者不明

右圖
一九六二年末，股票市場反彈並轉化為牛市。／攝影：耶爾・喬爾

但是不知何故，這些評論家卻對後來股市的大幅飆升視而不見，這已為歐巴馬先生的政策正名。

總之，甘迺迪在畢業典禮上的演講是對財政神話進行了簡單明瞭的駁斥，多年以後這些神話仍在歪曲我們的政策話語。對於現代讀者而言，他的講話中一個很有意思的問題是：這一切為什麼幾乎沒有什麼改變？甘迺迪和他的顧問在當時就「搞明白了」的問題，我們現在經過半個多世紀的經驗，才證實他在財政問題上平衡而成熟的論述。但我們為什麼現在還在為這些沒有意義的論證糾纏不清？

毫無疑問，其中一些論調反映著政治問題。從甘迺迪的演講中可以清楚地知道，當時和現在一樣，對赤字的大驚小怪與大政府危害論的說辭如影隨形。不過我推測，財政方面的錯誤理念之所以能不斷地捲土重來，更重要的原因是它的說辭簡單，能滿足一些人的情感需要。如果你喜歡的話，甘迺迪所持的觀點是，如果不考慮稅收和消費決定對經濟整體的影響，政府應當像家庭一樣管理財務。他成功地提出了這個問題，並引導聽眾對這個問題進行了深度的思考。但是，對清晰、簡單但是錯誤的政策理念的偏愛始終存在，所以像這樣經典的畢業典禮演講應當反覆響起在我們的耳邊。

# 耶魯大學演講

甘迺迪在耶魯大學畢業典禮上的講話
康乃狄克州紐黑文市，一九六二年六月十一日

格里斯沃爾德（A. Whitney Griswold）校長，各位教職員工、畢業生及其家人，女士們、先生們：

首先，我對耶魯大學授予我的殊榮表示感謝。戴高樂將軍曾經說過，美國是歐洲的女兒，所以我也很高興來到耶魯大學——哈佛大學的女兒。現在我可以說自己的人生已經兩全其美，因為我擁有了哈佛的教育和耶魯的學位。

我特別高興自己成為一名耶魯人，因為每當我想起自己的麻煩時，我發現其中有不少就是來自一些耶魯人。我與法學院一九三一級的羅傑‧布勞有些小分歧，我的朋友、一九四〇級的亨利‧福特（Henry Ford）對我也有一些抱怨。在新聞界，我似乎與一九二六級的約翰‧惠特尼（John Hay Whitney）[103] 看法有些不同，有時我會讓一九二〇級的亨利‧盧斯（Henry Luce）[104] 感到不高興，更不用說一九五〇級的小巴克利了。我甚至跟我的耶魯顧問之間也存在一些摩擦。雖然，我與他們相處總是很融洽，但我不知道他們之間如何能和睦相處。

我與一九二四級的鮑爾斯、一九一五級的艾奇遜和我的助手、一九四〇級的麥克喬治‧邦迪（McGeorge Bundy）[105] 感情最深。但我不能百分之百地確定這三位睿智而老練的耶魯人對每個問題是否都持一致的意見。

耶魯人在這個城市中培養出來的好鬥天性，使宣導所有美國人都要和平合作的本屆政府成了受害者。現在，我，也成了一名耶魯人，到了該平靜的時刻了。上週在西點軍校，按照這所學校的歷史傳統，我行使了自己作為最高統帥的權力，免除了對所有犯下過失的學員的懲罰。本著同樣的精神，按照耶魯的歷史傳統，我現在提議，全體耶魯兄弟們，讓我們共用

左圖
一九六二年，在橢圓形辦公室。攝影師雅克‧洛說：「他特別喜歡手中的那款小雪茄，不過產地是古巴。在豬玀灣災難和他宣布禁運後，貨源成了一個問題。在兩千支存貨吸完以後，就再沒有這樣的雪茄了。」／攝影：雅克‧洛

103 約翰‧惠特尼（1904-1982），曾任美國駐英國大使，《紐約先驅時報》出版人，現代藝術博物館館長。
104 亨利‧盧斯（1898-1967），著名出版商，創辦了《時代》、《財富》、《生活》雜誌。
105 麥克喬治‧邦迪（1919-1996）美國外交和防禦政策專家，曾任甘迺迪總統和詹森總統的軍事顧問。

一袋煙,共敘友誼,希望我們不僅能成為朋友,你們彼此之間也建立友情。

　　總之,我非常高興來到這裡,成為這個社團新的一員。我查看了總統一職與耶魯早年的聯繫,發現一八七八級的一員塔夫脫——為了做好到貴校任教的準備,曾擔任過一屆總統。一八〇四的畢業生約翰·卡爾霍恩(John C. Calhoun)曾擔任副總統一職——當然,這個職位對於耶魯畢業生來講有點過低,於是他成了歷史上唯一一個辭去這個職位的人。

　　一八〇四級的卡爾霍恩、一八七八級的塔夫脫畢業後的世界,與我們今天的世界大不相同。他們和他們的同輩人在長達四十多年的職業生涯中集中處理了幾個扣人心弦的問題,這些問題造成了國家劇烈的、感情的分裂,讓一代人揪心勞神:國家銀行的設立,公有土地的處置,分裂還是統一,自由還是奴隸制,金本位還是銀本位。這些風靡一時的老問題如今大多已經消失。我們這個時代,最核心的國內問題更微妙、更複雜。它們與哲學或意識形態的基本衝突無關,而是涉及達成共同目標的方式和方法——為複雜而難以應對的問題找到高明的解決方案。卡爾霍恩的世界和塔夫脫的世界,都有其自身的難題和挑戰,但那些問題已不再是我們的問題,他們的時代不再是我們的時代。過去每一代人都要將自己從傳統的腔調和模式中解脫出來。在我們的時代,我們也必須擺脫過去不斷重複的陳腐話語,用全新的眼光直面困難和現實。

　　真理的強敵通常不是蓄意謀劃的虛假謊言,而是持久、富有說服力但不符合實際的神話。我們往往堅守祖先的陳腔濫調,讓所有的事實受制於一套先入為主的解釋。我們享受讓人舒適地發表意見,拒絕讓人煎熬的思考。

　　神話讓我們掉以輕心——無論政府還是企業、在政治領域還是經濟領域、在外交事務還是國內事務,都是如此。但是今天我要特別談談我們的國民經濟中的神話與現實。最近幾個月,你們也許像我一樣,認為商界和政府、政府與民眾各方之間的對話,被幻覺和陳腔濫調所阻塞,並未能反映當今美國社會的真正現實。

　　我在耶魯大學談這些,是因為一個不言自明的事實:一所偉大的大學總是與事實為伍,對抗幻覺的傳播。你們的格里斯爾沃德校長說得再清楚不過:「自由學術既是對錯誤的自由觀的防範,也是正確自由觀的來源。」你們作為大學生,無論從事什麼職業,都將增強每一代新人對自身責任的理解。

　　今天,在我們的國內事務中,有三大領域存在著風險,幻想會妨礙我

們行為的效能。第一，政府責任的大小與形式問題；第二，公共財政政策問題；第三，信心問題——商界的信心、公眾的信心，或簡單地說，美國的信心。這三個問題，我都要認真而冷靜地談一談——此外我要強調，我所關心的不是政治辯論，而是要找到分辨真偽的方法。

如果一個政府不得已捲入一場憤怒的辯論中，它肯定不會退縮，不予以任何回應，歷史也表明，歷屆美國總統在強加給他們的戰鬥中，不會因社會上某個懷有敵意的部門而毫無招架之力。但是從更高層面的國家利益角度考慮，我們不需要黨派爭執，而是需要雙方對共同存在問題給予共同的關注。我來到這裡，來到這所著名的大學，請求你們加入這項偉大的任務。

首先讓我們看看第一個問題，即政府的規模與形式。這裡的神話是，政府是大政府，是壞政府，而且政府越來越大，越來越壞。這種神話的存在顯然有一定的理由。確實，從最近的歷史來看，每一屆新政府的支出都比上屆政府多。因此，羅斯福總統的支出超過胡佛總統；由於二戰的特殊情況使然，杜魯門總統的支出又超過了羅斯福總統。這恰恰證明，這不是一個黨派問題。然後艾森豪總統的支出又超過了杜魯門總統，而且超出的數字是十分可觀的一八二〇億美元。有人認為，這種趨勢很有可能會繼續下去。

但是，我們能夠由此得出結論，大政府會變得越來越大嗎？並非如此——因為事實是，在過去的十五年裡，聯邦政府、聯邦債務以及聯邦官僚體系，整體而言，增長速度並沒有經濟增長得快。如果不算國防和太空的支出，二戰以來聯邦政府的的擴張要小於我們國民生活的任何其他主要部門——工業、商業、農業、高等教育，比有關大政府的喧囂聲更是小得多。

關於大政府的事實也是關於其他重大活動的事實，這是個複雜的問題。誠然，規模會帶來危險，但規模也確實可以讓我們受益。耶魯大學為我國的科學和醫學進步做出了眾多貢獻，就在這裡，我不妨提一項鮮為人注意但是意義巨大的政府擴張，它為我們整個社會注入了新的力量，那就是我國聯邦政府作為科學與醫學研究主要贊助人的新角色。很少有人意識到，一九六一年，在大學所獲得的科學與醫學研究資金中，每四美元中有三美元來自聯邦政府。而且，我不說大家也知道，政府並沒有因此加強對大學科學研究的管控——美國科學家的獨立性和獨特性在世界上仍然首屈一指。

我並不是說聯邦開支沒有某種程度的控制。聯邦在農業方面的開支，

真理的強敵通常
不是蓄意謀劃的
虛假謊言，而是
持久、有說服力
但不符合實際的
神話。

—— 約翰·甘迺迪

宗旨一向與控制的目的和意圖有關，這是為了解決我們的農民和我國不斷增長的生產力所引發的問題。我的觀點是，每一個部門必須根據具體的國民需求來區別對待。因此，對聯邦開支的一概而論是有誤導性的。目前，我們把公共力量與個人目的結合了起來，這是史無前例的一種能力，如果我們想從中獲益的話，那麼每一個領域，科學、城市建設、教育、農業和自然資源，都必須根據它們的具體情況進行評判。

　　接下來讓我們談談我們的財政政策問題。這個領域的神話眾多，真相更難尋覓。但是，我不妨將聯邦預算問題作為一個主要的例子來加以探討。今天，如果我們繼續堅持用傳統的或行政的預算方法來衡量整個聯邦財政，任何一個商業公司、任何一個歐洲國家，或是對我國財政真實狀況的任何細緻評估，都會認為所得的結果十分荒謬。行政預算有合理的行政用途。但對是更大範圍內的其他事宜沒有太大的幫助。它忽略了我們的特殊信託基金及其對我國經濟的影響，忽視了資產或庫存的變化，不能區分借貸與直接開支，最糟糕的是，它不能分清運營開支和長期投資之間的區別。

約瑟夫・艾理斯（Joseph J. Ellis），美國史學家和教授，專門研究美國開國元勳。曾榮獲非小說類國家圖書獎和普利茲史學獎。

# 所有人的自由

## 約瑟夫・艾理斯談〈獨立廳演講〉

左圖
一九六一年三月二十六日，甘迺迪與英國首相麥克米倫（Harold Macmillan）會晤後離開位於佛羅里達州基韋斯特島的博卡奇卡海軍基地。／攝影者不明

甘迺迪總統在費城的演講，是他在總統任期內最具有歷史意義的演講之一。作為甘迺迪的首席助理和演講撰稿人，索倫森當屬此領域的權威人士，他將這篇演講列為自己當時最喜歡的演講之一。半個多世紀後的今天，甘迺迪講話的全部含義不但歷久彌新，而且比以往引起更充分、更清晰的共鳴。

他以自己瞻仰《獨立宣言》的經歷開啟此次演講，這十分符合當時的語境：「上週，我在華盛頓國家檔案館瞻仰了一下這份《宣言》，羊皮紙已經泛黃，字跡模糊，難以辨認。」像是在譴責某種異端邪說，甘迺迪以藐視一切的語調宣布，美國絕不會將歷史賦予的在「全球性獨立運動」中的領袖角色，拱手讓給「任何國家或社會」。然後，突然甘迺迪話鋒一轉：「在這個大廳裡還有另外一份歷史性的文件被起草，我們需要向它致敬，它與《獨立宣言》一樣，直到今日，依然恰當而適用，那就是《美國憲法》。因為它強調的不是獨立，而是相互依賴；不是一個人的個人自由，而是所有人不可剝奪的自由。」儘管那天的週年慶典指定用來紀念傑弗遜和「七六年精神」，但甘迺迪拋開了常規的讚譽職責，突然將焦點從一七七六年轉向了一七八七年，這才是他真正想要談論的主題，即世界正在從他所說的「獨立時代」轉向「互相依存的時代」。

除了威爾遜，甘迺迪的美國史修養可能要比二十世紀的任何一位美國總統更加深厚；聆聽這場演講，你需要瞭解一些美國歷史，才能領會他演

說中時間順序突兀調換背後的意義。更具體地說，你需要明白，美國建國的歷史上有兩次奠基，都發生在他當時所站立的地方。一七七六年第一次奠基大業體現於《獨立宣言》，十三個主權州宣布脫離大英帝國，並陳述了這樣做的理由。

第二次奠基大業以《一七八七年憲法》為代表，之前的那些主權州宣布將各州的部分主權交給一個聯邦政府，這個聯邦政府代表了他們的志向，要建立一個「更完美的聯邦」。這才是甘迺迪這次演講所要強調的內容，實際上，這次奠基大業將「合眾國」一詞從複數名詞轉化為一個單數名詞，由此創建了了世界上最大的共和國，她能成了自由民族國家的現代楷模，並非偶然。

美國政治生活中最早的兩份截然不同的遺產就起源於他們所聚集的那個大廳。甘迺迪所說的「獨立時代」就是民族解放，它與歐洲之前在亞洲、非洲和拉丁美洲的殖民地相關，傑弗遜的思想在那些地方仍引起反響。然而，對於歐洲來說，美國的另一項遺產更加貼近現實，言簡意賅，就是漢彌爾頓「從大陸的視角思考」的提議。甘迺迪說：「西歐各國之間的世仇宿怨遠甚於十三個殖民地，隔閡也由此長期存在，然而今天，西歐各國正在走向聯合，像我們的先輩一樣，在多樣性、一致性和力量中尋找自由。」

甘迺迪的言外之意很快變得清晰起來，他並不是指北大西洋公約組織，而是指不久前剛成立的歐洲共同市場，他第一次在公眾場合把它展望為一個以美國憲法為範例的歐洲大聯邦的經濟基礎：

> 在獨立日這一天，我想在這裡說，美國將會為「相互依存宣言」做好準備，我們會準備好與一個統一的歐洲探討相關的方式方法，以便構建一個具體的大西洋合作關係——現在正在歐洲興起的新聯邦與一百七十五年前在這裡建立的美洲老聯邦之間達成一種互惠合作的關係。
>
> 所有這些不會在一年內完成，但是我們要讓世界知道，這就是我們的目標。

這是美國經驗向歐洲大陸真正富有遠見的投射，想像力之大膽令人震驚，無論當時還是現在，美國的大多數主流政治家皆難以企及。半個多世紀後，也就是在英國的脫歐的決議之後，我們才明白甘迺迪對歐洲聯邦期望過高，但是這份後知後覺或智慧並不妨礙我們對甘迺迪清晰理念的欽佩

上圖
一九六一年，第一夫婦在巴黎。／攝影：雷蒙德・德帕東

右圖
一九六一年，法國總統戴高樂在凡爾賽宮為甘迺迪夫婦舉辦宴會。甘迺迪讚揚了歐洲共同市場的建立，這是他「獨立廳演講」的核心主題。／攝影：康奈爾・卡帕

之情：歐洲的未來在於相互依存。正如甘迺迪所言，鑑於歐洲上千年歷史上司空見慣的敵對現象，把歐洲與美國進行類比並不完美。《邦聯條例》下北美各州鬆散的聯盟或許是對歐盟更準確的歷史比擬。然而，即使是現在，誰又能確切地預言歐洲在未來半個世紀會是什麼樣子？正如甘迺迪自己所說，這是一項長期項目，「偉大的新體系不會一夜之間就建成」。

甘迺迪後來創造出「相互依存的時代」這個說法，也有驚人的遠見。當時，「全球化」一詞尚未進入詞典，網際網路只是一個概念，它的時代尚未到來，數位化革命仍是科幻小說的題材。但是甘迺迪已經窺見到技術在消滅距離中所發揮的作用。比如說，他所展望的跨大西洋新合作關係現在已成為可能，因為在今天，海洋——更別提英吉利海峽了——已不再像史書記載的那樣隔絕諸國了。他這方面的思路與眾不同，其戰略起源的文字線索出現在這句話中：「現在美國人必須學會從大陸間相互關係的視角進行思考。」

美國不久前才在本土部署了洲際彈道飛彈，甘迺迪知道，蘇聯會獲得同樣的核能力，這只不過是時間早晚的問題。在甘迺迪看來，我們的星球已經變得越來越小，各國之間的聯繫更加緊密，人類第一次完全具備了自我摧毀的能力，而我們今天所說的全球化就是源於這些理念，甘迺迪的認知加深了我們對全球化的理解。在七月四日的演講中，他從容地展望了一個相互聯繫更加緊密的世界。在幾個月後的古巴飛彈危機期間，他不得不面對夢魘。但是，正如人們所說，這是另一個故事了。

# 獨立廳演講

**甘迺迪在獨立廳的演講**
**費城，一九六二年七月四日**

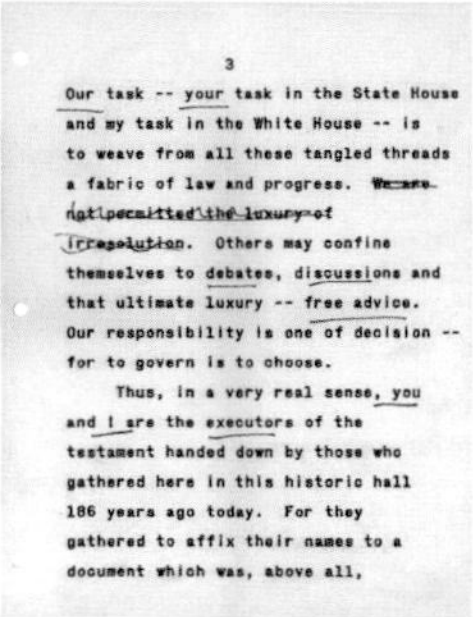
3

Our task -- your task in the State House and my task in the White House -- is to weave from all these tangled threads a fabric of law and progress. ~~We are not permitted the luxury of~~ irresolution. Others may confine themselves to debates, discussions and that ultimate luxury -- free advice. Our responsibility is one of decision -- for to govern is to choose.

Thus, in a very real sense, you and I are the executors of the testament handed down by those who gathered here in this historic hall 186 years ago today. For they gathered to affix their names to a document which was, above all,

左圖
一九六二年七月四日，甘迺迪在獨立廳與費城市長詹姆斯・泰特（James Tate）（左）和賓州參議員約瑟夫・克拉克（Joseph Clark）一起合影。／攝影者不明

上圖
甘迺迪的演講稿。

對於我們偉大共和國的任何一位公民來說，能夠在獨立日這天在獨立廳發表演講，是一項崇高的榮譽。作為合眾國的總統，向我們五十個州的首席行政長官發表演講，既是一種機遇，也是一項義務。聯邦政府與各州間的相互禮讓十分必要，這是我們悠久的歷史留給我們不可磨滅的教訓。

我們體制的設計理念就是要鼓勵差別和異見，它的制約和平衡機制旨在保護個體與地方的權利，防範中央權威淩駕一切，所以，州長們，我們彼此都清楚，為了使我們獨特而幸福的政體順利運轉，我們是多麼相互依賴對方。我們的體制和我們的自由允許立法與行政抗衡，允許各州和聯邦政府、城市和鄉村、政黨與政黨、利益與利益之間相互抗衡，一切都處於相互競爭或博弈之中。你們在州府，我在白宮，但是我們有共同的任務，那就在紛雜淩亂之中編織出一張法律和進步之網。優柔寡斷是一種奢侈，我們不可寄望。其他人可以隨意爭辯、討論，發表意見——這是一種頂級的奢侈。然而，我們的職責是做出決定，因為治理就是一種抉擇。

因此，事實上，你們和我充當了一百八十六年前的今天聚集在這所歷史性大廳的那些人的遺囑執行人。他們共同將自己的名字簽署在一份文件上，這裡沒有華麗的辭藻，只是一個大膽的決定。其實，這是一份抗議書，但是抗議是很久之前就開始的事情了。這份文件慷慨激昂地陳述了他們的怨憤，但是這樣的態度早就存在。這份文件之所以出類拔萃，是因為它做出了那個不可更改的最終決定——宣告各自由邦獨立，拒絕淪為殖民地，並願意為此獻出自己的生命、財富和神聖的榮耀。

上週，我在華盛頓國家檔案館瞻仰了一下這份宣言，羊皮紙已經泛黃，字跡模糊，難以辨認；即便如此，在一百八十六年後的今天，它仍然是一份革命性的文件。在今日，重讀這份宣言，你又能夠聽到號角的召喚。因為這份宣言不僅發動了對英國的革命，也開啟了一場人權革命。它

的作者們深刻地意識到了它的世界性意義。華盛頓宣布，全世界的自由與自治，「最終的成敗都寄託於美國人民的試驗」。

這個預言得到了證實。一百八十六年來，這個國家獨立的信條撼動著全球，在當今世界，無論在什麼地方，這仍然是一股最強大的力量。有些人在貧瘠的土地上苦苦掙扎，竭力維持最基本的生存，他們從未聽說過自由的事業，卻珍視獨立的理念。有些人正在和文盲與疾病搏鬥，還沒有準備好舉行自由的選舉，然而他們決心要堅守他們國家的獨立……

獨立的理論與人類本身同樣古老，它不是在這所大廳裡創造的。但正是在這所大廳裡，這種理論成為實踐；正是在這所大廳裡，通過傑弗遜的雋語──「賦予我們生命的上帝，同時也賦予了我們自由……」──「自由」這個詞傳遍四方。

在這個大廳裡還有另外一份歷史性的文件被起草，我們需要向它致敬，它與《獨立宣言》一樣，直到今日，依然恰當而適用，那就是《美利堅合眾國憲法》。因為它強調的不是獨立，而是相互依賴；不是一個人的個體自由，而是所有人不可剝奪的自由。

在舊殖民世界的大部分地區，為獨立而進行的鬥爭正接近尾聲，甚至在鐵幕後的地區，傑弗遜所說的「自由的疾病」仍然在傳染。隨著古老帝國的消逝，今天世界上只有不到百分之二的人口生活在官方術語所說的「依附」之地。美國《獨立宣言》激發的這種爭取獨立的努力，現在接近於大功告成，與此同時，不同國家為了促進相互依存而進行的全新努力，正在改變著我們周圍的世界。這種全新的努力，其精神與促使《美利堅合眾國憲法》誕生的那股精神互為契合。

當前，這種精神在大西洋兩岸最為明顯。西歐各國之間的世仇宿怨遠甚於十三個殖民地，隔閡也由此長期存在，然而今天，西歐各國正在走向聯合，像我們的先輩一樣，在多樣性、一致性和力量中尋找自由。

對於這項宏大的新事業，美國滿懷希望與欽佩。一個強大統一的歐洲不是我們的競爭對手，而是我們的夥伴。在過去的十七年中，幫助歐洲進步是我們外交政策的基本目標。我們相信，一個統一的歐洲能夠在共同防禦中發揮更大的作用，能夠更加慷慨地回應貧窮國家的需求，能夠與美國和其他國家聯手降低貿易壁壘，解決商業、商品和貨幣問題，在經濟、政治與外交所有領域達成協調的政策。我們認為歐洲就是這樣的一位合作夥伴，在構建和捍衛自由國家共同體的偉大而繁重的任務中，我們能夠與之在完全平等的基礎上共事……

上圖
「在一九六二年七月四日這一天，」甘迺迪告訴廳外的人群，「現在讓我們宣誓，恪守我們的職責，卸下人類肩上的重擔。」
／攝影：塞西爾・斯托頓

偉大的新體系不會一夜之間就建成。從《獨立宣言》到《憲法》的起草歷時十一年。可行的聯邦制度的建構需要一代人的時間。我們的開國元勳們最偉大的作品，不是文件和宣言，而是創造性的果敢行動。歐洲新大廈的建構也遵循了同樣務實、目的明確的路徑。現在，大西洋夥伴關係的建立也不會輕而易舉或者廉價地完成。

在獨立日這一天，我想在這裡說，美國將會為未來的「相互依存宣言」做好準備，我們會準備好與一個統一的歐洲探討相關的方式方法，以便構建一個具體的大西洋合作關係──現在正在歐洲興起的新聯邦與一百七十五年前在這裡建立的美洲老聯邦之間達成一種互惠合作的關係。

所有這些不會在一年內完成，但是我們要讓世界知道，這就是我們的目標。

漢彌爾頓在呼籲美國人接受《美利堅合眾國憲法》時，告訴他的紐約同胞，「要從大陸的視角進行思考」。現在美國人必須學會從大陸間相互關係的視角進行思考。

以己之力，單獨行動，我們不可能在世界範圍內建立公平正義，不可能確保世界的安寧，不可能提供全球共同的防衛，提升世界的全面福祉，或者確保我們自己和後代享受自由的福澤。但是，與其他自由國家聯合起來，我們就能做到所有這一切，甚至更多。我們能夠幫助發展中國家擺脫貧困的枷鎖。我們在最大可能的增長水準上，平衡我們在世界範圍內的貿易與支出。我們能夠加強強大武器的威懾力，足以阻止任何侵略。最終，我們能夠推進一個法治與自由選擇的世界，消滅世界上的戰爭與壓迫……

在一八六一年華盛頓誕辰的那一天，時任總統的林肯在前往國會山的路上，駐足此處，在這個大廳發表了演講。他簡潔有力地稱讚了那些起草《獨立宣言》、為之戰鬥、為之付出生命的先輩們。他說，宣言的精髓不僅在於它對「吾國吾民」自由的承諾，「也在於它帶給世界的希望……[希望]在不久的將來，所有人將卸下肩上的重負，所有人都能擁有平等的機會」。

一九六二年七月四日這一天，在同樣的大廳，我們再次聚集，承擔著我們各州和國家命運與未來的重託，現在讓我們宣誓，恪守我們的職責，卸下人類肩上的重擔，聯合其他人民和國家確保和平與自由，任何威脅和平或自由的行為都是對所有人和平與自由的威脅。「在神聖的上帝的庇佑下，為了支持這個《宣言》，我們相互承諾，將我們的生命、財富和神聖的榮耀交付彼此。」

華特・艾薩克森（Walter Isaacson），阿斯本學會會長兼首席執行官，作家和記者，曾任美國有線電視新聞網的主席和《時代週刊》的總編輯，哈佛大學校友。

# 信念與想像的行動

## 華特・艾薩克森談〈太空的汪洋〉

愛因斯坦（Albert Einstein）說過：「想像比知識更重要。」一九六二年九月，甘迺迪總統在萊斯大學的歷史性演講中，呼喚的正是這種想像的精神，在演講中，他宣布美國在這個十年結束前要將一個人送上月球。一九六九年七月的一個難忘的夜晚，阿姆斯壯（Neil Armstrong）踏上月球，並在月球大地上留下了不可磨滅的腳印，甘迺迪的豪情壯志得以實現。

登陸能夠成功，完全是因為甘迺迪總統（以及後來的詹森總統）堅定地致力於開發人類的超常水準及智力。但是，僅有浩大的開支和專業獻身精神，並不足以使之發生。共同的決心、國家的自豪感以及甘迺迪總統對想像力的呼籲，贏得了民心，成就了大業。

為了創新，甘迺迪總統呼籲在全國的層面上展開史無前例的合作，並促使其成為可能。他明白，這是把握和定義自己時代的機遇。一九六二年，美國同蘇聯為爭奪太空掌控權展開了激烈的競爭。甘迺迪說，這是一場「信念與想像的行動」，不具有科學上的確定性。他把登月變成了一項重大的民族事業。他說，對太空的探索，無論我們是否參與，都會向前發展。如果美國在太空競賽中落後，便無法領導其他國家。他強調，我們選擇登月不是因為這件事很容易，而是因為它很艱難。在德州烈日炎炎下炙烤的學生，以及各地的美國人，受到甘迺迪大膽的想像和責任感的激勵，熱切地響應他的挑戰。

激勵美國人登月，展示了甘迺迪總統最出色的領導技巧：他點燃了整個民族的想像力和意志力，投身於史無前例的創新合作之中。他不僅拜訪了一流科學研究機構的智囊庫，還參觀了迅速發展的戰後工業部門。他呼籲美國人熱情地展示，只要他們運用集體智慧，就能做成任何事情。沒有萬無一失的成功，可怕的科學障礙需要克服。在奮鬥目標和創造力的驅動下，科學往往能夠實現驚人的壯舉。這也源自於成功調配資源、人力、智力和一個信念堅定民族的樂觀精神。

不言而喻，甘迺迪本人的科學知識甚少。但是他知道，美國人民的骨子裡就有創新的基因。為了完成這個激動人心的載人登月目標，他增加對科學研究資金的投入，在一九六六年達到了美國聯邦預算的百分之五，比例之高，超乎想像。這種慷慨的投入吸引了大量學生選擇工程師、物理學家和研究人員作為自己的職業。

科學發現會造成意外的驚喜；而創新常常是目標之外的意外發現。歷史上最偉大的發明家之一富蘭克林反對根據對人類的實際用處這個標準衡量科學發明。因為在發現了電的屬性的多年以後，他曾哀歎其對改善人類狀況毫無用處。

讓載人飛行器穿過外太空的真空，安全地登上無生命的月球並返回，解決這個複雜的問題需要協同努力。確實，縱觀歷史，重要的發明很少是由某個單獨的個體獨立完成的。挑戰人類能力的突破、進展和超越想像力的成就，通常都是眾多團隊共同努力的結果。

甘迺迪為太空項目提供了激勵和財政支持，也促進了創新步伐的加快。在努力解決載人太空梭的問題時，科學家們也為衛星電視、全球定位系統、晶片、太陽能板、一氧化碳檢測儀甚至吸塵器的研發奠定了基礎。誠然，登月是人類歷史上的里程碑事件，但是那個時期的真正力量，來自探月動力所推動的人類工業形形色色的發展。

甘迺迪沒有看到他所啟動的太空項目的成功，但是美國創新與領導力的傳統仍在繼續。以一次演講作為起點，甘迺迪將美國人團結在合作創新與發現的征途上，為所有美國人留下了他們都為之自豪的一項遺產。

上圖
一九六〇年，七位最初的「水星號」太空人。第一排：斯基拉（Walter M. "Wally" Schirra）、斯萊頓（Donald K. "Deke" Slayton）、約翰・葛蘭・卡彭特（Scott Carpenter）；第二排：雪帕德、格里森（Virgil "Gus" Grissom）、庫珀（Gordon Cooper）。／攝影者不明

右圖
一九六二年，美國國家航空暨太空總署馬歇爾太空飛行中心主任馮・布勞恩（Wernher von Braun）博士帶領總統參觀了位於阿拉巴馬州的亨茨維爾。馮・布勞恩為納粹德國研發了 V-2 火箭，後來成為運載阿波羅太空飛行器登月的「土星五號」的首席設計師。／攝影：鮑勃・戈梅爾

# 太空的汪洋

甘迺迪在萊斯大學的演講
德州休士頓市，一九六二年九月十二日

我們今天相會在一所以知識而聞名的大學，一座以進步而聞名的城市，一個以實力而聞名的州；這三樣東西我們都需要，因為我們相遇在一個變革與挑戰並存的時刻、希望與恐懼並存的十年、一個知識與無知並存的時代。我們的知識增長得越多，我們的無知顯露得就越多。

儘管世界上最為著名的科學家大都還在世並在工作，儘管我國的科學研究人員每十二年就翻一倍，其增長速度超過我們全部人口增長率的三倍多，儘管這些事實非常醒目，但是廣闊的未知、無解和未竟領域仍然遠遠超出我們的理解。

沒有人能夠確切知道我們已經走了多遠、走得多快，但是如果你願意的話，可以將人類有歷史記錄以來的五萬年濃縮為五十年的時間段。從這個角度來說，對於前四十年，我們除了知道高級的人類在末期已經學會使用獸皮遮體之外，我們對這個階段知之甚少。然後，就是在過去的十年，按這個時間標準，人類從洞穴中走了出來，建造了其他類型的庇護所。僅僅是在五年前，人類學會了書寫和使用帶輪子的推車。不到兩年前才出現基督教。今年才有印刷機，在人類歷史這全部的五十年裡，不到兩個月前，蒸汽機才成為新的動力來源。

牛頓探索了重力的意義。上個月，電燈、電話、汽車和飛機才出現；僅僅是在上週，我們才開發出盤尼西林、電視和核能；現在，如果美國新的太空飛行器成功抵達金星，我們差不多會在今天的午夜時分會抵達星空。

這種節奏激動人心，這種節奏在驅散舊疾的同時，也難免產生新病，它會帶來新的無知、新的問題、新的危險。正在展開的太空前景，預示著高昂的代價和艱辛，必然也會帶來高回報。

因而，有些人希望我們能夠就此止步，稍作休息，這也不足為奇。但是休士頓這座城市，德克薩斯這個州，美國這個國家，並不是由那些等待、休息和總想往後看的人建成的。勇往直前的人征服了這個國家，太空也將會如此。

上頁圖
一九八三年十一月十六日，甘迺迪與佛羅里達州參議員斯馬瑟斯（George Smathers）在「土星四號」火箭發射臺，佛羅里達卡納維拉爾角。／攝影：塞西爾·斯托頓

左圖
一九六一年五月五日，甘迺迪在白宮觀看雪帕德飛行進入次軌道太空（美國人第一次進入）的報導。／攝影：塞西爾·斯托頓

上圖
甘迺迪總統給國會的特別報告閱讀稿，其中宣布了要在六〇年代結束前實現載人登月的目標，一九六一年五月二十五日。

一六三○年，布萊德福德（William Braford）[106] 在談到普利茅斯灣殖民地的建立時說，所有偉大而崇高的行動都伴隨著巨大的困難，需要以承擔責任的勇氣加以完成和克服。

如果這種濃縮的進步史對我們有所教益的話，那就是人類對知識和進步的追求是堅定不移、不可阻擋的。對太空的探索，無論我們是否參與，都會向前發展。它是人類歷史上偉大的冒險之一，任何一個想要成為群龍之首的國家，都不能在太空競賽中落後。

我們的先輩們確保這個國家在工業革命、現代發明、核力量的大浪中總能勇立潮頭；我們這一代人也不想在呼嘯而來的太空時代的浪潮中跌入水底。我們要參與其中，我們要引領浪潮。全世界的目光現在都在投向太空、月球和更遠的行星，我們已經發誓，不會坐視敵對征服者飄揚的旌旗，而是要讓自由與和平的旗幟冉冉升起。我們已經發誓，不會坐觀太空充滿大規模毀滅性武器，而是要讓它成為知識與理解的工具。

然而，只有當我國位居世界第一時才能實現這個誓言，因此，我們要力爭第一。簡言之，我們在科學和工業上的領導地位，我們對和平與安全的希望，我們對自身和其他人的責任，都需要我們做出這種努力，揭開這些奧祕，為了全人類的利益去探究這些奧祕，成為世界領先的航太國家。

我們在這片新的海洋起航，因為有新的知識要去獲取，有新的權利要去爭取，我們必須贏得這些並將其用於全體人民的進步。因為太空科學，就像核科學和所有技術一樣，本身不分善惡。它會成為行善還是作惡的力量，取決於人；只有美國占據支配地位，我們才能決定這片新海洋是成為一片和平之海，還是一個令人恐懼的新戰場。我不是說我們應當或將要赤手空拳迎戰敵對勢力對太空的濫用，就像我們不會赤手空拳迎戰他們對陸地或海洋的使用一樣；但我要強調，我們可以在不點燃戰火的情況下去探索和掌握太空領域，不再重複人類在這個星球上拓展權力時所犯的錯誤。

現在的外太空尚未出現糾紛、偏見和國家之間的衝突。它的危害會對我們所有人不利；只有最優秀的人群才有資格去征服它，和平協作的機會也許永遠不會再出現。有人會問，為什麼是月球？為什麼要把它作為我們的目標？他們也可以問，為什麼要攀登最高的山峰？三十五年前為什麼要飛越大西洋？為什麼萊斯要與德克薩斯爭雄？

我們決定登月。我們決定在十年內登上月球並做其他的事情，這並非因為這件事做起來容易，而是因為做起來很艱難，因為這個目標可以把我們最優秀的能量和技術組織起來並進行衡量，因為這項挑戰是我們樂意接

> **我們決定登月。我們決定在這個十年內登上月球並做其他的事情，這並非因為這件事做起來容易，而是因為做起來很艱難。**
>
> —— 約翰·甘迺迪

受的、不願意拖延的，我們要贏得這場勝利，也要贏得其他方面的勝利。

正是出於這些原因，在去年，我們決定全面加速，加快在太空領域的發展，我認為這是我在總統任期內做出的最重要的決定之一。

在過去二十四小時裡，我們看到正在為人類史上最偉大、最複雜的探索而建造的設施。土星 C-1 型推進火箭的測試讓大地震顫、空氣撕裂，它的力量數倍於運載約翰·葛蘭的阿特拉斯火箭，產生的能量相當於一萬輛汽車同時油門一踩到底所產生的能量。我們已經看到 F-1 型火箭引擎的基地，每一臺引擎的能量等於八臺土星引擎的總和，這些引擎將被聚集在一起製造先進的土星火箭，卡納維拉爾角[107] 將建造一座新建築用以組裝工作，這座新建築高達四十八層樓，寬達一個街區，長度是這個運動場的兩倍。

在過去的十九個月裡，至少有四十五顆衛星在環繞地球運行。其中大約有四十顆是「美利堅合眾國製造」，它們比蘇聯衛星更精密，能為世界人民提供更多訊息。

「水手號」（Mariner）太空飛行器現在正在飛往金星，它是太空科學史上最複雜的裝置。這次發射的精度極高，好比我們從卡納維拉爾角發射一枚飛彈，並使它準確地落在這個體育場的四十碼線之間。

子午儀衛星正在幫助我們的海上船舶更加安全地航行。「泰羅斯」（TIROS-1）氣象偵查衛星為我們提供了有關颶風和暴風雨前所未有的警報，在森林火災和冰川方面也將發揮同樣的作用。我們有我們的失敗，但其他人也一樣，儘管他們不承認。他們對此也許不那麼坦誠。

然而，在載人飛船方面，我們肯定是落後的，一段時間內也仍會落後。但是我們不想一直落後，在這個十年，我們將奮起直追，迎頭趕上。

我們在宇宙和環境方面獲得的新知識，在學習、製圖和監測方面獲得的新技術，在工業、醫藥、家庭以及學校領域研發的新工具和電腦產品，都將豐富我們的科學和教育的發展。技術院校，比如說萊斯大學，將會收穫這些豐收的果實。

最後，我們在太空領域的探索儘管仍處於起步階段，但是已經造就了大量的新公司和成千上萬個新工作。太空及相關產業正在對投資和技術人員產生新的需求，這個城市、這個州和這個地區，將會極大地分享這種增長。過去，這裡是西部老邊疆最遠的前哨站；今天，這裡將會成為科學和太空探索新邊疆最遠的前哨站。

休士頓，你們的休士頓城，作為載人太空飛行器中心，將會成為一個巨大的科學與工程社區的心臟。在接下來的五年，國家航空暨太空總署預

期，這個領域的科學家和工程師將翻一倍，工資和費用開支將增加到一年六千萬美元，工廠和實驗設備的投資將達兩億美元，本市的這個中心將斥資十億多美元，直接用於新的太空專案或進行外包。

可以肯定的是，所有這些會讓我們花費大量金錢。今年的太空預算是一九六一年一月的三倍，比過去八年太空預算的總和還要多。現在這項預算維持在每年五十四億美元，這是一個相當驚人的數字，不過還是比我們每年花在香煙或雪茄上的錢要少一些。太空開支不久後會進一步提高，從每週的人均四十美分提高到每週的人均五十美分，這包括美國境內每位男性、女性和兒童，因為我們已經把這個項目列為國家的高度優先發展項目——儘管我承認，這在某種程度上是一種信念與想像的行為，因為我們現在並不知道會有什麼收益。但是，我的公民同胞們，如果我說我們要向距離休士頓控制站二十四萬英里的月球發射一枚巨型火箭，它高三百多英尺，與這足球場一樣長，由新型的金屬合金製造，而且其中一些合金尚未研製出來，耐熱耐壓性能數倍高於過去的任何產品，組裝精準度優於最精良的手錶，運載著推進、導航、控制、通信、食物和生存所需的全部設備，到一個未知的天體執行未曾嘗試過的使命，然後讓它安全返回地球，重新進入大氣層的時速超過二·五萬英里，產生的熱量大約是太陽溫度的一半——幾乎與此時此刻的這裡一樣熾熱——要實現所有這些，而且要成功，並且要在這個十年結束之前領先進行，那麼我們就必須要大膽推進。

工作由我來做，希望你們能享受片刻的涼爽。[ 笑聲 ]

然而，我認為我們勢必要做這件事，而且必須付出需要付出的代價。我不認為我們應浪費金錢，但我認為我們應當將這項工作做好。這件事要在六〇年代這十年內完成。當這項工作完成時，你們中間有些人也許還在這裡，在這所大學的學院裡。當這項工作完成時，今天坐在主席臺上的各位可能還有人在任期之內。在這個十年結束之前，我們一定要完成這項工作。

我很高興，這所大學能夠在把人類送上月球的過程中發揮作用，這是美國一項偉大的國家計畫的一部分。許多年前，英國偉大探險家馬婁里（George Mallory）在珠穆朗瑪峰遇難，之前有人問他為什麼要執著於攀登珠峰，他回答道：「因為它在那裡。」

是的，太空就在那裡，我們要去攀登它；月球和行星就在那裡，知識與和平的新希望也在那裡。因此，當我們起航時，我們祈求上帝賜福於我們，這是人類所從事過的風險最大、最危險、也是最偉大的冒險之旅。

# 長遠視野

## 薩曼莎・鮑爾談〈未來的浪潮〉

薩曼莎・鮑爾（Samantha Power），美國第二十八屆駐聯合國大使，同時身為學者、作家和外交官，歷任各種職務。她是歐巴馬參議員競選總統期間的高級顧問，因研究美國應對種族屠殺的外交政策而榮獲普利茲獎。

一場民族獨立的革命。約翰・甘迺迪將它視為方興未艾的「偉大的歷史運動」。自從一九四五年聯合國成立以來，共有四十多個新國家成立（覆蓋人口近十億）。一九六二年三月二十三日，當甘迺迪在加州大學柏克萊分校向大約八萬八千名學生、教職員工和其他人（這是他演講現場聽眾最多的一次）發表演講時，聯合國的成員國已經翻了一倍多，從成立時僅有的五十一個增加到了一百零四個。

雖然每天各種突發事件會讓人感覺美國在「處處設防」，但甘迺迪強調，美國人民對世界發展方向應懷有信心。在與蘇聯的鬥爭中，美國擁有持久的優勢。正如他在一九五九年，即擔任總統職務的兩年前所說：「我們所擁有的『魔力』……是要讓人人享有自由，每個國家都獲得獨立。」

在今天看來，主張國家有權選擇自己的道路似乎是無可爭議的，然而這卻標誌著甘迺迪脫離了之前以及在某種程度上繼他之後的美國外交政策。艾森豪在當政期間要求各國選擇陣營，那些希望保持中立的國家，用時任國務卿杜勒斯的話說，被認為是「不道德」的，與敵人無異。甘迺迪拒絕這種「非友即敵」的意識形態，正如他反對把美國外交政策的目標設定為努力「用美國的形象重塑世界」。這是因為，在甘迺迪看來，「多樣性和獨立，與我們對世界秩序的構想毫不背離，本質上代表著我們對世界未來的看法」。相反，共產主義提供一套整體劃一的意識形態，或者用他的話來說，「一種信條單一的教義」，從根本上「不符合」以選擇和多元主義為基礎的世界秩序。因此，美國及其盟友不需要讓世界變得如威爾遜所言，「對民主是安全的」；相反，甘迺迪主張，美國及其夥伴僅僅需要讓世界「為多樣化提供保障，」為其他國家創造空間，抉擇自己的道路，

左圖
一九六一年十一月三日，反核武器的抗議者在紐約市穿著尿褲扮作蘇聯總理和美國總統遊行。／攝影：史蒂夫・夏皮羅

# 古巴飛彈危機

甘迺迪關於古巴飛彈危機的電視講話
華盛頓哥倫比亞特區，一九六二年十月二十二日

本屆政府，正如所承諾的那樣，對蘇聯在古巴島上的軍事建設保持著最密切的監視。在過去的一週，確鑿的證據證實：在那個被封鎖的島嶼上，一系列進攻性飛彈發射場正在建設之中。這些基地的唯一目的就是提供對西半球的核打擊能力。

……我們現在已經確認並完成了對證據和應對方案的評估，本屆政府感到有責任向國民最詳盡地彙報這次新危機的情況。

這些新飛彈發射場的特徵顯示了兩種不同類型的設施。其中一些包含中程彈道飛彈，能夠攜帶一枚核彈頭飛行一千海里以上。簡言之，這些飛彈中的每一個都能擊中華盛頓、巴拿馬運河、卡納維拉爾角、墨西哥城，或美國東南部和中美洲以及加勒比地區的其他任何一座城市。

另外一些尚未竣工的發射場，看起來是為中遠端彈道飛彈而設計的，射程是上述飛彈的兩倍多，因此能夠打擊西半球大部分主要城市，覆蓋範圍北至哈德遜灣、加拿大，南至秘魯的利馬。此外，能夠攜帶核武器的噴氣式轟炸機目前正在古巴拆箱組裝，所需的空軍基地也在建設中。

這些大型的、遠端的、明顯屬於進攻性的瞬間大規模殺傷性武器的出現，使古巴迅速變成了一個重要的戰略基地，不僅威脅到整個美洲地區的和平與安全，而且還公然並且蓄意違反了一九四七年的《里約熱內盧條約》（Rio Pact）、我國及西半球的傳統、第八十七屆國會共同決議案、《聯合國憲章》以及我在九月四日和十三日對蘇聯的公開警告。這種行為也有悖於蘇聯發言人在公開和私下場合反覆做出的保證，即在古巴的軍備建設

左圖
飛彈危機期間，民眾對核戰爭的擔憂不斷加劇，示威者走上街頭抗議，一九六二年十月二十三日。／攝影：保羅・斯萊德

上圖
甘迺迪對赫魯雪夫提出撤回蘇聯飛彈的答覆。

將保持它最初的防禦性質，蘇聯沒有必要也不希望在任何其他國家部署戰略飛彈。

這項工程的規模清楚地表明，這是策劃了數月之久的一個項目。然而，就在上個月，我澄清了引進地對地飛彈與存在防禦性防空飛彈之間的區別後，蘇聯政府在九月十一日發表公開聲明——在此，我引用蘇聯政府當時的原話：「運往古巴的武器與軍事裝備，完全是為了防禦的目的。」我再引用蘇聯政府的原話：「蘇聯政府沒有必要為了報復性打擊而將它的武器轉運到任何其他國家，比如說古巴。」我還是引用蘇聯政府的原話：「蘇聯擁有強大的火箭，可以攜帶這些核彈頭，因此沒有必要在蘇聯境外為它們尋找發射場。」這些聲明都是騙人的。

上週四，我已經掌握了確鑿的證據，蘇聯正在搭建這種快速進攻性的設備，但是蘇聯外長葛羅米柯接到指示來到我的辦公室，向我當面再次澄清此事，重申了其政府的主張，說蘇聯對古巴的援助——我引用他的原話：「目的僅僅是協助古巴構建防禦能力。」「蘇聯專家訓練古巴國民操作的是防禦型的武器，絕不是進攻性的，如果不是這樣，」葛羅米柯先生繼續說，「蘇聯政府絕不會參與提供這種援助。」這個聲明也是騙人的。

無論是美利堅合眾國，還是世界各國的共同體，都不能容忍任何一個國家——無論是大國還是小國——的蓄意欺騙和進攻性威脅。在我們的世界裡，並不是實際交火才是對一個國家的安全的挑戰，才會構成最大的危險。核武器的毀滅性之大，彈道飛彈的速度之快，使用它們的可能性的任何實質性增大，或在部署它們時的任何突然變化，都可以視為對和平的明確威脅。

多年來，蘇聯和美國都認識到一個事實，那就是在部署戰略核武器時要十分謹慎，絕不打破目前已經很不穩定的現狀，以確保只要沒有致命的挑戰就決不會使用這些武器。我們自己的戰略飛彈，從未以隱蔽和欺騙的障眼法運到任何其他國家的領土；不同於二戰結束後的蘇聯，我們的歷史證明，我們沒有欲望去控制或征服其他任何國家，或將我們的制度強加給其他人民。儘管如此，美國公民已經習慣於每天生活在蘇聯境內的或潛艇上的蘇聯飛彈的靶心之下了。

從這個意義上說，古巴的飛彈使已經很明顯的危險形勢進一步升級，而且應當指出，拉丁美洲的國家之前從未遭受過潛在的核威脅。

但是，共產主義飛彈的這種隱蔽、快速和非同尋常的部署——在眾所周知與美國和西半球國家擁有特殊的歷史關係的地區，違反了蘇聯的保

# 我們的目標不是以力量取勝，而是讓公理得到伸張。

——約翰・甘迺迪

證，無視美國和這個半球的政策──這種將戰略武器首次部署在蘇聯境外的決定，突然而隱祕是一種蓄意挑釁和對現狀不合理的改變。如果我們的勇氣和擔當想要在此後得到朋友和敵人的信任，那麼我們就不能接受這樣的挑釁和改變！

二十世紀三〇年代給了我們一個清晰的教訓：對於侵略行徑，如果不加以阻止和回擊的話，戰爭勢必難以避免。我國反對戰爭。我們也信守我們的承諾。因此，我們堅定不移的目標就是防止這些飛彈用來對付我國或其他任何國家，確保它們從西半球撤走或消除。

作為世界性聯盟的領導者，我們是一個和平而強大的國家，因而我們採取了耐心與節制的政策。我們決心堅定，不會因為無關緊要的挑釁和狂人而偏離我們所關注的核心問題。但是我們現在需要進一步行動──實際上，我們已在行動，而且這些行動可能僅僅只是開始。除非萬不得已，否則我們絕不會貿然地使世界處於核戰爭的危險之下，因為即便我們贏得了戰爭，勝利的果實也不過是一片灰燼，但是我們也絕不會因此而退縮，任何時候，只要風險存在，我們就會面對。

因此，為了保衛我們自己和整個西半球的安全，我們要行動起來；根據憲法賦予我的權力並得到國會決議的批准，我下令立即採取如下初步措施：

第一，為了停止這種進攻性設施的建設，對運往古巴的一切進攻性軍事裝備啟動嚴格的封鎖。前往古巴的任何類型的船隻，無論來自哪個國

家或港口，一旦發現載有進攻性武器將被遣返。如果有必要，這種封鎖將會擴展到其他類型的貨物和運輸工具之上。不過，我們不會像蘇聯在一九四八年封鎖柏林時那樣，禁止生活必需品的輸入。

第二，我下令對古巴及其軍事設施繼續加強嚴密監視。美洲國家組織（OAS）的外交部長們在十月六日的公報中，拒絕在這個半球上對此類事情保密。如果這些進攻性軍事準備繼續建設，對這個半球的威脅會繼續增加，那我們就有理由採取進一步的行動。我已經命令美國軍隊隨時準備應對任何不測；我相信，為了古巴人民和在發射場的蘇聯技術人員的利益，有關方面應當認識到這種持續威脅所帶來的危險。

第三，我國的政策是，從古巴向西半球任何國家發射的任何核飛彈，都將被視為蘇聯發動的攻擊⋯⋯

⋯⋯我呼籲赫魯雪夫主席停止和消除這種對世界和平偷偷摸摸的、魯莽的和挑釁性的威脅，穩定我們兩國之間的關係。我進一步呼籲他放棄這種支配世界的做法，並一同努力，結束危險的軍備競賽，改變人類的歷史。他現在有機會讓世界脫離毀滅的深淵──重新信守他的政府做出的「沒有必要在自己境外部署飛彈」的承諾，從古巴撤出這些武器──不再採取任何擴大或加深當前危機的行動，然後參與到對和平的尋求之中，探索一種永久的解決方案。

我們準備隨時向任何論壇──美洲國家組織、聯合國或任何有用的會議──控告蘇聯對和平的威脅，發出我們建立和平世界的倡議，但是我們

**我們要以眼還眼，但是我覺得另外一個傢伙剛才在眨眼。**

—— 古巴飛彈危機期間，
魯斯克致甘迺迪，
一九六二年

不會限制我們行動的自由。在過去，我們為限制核武器擴散做出了艱苦的努力；我們提議在公平有效的裁軍條約下，撤除全部軍備和軍事基地；我們正準備提出新的方案，消除雙方緊張關係，包括如何讓一個真正獨立的古巴自由地決定自身的命運。我們不希望與蘇聯開戰，因為我們是一個和平的民族，渴望與所有其他民族和平共處。

但是，在恐嚇的氣氛中，這些問題很難解決，甚至連探討都是問題。這就是為何我們必須對蘇聯的這種最新威脅——或者本週內蘇聯單方面的行動或者回應我方行動的其他任何威脅做出堅定回應的原因。世界上的任何民族，只要我們有所承諾——尤其是西柏林勇敢的人民——任何對他們的安全和自由威脅的行動，都會得到必要的回應。

最後，我要對被監禁的古巴人民說幾句話，這次講話正在通過特殊的無線電設備直接傳達給他們。作為你們的朋友，我想對你們說，我瞭解你們對祖國的熱愛，我像你們一樣渴望人人享有自由和正義。看到你們的民族主義革命遭到了背叛，你們的祖國落入外國人控制，我和美國人民深感憂慮。現在你們的領導人不再是受到古巴理想而激勵的古巴領導人。他們成了一種國際陰謀的木偶和代理人，這種陰謀使古巴與其在美洲的朋友和鄰居反目，把它變成了核戰爭目標的第一個拉美國家——這是第一個在自己國土上部署這些武器的拉美國家⋯⋯

我的公民同胞們：請任何人都不要懷疑我們已經開始了一次艱難而危險的行動。沒有人能夠準確預測事態的進展、代價或傷亡。在未來的幾個月，等待我們的將是犧牲和自律，在這期間，我們的耐心和意志將受到考驗，諸多的威脅和指責將會使我們對自己的危險保持清醒。但是最大的危險莫過於無所作為。

當前我們選擇的道路充滿危險，所有的道路都是如此——但是，作為一個在世界上有擔當的民族，這條道路最契合我們的國家的精神和勇氣。自由的代價總是高昂的，但是美國人總是願意為此付出代價。有一條道路我們是絕不會選擇的，那就是投降或屈服。

我們的目標不是以力量取勝，而是讓公平正義得到伸張，不是以自由為代價換取和平，而是讓和平與自由兼得，我們也希望，不僅在這個半球，而是能在整個世界實現。願上帝保佑我們實現這個目標。

左圖
卡斯楚就哈瓦那遭炮轟事件憤怒地指責美國。二十世紀六〇年代早期中情局暗中支持了數次刺殺行動，目標直指這位古巴總統。／攝影：艾倫·奧克斯利（Alan Oxley）

上圖
與麥斯威爾·泰勒（Maxwell D. Taylor）將軍在佛羅里達海軍航空基地，一九六二年。作為對赫魯雪夫從古巴撤出飛彈的交換，甘迺迪同意從土耳其撤走美國的飛彈。／攝影：鮑勃·戈梅爾

# 甘迺迪與媒體

## 凱薩琳・賈米森談甘迺迪的新聞發布會

凱薩琳・賈米森（Kathleen Hall Jamieson），傳播學教授，賓州大學安能堡公共政策研究中心主任。她寫過一百多本書，主要研究競選評論和總統言論。

左圖
一九六二年在新墨西哥城。甘迺迪與媒體的關係不是對立的，而是合作的；他的機智和學識的淵博促進了官方與公眾之間的對話。／攝影：拉波波特（I. C. Rapoport）

上圖
甘迺迪談海洋學咨文的鏡頭。甘迺迪對電視的嫻熟運用徹底革新了總統的風格。

在艾森豪總統執政結束前，身為編輯和總統助理的凱特（Douglass Cater）總結道，杜魯門總統的新聞發布會「讓人感受到總統傲慢和執拗」，艾森豪的新聞發布會則「傳遞出一種躊躇不決的態度」。約翰・甘迺迪的新聞發布會完全不是這樣，他將這種活動變成了一個既有影響又負責任的電視節目。甘迺迪在這種相對新穎的電視媒體中引入了現場直播、不進行編輯的新聞發布會，並且充分發揮自己的語言表達的才能，包括把幽默和政策細節融為一體的能力。

一段時間之後，新聞發布會上出現了一批常客，他們與年輕總統的互動也引發了一些小插曲，即使他們認為甘迺迪在說某些話時並不是很刻意，從中也能傳遞出一些訊息。克雷格（May Craig）是緬因州《波特蘭先鋒報》（Portland Press Herald）大名鼎鼎的記者，她曾詢問總統在實現女性同工同酬和同等權利方面是否做出了足夠的努力。甘迺迪回答道：「嗯，我確信我們做的還不夠。」笑聲過後，甘迺迪重申他對同工同酬的「堅定信念」。當問到他是否會不顧《民權法案》，對一位假設的「墨菲太太」進行豁免時——這位太太要把她不喜歡的房客趕出自己的出租房——甘迺迪風趣而有針對性地說：「在我看來，克雷格女士，問題在於這位墨菲太太是否對州際商業有實質性的影響。」

甘迺迪利用電視直播這樣的機會，吸引國內和世界舞臺上的盟友和對手同時關心觀眾們密切關注的話題，這正是電視臺迫切想要造就的戲劇化效果。比如說，國會要採取措施大幅度削減他在一九六三年十一月提出的對外援助經費，作為回應，甘迺迪在新聞發布會上進行了反擊，把這種動

議稱為是「自馬歇爾計畫開始以來……對外援最慘重的打擊」，他堅持認為，沒有這個項目，他無法履行他的外交政策職責。

「甘迺迪呼籲西方國家團結起來對抗紅色勢力」、「總統敦促及早達成鋼鐵條約，禁止囤積」——這些標題特別為電視新聞所設計，其中蘊含了英雄迎戰危險分子的敘事模式。在新聞發布會的角力場上，甘迺迪呼籲國際合作（比如邀請所有國家與美國合作開發天氣預報系統），感謝那些關心約翰·葛蘭歷史性環繞地球飛行的政府，但也戰略性地向那些心懷惡意的政府傳遞了資訊。比如說，在中情局組織的反卡斯楚古巴流亡者實施豬玀灣入侵的五天前，這位新上任的總統告訴齊聚一堂的媒體，不會發生「美國軍隊對古巴的干預。政府將盡其所能……確保不會有任何美國人捲入古巴內部的任何行動」。

把特寫鏡頭送入一般家庭客廳的電視媒介具有個人性和私密性，與此相一致，甘迺迪與媒體的交流也記錄了他個人設定的優先事項，突出了作為主角的總統的原則。一九六二年一月，這位在任總統告訴到場的記者們，他就任總統第一年最大的敗筆是未能達成禁止核子試驗條約。當華盛頓的私人社交俱樂部「宇宙俱樂部」（Cosmos Club）拒絕接納一位非洲裔美國人、負責公共事務的副助理國務卿羅恩（Carl T. Rowan）為會員後，甘迺迪宣布他沒有興趣加入這個俱樂部。

關注媒體的總統要對自己的言辭和權力的應用負責，並且要眼觀六路。當一位行政官員揭露，民主黨所宣揚的美蘇之間所謂的飛彈差距並不存在時，記者不僅讓甘迺迪對此做出解釋，還提出了共和黨人的指控：在任總統對美國在捲入越南問題上的程度「不夠坦率」。甘迺迪的回答顯示出他在措辭上的謹慎（「我們沒有派出通常所理解的那種意義上的戰鬥部隊……」），他堅稱前幾任總統都在越南問題上做出過承諾，而他所承諾的目標將會給他的政績蒙上一層陰影，並讓後繼者煩憂（「我們正在努力阻止共產黨接管越南」）。

沒有其他總統像甘迺迪那樣，利用新聞發布會作為可靠的理政工具；其中的原因很多，各不相同。在頻道激增和媒體個性化的時代，現在更難以抓住受眾的注意力。今天的記者深諳越戰、水門事件、伊朗門（Iran Contra）[110] 和伊拉克問題，變得更加多疑。新聞界現在更關注過程而不是政策。另外，我們還要記住：雷根和第四十三屆總統布希不具備甘迺迪對細節把控的能力；福特（Gerald Rudolph Ford Jr.）和卡特缺少他的機智；柯林頓缺乏他的簡潔；歐巴馬和第四十一屆總統老布希（George

**毫無疑問，沒有非常、非常活躍的媒體，我們在自由社會裡根本無法開展工作。**

——約翰·甘迺迪
致全國廣播公司的桑德·瓦諾克爾
（Sander Vanocur），
一九六二年

110 伊朗門事件，指一九八〇年代中期，雷根政府向伊朗祕密出售武器一事被揭露，而造成嚴重政治危機的事件，期間美國共向伊朗進行六次軍火銷售。

Herbert Walker Bush）又沒有他泰然處理合作與讓步的氣魄。甘迺迪的才華生逢其時，那時候美國超過百分之八十五的家庭能看到電視，報紙仍然是主流媒體，晚間新聞廣播只有十五分鐘，黃金時段的節目沒有譏諷時弊的主題，而是以揭穿陰謀、歡樂結局為主。

有六千五百萬人收看了甘迺迪一九六一年一月二十五日第一次現場直播的新聞發布會。一九六三年十一月十四日，他進行了第六十四次也是最後一次新聞發布會。一九六三年九月，晚間廣播新聞延長到半個小時。隨後幾年，電視直播將甘迺迪與克雷格的對話帶入我們的家庭客廳，也播出了美國士兵縱火焚燒越南南部村民茅棚的畫面。

我們只能猜測甘迺迪會如何應付媒體向詹森和尼克森提出的各種問題。但是，如果甘迺迪還活著，詹森或尼克森可能就不會擔任總統職位了，即使他們擔任總統，記者們的問題也可能也不一樣。一九六三年十一月，甘迺迪在最後一次新聞發布會上宣布：「年底之前我們將［從越南］撤回數百名軍人。」這個聲明引發了關於甘迺迪總統任職最令人遐想的「如果」之一。

左圖
哥倫比亞廣播公司的《晚間新聞》於一九六三年九月二日首播，播放了克朗凱特（Walter Cronkite）在海恩尼斯港的訪談。這位新主持人詢問了總統對越戰升級和其他問題的看法。／攝影者不明

右圖
甘迺迪常常與記者進行機智的爭論。當被問到媒體對其執政的態度時，他口出妙語：「嗯……我看得越多，享受得就越少。」一九六三年三月。／攝影者不明

**6**

第六章

GOODWILL WARRIOR

# 仁者無敵

1963

# 1963

3月　加州醫療協會宣稱吸煙有害。

3.18　高級法院命令各州為負擔不起律師費用的刑事被告提供免費法律顧問。

4.25　赫魯雪夫總理斷然回絕了西方國家想要重新進行禁止核子試驗談判的提議。甘迺迪總統對媒體表示，對這樣的條約來說，「時間所剩無幾了」。

5.8　詹姆士·龐德（James Pond）系列電影的第一部《第七號情報員》（Dr. No）在美國首映。

5.8　甘迺迪提供援助，反對進攻以色列。

6.9　簽署《同酬法案》（Equal Pay Act）。

6.11　提交民權法案，此前調集國民警衛隊前往阿拉巴馬大學；華萊士州長承諾阻止第一批黑人學生入學。次日凌晨，民權運動領袖埃弗斯（Medgar Evers）在密西西比州遇刺。

6.11　總統就懸而未決的關於移民進入美國方面的立法進行討論。

6.12　由伊莉莎白·泰勒（Elizabeth Taylor）和理查·波頓（Richard Burton）主演的、時長四小時的史詩電影《埃及豔后》（Cleopatra）在紐約首映。泰勒是第一位單部電影片酬達到一百萬美元的女演員。

1.8　通過賈桂琳·甘迺迪的努力，名畫〈蒙娜麗莎〉（Mona Lisa）來到美國，在華盛頓哥倫比亞特區的國家藝術展覽館進行了三個星期的展出。

1.11　甘迺迪宣布，將老年人的投票權和醫療護理問題置於本年度國內立法優先考慮的問題之列。

1.14　國情咨文中要求進行八萬億美元的稅收削減，這將是美國有史以來減稅最多的一次。

1.14　民主黨人華萊士（George Wallace）宣誓就職阿拉巴馬州州長，承諾「今天實行種族隔離，明天實行種族隔離，永遠實行種族隔離」。

1.30　甘迺迪請求國會啟動一項六十億美元、為期五年的教育計畫。資金會用於建學校和提高教師工資。

1.30　提出精神類疾病應對方式的新框架，指出要「在醫學、科學和社會上使用新手段和新視角」。他將請求國會批准若干新計畫，鼓勵州政府和私人組織做出的努力。

2.21　甘迺迪向國會提交了老年人醫療保險計畫。

2.25　披頭四樂團在美國發行了首支單曲〈請取悅我〉（Please, Please Me）。

伊莉莎白·泰勒的創紀錄薪酬，與當時男性平均工資達到一美元、而女性僅為五十九美分的狀況形成鮮明對比。

賈桂琳·甘迺迪不遺餘力地推廣藝術欣賞，〈蒙娜麗莎〉的展出將這一努力推向高潮。這是該畫作首次離開歐洲進行展出。

6.23　甘迺迪開始了西歐之旅，並在西柏林面對四十五萬的人群發表了演講〈我是柏林人〉（Ich bin ein Berliner），在演講中呼籲團結。

7.2　出訪羅馬和那不勒斯；會見義大利總統塞尼（Antonio Segni），中途到訪梵蒂岡城，觀見主教保羅六世（Pope Paul VI）。

7.29　法國拒絕簽署《部分禁止核子試驗條約》。

8.2　總統呼籲公民鼓勵輟學兒童返回學校。他從總統緊急基金會撥款二十五萬美元，用以支付學校輔導老師的工資。

8.7　派翠克・甘迺迪（Patrick Bouvier Kennedy）以緊急剖腹產的方式出生。他於兩天後死於嬰兒呼吸窘迫綜合症。

8.13　經財政部官員和住房部門民主黨人的修改，甘迺迪政府向國會提交了有很大改動的稅收計畫；高收入納稅人的減稅幅度有所增加；低收入納稅人的減稅幅度有所減少。

8.28　小馬丁・路德・金恩在華盛頓大遊行中發表了著名的〈我有一個夢想〉（I Have a Dream）演講。

8.30　蘇聯克里姆林宮和美國國防部五角大樓之間建立了電傳「熱線」。

9.15　阿拉巴馬州伯明罕市十六號街浸禮教堂被三K黨成員炸毀，致使四名年輕女性死亡，二十二人受傷。

9.20　甘迺迪總統提議美蘇合作登月。赫魯雪夫總理未明確表態。

9.26　奧斯維德乘巴士到達墨西哥，並到訪了古巴駐當地領事館。

10.7　甘迺迪簽署《部分禁止核子試驗條約》。

10.25　反甘迺迪的「通緝叛國者」冊子在達拉斯分發。

10.26　甘迺迪在阿默斯特學院講話，認可了藝術家在社會中發揮的作用，向當年一月去世的弗羅斯特的貢獻表達敬意。

11.21　總統和第一夫人到達聖安東尼奧，開始了為期兩天、經德州四個城市的巡迴之旅，目的是將民主黨的領導人聯合起來，為一九六四年的選舉提前做準備。

11.22　在穿過達拉斯市中心的十英里路線上，由車隊護送穿過迪利廣場。在下午大約十二點三十分，甘迺迪總統遭到刺殺。下午兩點三十八分，副總統詹森宣誓就職。

雖然華盛頓大遊行取得了空前的成功，但甘迺迪最初對此事卻不是很熱心。

沒什麼語言天賦的甘迺迪，看到聚集在西柏林聽他演講的人群規模，於是決定使用語音符號拼讀出那句德語。

知情者強烈建議甘迺迪取消達拉斯之行，因為當地敵對的政治氛圍。但甘迺迪認為該次出訪對保證一九六四年選舉的支持率是必要的。

他用一個歷史學家的眼光去看待每個事件的發展，不是把事件看成那種勸人向善的道德劇，而是看成人類與價值觀、社會習俗之間進行的一場複雜、微妙的較量……他的洞察力和語言感覺使他本可以成為一個傑出的歷史學家，然而他果敢的氣魄卻讓他成為行動派。

——施萊辛格致約翰·甘迺迪的悼詞，一九六三年十二月十四日

引言
道格拉斯·布林克利

古巴飛彈危機過後，甘迺迪總統認識到，一次罕有的機遇就擺在面前。美國與蘇聯之間曾經距核戰爭僅剩一步之遙，這使得兩國都「深感恐懼」，因為兩國都意識到，自己手中惡魔般的武器一旦付諸使用，就可以輕易造成大規模的殺傷。

軍備競賽的問題，美國不可能躲避，因為它本來就是軍備競賽的發起者。然而與大多數政客不同，甘迺迪高調發聲，呼籲尋求一切理性的途徑實現和平。持這種立場是需要勇氣的。對話的艱難程度可想而知，但古巴危機之後，他發現自己的盟友增加了——其中就包括蘇聯總理赫魯雪夫。一九六三年初的幾個月，兩位領導人進行了直接溝通，初步的共識之一就是在兩國元首辦公室之間建立一條電話專線，確保在發動核攻擊之前，能進行適時、理性的對話。他們還達成一致，準備將一九五八年關於禁止核子試驗的談判重新繼續下去。甘迺迪需要一個開端。僅僅一次談判也許不能徹底實現他的削減目標，但會填補這方面的空白。自一九四五年最早的兩顆原子彈在日本爆炸以來，對於大規模殺傷性武器尚未有過任何控制措施。從那時開始，這兩個超級大國之間在這一問題上的交流就呈現出「黯淡、不和諧、令人失望」的特點，這也一直困擾著甘迺迪。

一九六三年六月十日，甘迺迪在美利堅大學畢業典禮上致辭時，對於戰後十八年以來軍事與工業相結合所造就的這種所謂「和平」提出了質疑。他很清楚，他所面對的觀眾大部分都經歷過世界大戰，這些人相信，戰爭是人類文明中不可避免的一個方面。「我們不必接受這樣的觀點，」他指出，「我們的問題是由人造成的，因此也能夠由人來解決。人的信念

章名頁
在甘迺迪發表那篇總統任期中稱得上國際最著名的演講的三天前，他在德國的波昂發表了一次電視講話。一九六三年六月二十三日。／攝影：約翰·洛恩加德

左圖
在波士頓大學的聯邦兵工廠，一九六三年十月十九日。和平解決了飛彈危機之後，甘迺迪進一步加大力度限制核武器、減緩兩個超級大國之間的緊張關係。／攝影者不明

有多強大，人就有多強大。在人類命運的問題上，沒有什麼是人力所不能及的。」

在甘迺迪的支持下，七月中旬，中斷的對話在莫斯科得以繼續。僅僅通過十二天的談判，就產生了《部分禁止核子試驗條約》，禁止在水下、太空和大氣層進行核子試驗。條約開啟了一個新時代，世界各國開始尋求減少危險，而不是從危險中受益。甘迺迪在講話中常常提到的這一暢想，終於在核時代落紙成文；而由於蘇美兩國態度上的轉變，兩國此後再未觸碰核武器使用的邊緣。

一九六三年的春夏兩季，也是非裔美國人民權鬥爭的重要轉振點。甘迺迪此前已提議採用目標逐步推進的方式；而民權運動的領導者們這次要求加快改進的步伐。一九六三年全年，抗爭的前線會出現在阿拉巴馬州，發端於伯明罕市。在那裡，小馬丁‧路德‧金恩和當地領導者們一道，組織了一系列的遊行和抗議活動，致使他於四月十二日被捕。在獄中，他寫了一篇文章，就引導非裔美國人走向非暴力不服從之路的「崇高使命感」問題進行了思考。

小馬丁‧路德‧金恩的這篇文章以〈來自伯明罕監獄的一封信〉（Letter from the Birmingham Jail）為題被廣泛印刷，到甘迺迪總統讀到該文時，伯明罕市的示威活動已經變得暴力化。總統和他的弟弟羅伯特——當時的司法部長——都對伯明罕的運動給予了支援，甚至已經準備應對六月十一日的一場衝突。根據法庭的裁決，這是阿拉巴馬大學應當接收幾名非裔美國學生入學的日子。州長華萊士曾發誓，說這樣的事情永遠不會發生。甘迺迪考慮了多種解決方案，最終還是調用了阿拉巴馬州國民警衛隊。最開始的一段衝突過後，華萊士州長做出了讓步，那幾名學生獲准登記入學。

甘迺迪的大多數顧問都推測，阿拉巴馬大學的種族融合結局會讓總統把民權問題放一放。這個問題在政治上是危險的，畢竟甘迺迪還有連任競選的問題要去考慮。然而，他思考的卻不是個人的得失。六月十一日，他在電視上發表的講話似乎是在回應小馬丁‧路德‧金恩的那封信。他請每一個美國人在爭取種族平等的問題上「捫心自問」，並宣布將要就民權問題重新立法。「無所作為者其實是在自取其辱、縱容暴力，」他堅定地說道，「而敢於行動者卻是在承認正義、面對現實。」

民權運動還遠遠沒有結束，但甘迺迪明確表示，這是個「道德問題」，只有一種結果可以接受；他還表示，黑人群體並不孤單，在政府的高層也

歸根結柢，這是他們的戰爭……我們可以幫助他們……但他們只能自己去打贏戰爭，越南人民自己去打敗共產主義分子。

—— 約翰‧甘迺迪，
接受克朗凱特的採訪，
一九六三年九月二日

右圖
越南西貢市一名佛教僧人自殺殉道，以此向美國支持的越南總統吳廷琰表示抗議。《生活》雜誌，一九六三年六月二十一日。

有支持他們的夥伴。金恩博士以強烈的欽佩之情回應了這篇演講。「你敢相信嗎，那個白人不僅登上了本壘板，還把棒球打出了圍欄！」他驚歎道。

　　甘迺迪早在就職之前就開始熟悉南越的權力之爭。當選之後，他更是加大了對總統吳廷琰的扶植力度，同時還頂著來自共產主義陣營的持續施壓。甘迺迪多年來一直反對共產主義的擴散，可同時他又發現，吳廷琰是個很有問題的領導者，在本國很不受歡迎。甘迺迪一邊等待外交上的解決辦法，一邊批准部署了一萬兩千多人的軍事顧問團去援助吳廷琰政府；不幸的是，這些軍事顧問使本來就在惡化的形勢更加複雜化了。十一月二日，吳廷琰就在針對一系列抗議活動實施軍事管制之後，在一場政變中遇刺身亡。甘迺迪政府事先對這場密謀有所知曉，但卻幾乎未採取任何行動去阻止。最終，美國失去了吳廷琰這個可以聯手的領導者。除掉了他，北越的局勢反而變得更加動盪不安，並在接下來的十年中引發了美國的一場危機。甘迺迪帶領美國捲入這一動盪地區的紛爭，這也是他政治遺產的一部分。沒有人能說清，如果甘迺迪能以他給國際政治所帶來的人道主義熱情和謹慎的審時度勢來處理越南問題，事態又將會如何發展。

# 和平的戰略

### 美利堅大學演講
### 華盛頓哥倫比亞特區，一九六三年六月十日

威爾遜教授[111]曾經說過，從大學走出來的每個人都應該屬於他的國家、屬於他的時代；我也深信，有幸從這所大學畢業的人們，會繼續發揮他們生命中的聰明才智服務大眾、支持大眾。

我想在此時此地來討論這樣一個話題，對這個話題人們往往充滿不解，真相卻鮮為人知——而這又是天下頭等重要的話題：世界和平。

我這裡所說的是什麼樣的和平？我們尋求的又是什麼樣的和平？不是美國憑藉自己的戰爭武器強加給世界的「美式和平」[112]。不是墳墓裡的永久長眠，也不是奴隸的安於現狀。我要說的是真正的和平，讓人們不枉此生的和平，讓人類和所有國家有發展、有希望，讓子孫後代的生活更加美好的和平；不僅僅是美國人的和平，而是所有人的和平；不僅僅是眼前的和平，而是永久的和平。

我之所以談到和平問題是因為戰爭呈現出新的特徵。全面戰爭失去了意義，因為在這個時代，大國能夠擁有強大的、幾乎無懈可擊的核武器，不訴諸這類武器就不肯甘休。因為在這個時代，單單一件核武器所產生的爆炸力就相當於二戰中同盟國空軍爆炸力總和的近十倍之大。全面戰爭失去了意義，因為在這個時代，一場核戰爭所產生的致命有毒物質會隨著水、空氣、土壤、種子散播到地球的各個角落，危害到我們尚未降生的子子孫孫。

因此，我認為，和平是理性的人們必須要去追尋的理性目標。我發現追求和平不像追求戰爭那樣引人注目——而追求和平的人所說的話也常常被置若罔聞。但是我們沒有什麼任務比這更緊急了。

有人說，討論什麼世界和平、世界法、世界裁軍，都是毫無用處的，除非蘇聯的態度再開明一些。我也希望如此。我相信我們能幫他們做到這一點。但我也相信，我們必須重新審視自己的態度——無論作為每個個體

左圖
與美利堅大學校長安德森（Hurst R. Anderson）在一起，一九六三年六月十日。／攝影者不明

111 此指美國第二十八任總統威爾遜，他曾在大學任教多年，擔任過普林斯頓大學校長。
112 「美式和平」，原文使用了拉丁文 Pax Americana，該詞源自「Pax Romana」（羅馬和平），指羅馬帝國繁盛時期的和平。

還是作為一個國家—— 因為我們的態度與他們的態度一樣至關重要⋯⋯

第一點，讓我們來審視一下我們對待和平本身的態度。我們當中有太多人認為和平是不可能的。太多人認為和平是不現實的。但這種信念是失敗主義者的信念，是危險的。這種信念引出的結論是：戰爭不可避免，人類在劫難逃，我們被不可控的力量牢牢抓住。

我們不必接受這樣的觀點。我們的問題是由人造成的，因此也能夠由人來解決。人的信念有多強大，人就有多強大。在人類命運的問題上，沒有什麼是人力所不能及的。人類的理性與意志曾經解決許多看似無法解決的問題，我們相信人類可以再次克服一切。

我所指的並不是某些空想家和狂熱分子所夢想的那種絕對化、無限概念上的宇宙和平與友愛⋯⋯

與之相反，讓我們把目光聚焦在一種更加實際、更可能實現的和平之上吧。不是建立在人類本性突然變革的基礎之上，而是建立在人類習慣逐漸演進的基礎之上——建立在一系列有利於相關各方的具體行動和有效協議的基礎之上。對於這種和平，沒有一蹴而就的解決方案——也不是一兩個國家套用什麼偉大神奇的公式就可以解決的。真正的和平一定是很多國家的產物、很多行動的總和。它一定是動態的，而不是靜止的，隨著每一代人所面臨的挑戰而不斷變化。因為和平是一個過程，一種解決問題的方式。

⋯⋯世界和平就像社區的和平一樣，並不需要每個人都愛自己的鄰居，只需要他們在共處中相互容忍，有爭議時能夠訴諸公正、平和的解決途徑。而歷史教會了我們，國家之間的敵意就像個人之間的敵意一樣，不是永遠不變的。無論我們的好惡看似如何，時間的潮流和接連的事件會使國家之間、鄰里之間的關係產生驚人的變化。

那麼就讓我們堅持下去吧。和平不一定不可實現，戰爭也不一定不可避免。通過清晰定義我們的目標——讓目標更加可控、更加觸手可及——我們能幫助所有國家的人民看到和平、從和平中汲取希望、一往無前地向和平努力。

第二點，讓我們來重新審視我們對蘇聯的態度⋯⋯

沒有任何政府和社會體制會邪惡到讓人認為就連那裡的人民也毫無美德修養的地步。作為美國人，我們認為共產主義十分不得人心，是對個人自由和尊嚴的否定。但我們仍然可以向俄國人民的許多成就致敬——科學和太空方面、經濟和工業增長方面，以及文化方面、勇於行動方面。

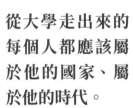

從大學走出來的
每個人都應該屬
於他的國家、屬
於他的時代。

—— 威爾遜，摘自甘迺迪的日記

在我們兩國人民的諸多共同點中，沒有哪一點比我們對戰爭的憎惡更加強烈一致了。我們兩國之間從來沒有發生過戰爭，這在世界各個主要大國當中是絕無僅有的。而在戰爭史上，沒有哪個國家像蘇聯在第二次世界大戰中遭受的損失那麼慘重⋯⋯

如今，假如全面戰爭再次爆發，無論以何種方式，我們兩國將會成為主要的攻擊目標。這很有諷刺意味，但卻是明確的事實：實力最強的兩個國家面臨的被毀滅的危險也是最大的。我們所建設的一切，我們為之努力的一切，將會在最開始的二十四小時裡毀於一旦。甚至就在冷戰當中，那麼多國家都承受著負擔、面臨著危險，包括我國那些最緊密的盟國，即使是這樣，負擔最重的還是我們兩個國家。因為我們兩國都把大量財力投在了武器上，而這些財力本可以用來戰勝無知、貧窮和疾病。我們兩國都陷入了一個危險的惡性循環，一方的疑慮會加重另一方的疑慮，一方製造新武器會引發另一方製造反擊武器。

簡單地說，美國及其盟友，與蘇聯及其盟友，都十分有意尋求一種公正的、真正的和平，都十分有意停止軍備競賽。

因此，我們不必無視我們之間的分歧，但我們也該把注意力轉移到我們的共同利益上——轉移到尋找途徑去解決分歧上。而即使我們目前還不能結束分歧，至少我們也該出一分力，讓這個多樣化的世界變得安全起來。因為歸根結柢，把我們連在一起的最根本共同點就是，我們生活在同一個星球上。我們呼吸著同樣的空氣。我們都珍視子女的未來。我們都是凡人。

第三點，讓我們來重新審視我們對待冷戰的態度，要記得我們不是

左圖
《美利堅大學鷹報》（American University Eagle）一九六三年五月二十四日刊。（新聞標題稱，甘迺迪將在畢業典禮上獲名譽學位，並將進行演講。）

右圖
在美利堅大學，甘迺迪宣布了與蘇聯和英國將要達成禁止核子試驗協定的概況。／攝影：塞西爾・斯托頓

因此我借此機會，就這個問題宣布兩個重大決定：

第一，赫魯雪夫主席、麥克米倫首相以及我本人已經達成一致，高層協商不久後將會開始……討論全面禁止核子試驗的條約問題。我們一定謹記歷史的警示，緩和各自的期望值──但我們的希望也與全人類的希望緊密相連。

第二，為了表明我們在這個問題上的誠意和堅定信念，我現在宣布，只要其他國家不在大氣層進行核子試驗，美國也不會主張進行這種核子試驗。我們不會第一個開始將中斷的核子試驗繼續下去。這一宣言並不能替代一項正式的、有約束力的條約──但我希望它能夠幫助我們達成那樣的條約。

最後一點，我的美國同胞們，讓我們來審視一下我們國內對待和平和自由的態度。我們本國社會所具有的品質和精神，一定要為我們在國外所作努力的正義性提供支援……

……我們在日常生活當中，都應遵循一個千百年來的信念──和平與自由是密不可分的。如今在我們的許多職責上，和平都得不到保證，因為自由是不徹底的。

《聖經》告訴我們：「人所行的，若蒙耶和華喜悅，耶和華也使他的仇敵與他和好。」而歸根結柢，和平不正是關乎人類權利之事嗎──不正是關乎我們不必承受被摧毀的恐懼而平安過完一生的權利、關乎我們呼吸大自然新鮮空氣的權利、關乎我們子孫後代健康生存的權利之事嗎？

在我們著手保衛國家利益的同時，讓我們也來保衛人類的利益吧。而且戰爭和武器的消除顯然同時符合兩者的利益。當然，一項條約無論對各方多麼有利，無論措辭多麼嚴謹，都無法絕對避免欺騙和逃脫的危險。但如果它的執行力度能夠充分有效，如果能夠充分符合簽字各方的利益，那麼它提供的安全性就遠遠強於一場毫不減弱、毫無控制、難以預料的軍備競賽。

正如全世界所知，美國永遠不會發動戰爭。我們不想要發生戰爭。我們不期待發生戰爭。這一代的美國人早就經歷夠了……戰爭、憎恨和壓迫。如果別國希望發生戰爭，我們會做好準備。我們會隨時警惕，準備阻止戰爭。但我們也會盡自己的努力，建設一個弱者安全、強者公正的和平世界。我們面對這個任務並不孤單無助，它的成功也並不是毫無希望。我們會充滿信心、無所畏懼地努力──不是走向毀滅的戰略，而是走向和平的戰略。

當他們所期望的大多數人的自由是擺脫責任的自由，那麼即使雅典人也會失去自由，並永遠不會再次得到自由。

── 伊蒂絲‧漢密爾頓
（Edith Hamilton），
甘迺迪最喜愛的作家之一

右圖
一個呼籲和平的年輕家庭，一九六二年。／攝影者不明

大衛‧甘迺迪（David M. Kennedy），普利茲獎得主、歷史學家，《牛津美國史》（Oxford History of the United States）歷史叢書的現任編輯，史丹佛大學唐納德‧麥克拉克倫（Donald J. McLachlan）歷史學名譽退休教授。

# 懸崖邊上

## 大衛‧甘迺迪談〈和平的戰略〉

一九六二年十月的古巴飛彈危機將莫斯科和華盛頓推向了一場武裝對抗的邊緣，距離核災難只有毫釐之遙。當時以及此後的評論員一直都在高度讚揚約翰‧甘迺迪，說他將決斷和克制巧妙地結合起來，導致了俄國的讓步和美國的勝利。

然而，危機過後，蘇聯領導人赫魯雪夫並沒有因受辱而惱羞成怒；甘迺迪也沒有因勝利而欣喜若狂。這段插曲讓兩位領導人都得到了慘痛的教訓，讓他們意識到，距離毀滅性大戰的爆發是怎樣的近在咫尺。幾個星期後，甘迺迪說：「當我們開始討論核戰爭中投入的百萬噸級武器問題時，我們討論的其實是關於毀滅的問題。」而赫魯雪夫方面，一九六二年十一月，他同意將停滯不前的關於禁止核子試驗的談判繼續下去，邁出全面禁止核武器的第一步。

這一前景讓甘迺迪為之振奮，他長期以來一直在尋求各種方式，讓人們重視控制核武器的緊迫性。一九六三年三月他曾對一位記者說，如果沒有這種控制，「妖怪就會從魔瓶裡出來，我們再也裝不回去了……就我個人來說，一直被一種想法所困擾——如果到了一九七〇年我們還沒能成功，核大國就會從四個變為十個，到一九七五年，就是十五個或二十個……我覺得那是我們可能會面對的最大危險和威脅」。

然而兩位領導人都面臨著艱難的障礙。正如甘迺迪曾對記者解釋的，他和赫魯雪夫「在各自的政府中身處同樣的政治地位。他想要阻止核戰爭，可他面臨著政府中強硬派集團的嚴峻壓力……蘇聯的強硬派和美國的強硬派互相助長，各自利用對方的行為來證明自己的立場有多麼正當」。

美國的強硬派——在將近二十年的冷戰後，其身上已經有著戰鬥的疤痕，充滿警惕，而又無比頑固——其中包括兩黨的知名成員、高級軍官、國防部和國務院的許多常設工作人員、絕大部分普通公民，多年來受到的教育讓他們相信，克里姆林宮那些無神論的共產主義者全都是奸詐魔鬼的

左圖
與保羅‧亞當斯（Paul Adams）將軍在一起，北卡羅來那州布拉格堡市，一九六一年。甘迺迪認為核子試驗禁令是裁軍的第一步，並強烈建議蘇聯「不要致力於軍備競賽，而是致力於和平競賽」。由於沒能達成外交協定，美國於一九六二年恢復了大氣層試驗。／攝影：約翰‧洛恩加德

後代，不顧一切地企圖征服世界。當然，大多數俄國人反觀我們，也抱著一種幻覺，覺得我們是殘忍的資本家，正狡猾地密謀實現華盛頓統治全球的目標。

　　甘迺迪總統在反對共產主義擴散的態度上不輸給任何人，但古巴的危機讓他更加堅信，如果要扼制住瘋狂加速的核軍備競賽，必須與俄國人達成某種程度上的和解。然而如何去說服蘇聯和美國兩方面的強硬派呢？

　　在這樣的形勢之下，他決意發表一次重要演說，不僅要為禁止核子試驗的和談創造便利條件，還要重新定義整個框架，讓雙方在此框架下都可以相信，冷戰將被永久封存起來。一小部分白宮顧問開始起草演講稿，他們接到命令，這項工作要對通常會介入此事的內閣部長們保密。甘迺迪修改並批准了最終文稿，那是在六月九日週日的傍晚，他剛剛乘總統專機「空軍一號」從夏威夷的火奴魯魯返回。第二天上午，他就來到美利堅大學，站在那群身穿學位袍、頭戴學位帽的師生面前。

　　赫魯雪夫認為美利堅大學的演說是「羅斯福總統以來最好的陳詞」。歷史學家、總統顧問施萊辛格稱這篇演說「語氣積極，文采出眾，分析富於智慧又不失含蓄」。確實如此，當然，甘迺迪的許多演講都可以這樣評價。甘迺迪傳的作者達萊克給出了最好的總結性評價，他說這篇演講是「二十世紀美國總統職位上最偉大的政府文件之一」。

　　這篇演講的偉大之處不僅在於語氣和文采上非常優美，而且觀念上非常堅定、大膽，政治上也很有勇氣。甘迺迪向冷戰的權威觀念提出挑戰，巧妙地打破了三個思想禁錮，正是這三個禁錮讓人們對改善美蘇關係失去信心：和平只是理想主義的白日夢；蘇聯是個頑固不化的黷武國家；唯獨

上圖
美國士兵、移動發射器、「潘興」（Pershing）飛彈模型。具備核能力的「潘興」系列，服役於一九六二至一九六九年，經常用於裝備駐西德軍隊。／攝影：勞倫斯·席勒

右圖
甘迺迪總統在白宮簽署《部分禁止核子試驗條約》，一九六三年十月七日。另外兩個簽約國為英國和蘇聯。／攝影：羅伯特·克努森

美國擁有純正的道德目的和無限的力量去堅持這個主張。

　　他強調，和平並不是天真的浪漫主義者所夢想的那種全無衝突的狀態，而是創造必要的條件去應對衝突，是一個「過程，一種解決問題的方式」。而對於聽眾們來說，他們接受的教育中「二戰」的歷史帶有極其傲慢的民族主義觀念，對他們來說，接下來就到了這篇演講最讓人震驚的部分，甘迺迪請他們「重新審視我們對蘇聯的態度」。他詳細指出了蘇聯在打敗德國納粹的過程中付出的巨大代價——至少兩千萬傷亡，「相當於我們國家芝加哥以東地區被全部摧毀」。美國的政客當中，尤其是美國歷來的總統和有志於總統之位的候選人當中，幾乎沒有人會對蘇聯在戰爭中的努力給予如此的肯定，因為沒有人敢去違反冷戰的嚴格信條。

　　而甘迺迪呼籲大家對共產主義改變看法的同時，還懇請他的公民同胞們「重新審視我們對待冷戰的態度」，「按照世界的現狀去解決問題，而不是總去設想，如果近十八年的歷史可以重寫，世界會是怎樣」。因此，他公布，他已經同意在莫斯科將全面禁止核子試驗的談判繼續下去；同時，他還宣稱，美國會單方面放棄在大氣層進行任何核子試驗，只要其他國家同樣有所克制。

　　在諸多的總統演講當中，甘迺迪的演講不僅僅是在面對那個春日裡在座的學生和學者們，而是在面對所有的美國人，以及俄國人，尤其是雙方陣營裡的「強硬派」，那些強硬派們認為冷戰具有一種幾乎恆定不變的性

質，他們對雙方可能達成的任何協定都嗤之以鼻，認為一旦同對方達成任何協定，就證明了他們在地緣政治上極端無知，甚至意味著道德上的無恥淪喪。與上述那些極為根深蒂固的觀念相比，美利堅大學的演講是一篇將基本常識及務實原則應用於分析蘇美之間極端意識形態上的典範。甘迺迪所尋求的無外乎是要將冷戰從棘手而無用的信仰之爭的平臺上移出來（他說這個平臺正是那些白日夢和狂熱分子的寄居之所），使之進入一個有效和解、和平共處的切實之地。這裡出現了最初的萌芽，帶我們迎接即將到來的「緩和」（detente），那是一種全面的地理戰略展望，尋求在冷戰的敵對雙方之間建立正常的關係，這將會標誌著冷戰的永久休戰，以及核軍備競賽的終結。

歷史殘酷地阻礙了這個期望的實現。在莫斯科的談判中，大家只達成了一項部分禁止核子試驗的條約，禁止在大氣層、水下和太空進行核爆炸，卻沒有禁止在地下進行。甘迺迪總統於一九六三年十月七日簽署了這一條約。剛剛過了一個多月，他就被刺殺。後來，在九個為我們所知的有核能力的國家（二〇一六年的數字）中，其中部分國家擁護了一項《不擴散核武器條約》（Nuclear Non-Proliferation Treaty）。直至今日，一項全面禁止核子試驗的條約仍是個難以達到的目標[113]。

一九六四年，俄國強硬派將赫魯雪夫趕下臺。同年，中國成為第五個核國家。冷戰在美國再次成為了正統觀念。美蘇衝突又持續了四分之一個世紀，引發了很多場「代理人戰爭」（proxy wars），包括在阿富汗、安哥拉、衣索比亞、尼加拉瓜、越南，以及其他幾個地區，並導致了核武器庫的空前擴大。

甘迺迪努力去緩和那種植根於美蘇兩國冷戰行為背後的頑固的道德狂熱態度，因為正是這種狂熱態度阻撓了為終止冷戰而付出的所有努力。在當時的冷戰形勢之下，這既有創新性，又充滿了勇氣。他在演講的結尾敦促公民同胞們重新審視「我們國內對待和平和自由的態度」，其實他這樣說還暗指了他第二天將會強調的一個同樣充滿勇氣的信念。六月十一日，在阿拉巴馬州種族衝突的局勢之下，他在總統辦公室對美國人民發表講話，強調稱民權問題是「一個道德上的問題。它像聖經一樣古老，像美國憲法一樣清晰……因此，我們作為一個國家、一個民族，面臨著一場道德危機」。對約翰·甘迺迪來說，在國際舞臺上採取務實態度，並不影響在國內為捍衛理想而奮鬥。

上圖
總統在一九六三年一月十五日《展望週刊》的封面故事中闡述了觀點。他主張反對共產主義，並擁護一個多元的「由獨立國家組成的世界共同體……以共同尊重別國的權利為前提團結起來」。

右圖
一九六二年九月，約翰·甘迺迪成為有效使用電視與公眾交流的第一位總統。在任不到三年的時間裡，他舉行了六十四場電視新聞發布會。／攝影者不明

113 《全面禁止核試驗條約》於一九六六年日內瓦裁軍談判會議擬定了文本，由於有國家反對未獲通過。同年，該條約直接送交第五十屆聯合國大會審議，並獲通過。但由於多個有核國家尚未批准，不符合條約所規定的生效條件，所以該條約現尚未生效。

# 和平的使者們

甘迺迪總統的每次對外訪問，在當時政治動盪、原子能未來不明朗的世界局勢之下，都是一次鼓舞士氣的過程。約翰‧甘迺迪被看作是一位使者，指引我們看到希望，看到一個遠離戰爭威脅的光明未來，看到一個為和平的使命而團結起來的世界。第一夫人的語言天賦和對文化的深厚興趣，在她代表美國出訪時也是非常可貴的品質，比如在委內瑞拉用西班牙語發表了演講、在巴黎用她獨特的風格吸引了聽眾，以及在印度的拉賈斯坦邦騎駱駝。要傳達的訊息很清楚：美國在支持全世界發展中國家的獨立這一問題上扮演著很重要的角色。

亨利・季辛吉（Henry Kissinger），曾在尼克森總統和福特總統期間擔任第五十六任美國國務卿，在一九六九年到一九七七年之間的美國對外政策上發揮了至關重要的作用；並從那時起，一直是一位多產的作家，撰寫了有關政治和國際關係的很多書籍。

# 守望自由

亨利・季辛吉

左圖
總統辦公室，一九六二年。甘迺迪總統不是個習慣早起的人，更願意工作到深夜，每天會在午飯後安排一個小憩的時間。／攝影：喬治・塔梅斯

　　一九六〇年，在我還不是公眾視野中的季辛吉時，就曾和我的良師益友施萊辛格說過，美國選舉下一任領導人時，應該努力讓他「進行一個飛躍——不僅是改進現有的那些思潮，還應該建立一種新的思維框架，一個新的國家氛圍」。我的建議並不是從技術層面上提出的。我並不是呼籲下一任總統對重組具體的官僚計畫及組織。我的意思是，那時的美國在與世界的關係方面，正處於一個轉捩點。美國當時已經通過馬歇爾計畫幫助歐洲重建了基礎設施和經濟秩序，從而使歐洲大陸重新找回自信；還通過建立北大西洋公約組織、強化喬治・肯南（George Kennan）的遏制戰略，為大西洋共同體的集體安全做好了準備；當時美國所考慮的是它與世界的長久關係，而不僅限於其一時之需：如果安全已經有了保證，那麼我們要在什麼樣的哲學基礎上，去維持，或更理想化地說，去發展大西洋夥伴關係？而我們對大西洋共同體的忠誠態度會對我們與世界其他地區的關係產生什麼樣的決定性影響？如果下一任美國總統能夠讓大西洋夥伴關係不僅僅植根於各成員國面臨的困難，而且植根於我們共同擁有的價值觀，那麼他就會引領我們進入制定對外政策的「一個新紀元」，我對施萊辛格如是說——而如果新總統能夠做到，那麼「技術層面的問題自然會得到解決」。

　　約翰・甘迺迪進一步努力，最終在我所說的這場選舉中獲勝。而且他在國內成了卡美洛王宮的化身，在國外也成了人們的希望所在，他所依賴的基礎不僅是我們一直以來堅持的信條，而且還有我們與大西洋沿岸的夥伴們共同擁有的價值觀，從而也成為我們共同擁有的和平願景：「建立這樣一個世界，生活在這裡的各國人民相互尊重、一起工作——在這裡，和平不再僅僅是戰爭之間的短暫間奏，而是激發人類創造能量的一種動力。」當然，甘迺迪並不是第一個意識到我們共同價值觀的，但他卻一

直致力於將它清楚地表達出來。一九六二年七月四日，他呼籲發表美國和
歐洲之間的「互相依存宣言」，細節還有待進一步整合。他看待歐洲的視
角，結合了政治與經濟，已將歐洲扮演的角色升級為美國的平等夥伴，這
也反映了二戰結束、馬歇爾計畫後十五年來歐洲大陸產生的深刻變化。一
年後，在德國法蘭克福市的聖保羅教堂，甘迺迪詳述了他的遠大設想：「西
方世界的未來在於大西洋夥伴關係，一個共同合作、相互依存、和諧相處
的系統，在這個系統中的世界各國人民可以共同面對壓力和機遇。」

　　甘迺迪認為他的總統任期正處於兩代人更迭的過程中。建立了戰後
秩序的那些人正逐漸被下一代人所取代，而下一代人面對的責任是將制度
持續發展下去，以加固上一輩所建立的秩序。甘迺迪協助了這個過渡，他
告訴他自己這一代人，他們的責任是更新大西洋夥伴關係，讓各國共同的
事業更富於「意義、信念和目標」，這一使命超越了僅僅避免衝突的傳統
宗旨。他並沒有幻想著這個倡議的實現會有多麼容易。「因為我們生活在
一個互相依存卻又各自獨立的時代，」他說，「既是一個國際化的時代，
也是一個民族自決的時代。一八四八年，許多國家對法蘭克福國民議會 [114]
的目標並不關心。他們說，這是德國的問題。當今的時代，再也沒有什麼
問題是只涉及德國的問題、只涉及美國的問題，乃至是只涉及歐洲的
問題。現在的問題都是世界的問題——我們兩國之間、乃至我們兩個大洲
之間，已經緊密相連，我們的任務不僅是要共同面對戰爭，還需要共同實
現和平。」現如今，甘迺迪所闡述過的這些趨勢，正以全新的、更模糊、
更複雜的形勢呈現出來。正如二十世紀六〇年代那樣，歐洲現在正在自我
反思：「我們想要多大程度的統一？我們能容忍多大程度的多樣性？」但
在甘迺迪的時期，這些問題卻是大西洋統一體迫在眉睫的挑戰，當時的局
勢是歐洲正在恢復中、核均衡態勢正在增長。自那時以來直到如今，威脅
已經變得更加多樣化了。潛在的敵對力量已經擴大，包括了很多非國家性
質的團體；潛在的武器也包括了網路和人工智慧。在歐洲，英國退出歐盟
的事件已經印證了，如果試圖用技術統領一切的方式、如果不用甘迺迪在
一九六三年所闡明的戰略視角和堅定的目標去面對挑戰，會面臨多大的風
險，那麼我們當今的任務是什麼呢？我們又該如何向甘迺迪那一代人所付
出的努力致敬呢？

　　尤為重要的是，我們一定不能逃避難題。我們需要規劃一個什麼樣
的世界秩序觀，以恢復穩定？二十一世紀，英國退出歐盟後，新時期的大
西洋夥伴關係是否應把自身的目標看成是全球性的呢？或者說，世界是否

那麼我們當今的
任務是什麼呢？
我們又該如何向
甘迺迪那一代人
所付出的努力致
敬呢？

——亨利‧季辛吉

會演變為一個個地域化的集團,以大於國家的集團為單位處理相互關係,就像西發里亞主權體系 [115] 下以國家單位那樣處理相互關係呢?我們考慮這些問題時,不能把美國和歐洲分開來看。我們對和平和人類進步的共同願景,使我們必須持續合作。

無論我對他提出過怎樣的批評,我都尊重約翰·甘迺迪。正是他所發出的聲音,將一個美國的視野,一個美國一直想要實現的願景,交付給了我這一代人。

左圖
羅克韋爾(Norman Rockwell)於一九六三年四月六日創作的總統肖像畫,是這位藝術家五十年來為《星期六晚郵報》(Saturday Evening Post)創作的諸多封面插圖中晚期的作品之一。

右圖
小學生在進行「臥倒並掩護」的核防空訓練,二十世紀五〇年代到六〇年代初美國生活中不祥的一景。/攝影:勞倫斯·席勒

114 法蘭克福國民議會,一八四八年德國革命中以統一德意志各邦為目標、在法蘭克福的聖保羅教堂召開的國民議會。次年革命失敗,國民議會瓦解。
115 西發里亞主權體系,由歐洲三十年戰爭(1618-1648)後締結的《西發里亞和約》所奠定的歐洲主權國家體系的基本架構。《西發里亞和約》劃定了歐洲大陸各國的國界,將國家主權、國家領土、國家獨立等原則確立為國際關係中應有的準則。西發里亞主權體系是國際關係史上第一個嚴格意義的國際體系,對近代國際法的產生與發展起了重大作用。

邁克爾·比齊羅斯（Michael Beschloss），歷史學家，主要研究美國總統相關問題。著有九本書，其中多本以約翰·甘迺迪和他任總統期間的時事為主題。

# 「我是柏林人」

## 邁克爾·比齊羅斯談〈最自豪的誇耀〉

一九六三年六月，約翰·甘迺迪依計畫，在總統任期內首次訪問柏林。兩年前，蘇聯和東德建起了聲名狼藉的柏林圍牆，用以阻止難民湧入自由繁榮的西方。當時，雖然這樣一個建築有引發核戰爭的危險，但總統還是拒絕了使用軍事武力去阻止建牆的建議。就個人來說，他認為這堵牆甚至可能會緩解冷戰的緊張局勢，他曾說過，一堵牆總是「比一場戰爭要好」。

一九六三年夏天，甘迺迪的談判團隊正與蘇聯領導人赫魯雪夫的團隊進行商談，努力準備達成一項可能會降低冷戰危險的禁止核子試驗條約。這就意味著甘迺迪在柏林的演說，一場面對戶外上百萬人群的演說，不應該有太強的煽動性。但他仍然明白，需要提醒全世界，這堵牆是一個邪惡政治制度的象徵，而且西方永遠不會接受歐洲的永久分裂。

六月二十六日星期三，總統帶著準備好的材料來到柏林。他事先問助理邦迪：「羅馬人那句最自豪的誇耀怎麼說？」邦迪還教了他「我是柏林人」這句話用德語怎麼說。雖然有所準備，可是當甘迺迪第一次親眼看到那堵牆的時候，內心還是很受觸動。結果就是，他在柏林進行了即興演講，乾脆俐落、鏗鏘有力，而且面對的或許是他一生中反響最強烈的聽眾人群。這次演講，正如我在別處寫過的，成為了一首憤怒的詩篇。他說，「兩千年前／最自豪的一句誇耀／civis Romanus sum.[120] ／今天，／在自由世界裡，／最自豪的誇耀是／Ich bin ein Berliner![121]」（邦迪教的德語並不完美，但聽眾們明白了總統想要說什麼。）

甘迺迪當時雖然在努力與蘇聯達成某種意義上的緩和，但仍然非常希望點醒、激勵西柏林人；於是他接著說道：「有些人說，共產主義是未來的潮流。讓他們到柏林來看看吧！」然後，他比以往任何公開演講中都更加強烈地譴責了那堵牆：「自由之路困難重重，／民主制度並不完美，／但我們從來沒有必要建起一堵牆，／把我們的人民攔在裡面，防止他們

離開自己的國家！」

　　以上的引言就是當時在世界上最受關注的部分。在場的觀眾群情激昂，甘迺迪後來甚至開玩笑說，他的繼任者要是有提不起精神的時候，建議他「去一趟德國」；他還和助理索倫森說：「我們這輩子都不會再經歷這樣的一天了。」

　　然而，半個多世紀後的今天，從後來發生的種種事情來看，演講的最突出之處在於總統在結束語中提到的關於「放遠目光超越柏林圍牆」的展望。他在結尾是這樣說的「……我們就可以／盼到那一天，／那時候這座城市會統一起來，／這個國家、這塊偉大的歐洲大陸／會生存於一個和平而充滿希望的世界之中。」

　　演講表明了甘迺迪在冷戰最危險的時期裡，仍懷有真誠的信念，相信蘇聯最終會被戰勝，只要西方堅持不懈地提出挑戰，只要進行充分的協商，以保證衝突不會爆發成一場可能會毀滅幾千萬人，甚至幾乎毀滅整個星球的核戰爭。對甘迺迪來說，這絕不是誇誇其談。前一年的十月，在古巴飛彈危機中，他可以說是拯救了整個世界，避免了一場可能出現的巨大的核武器傷亡。遺憾的是，他有生之年並沒能看到，一九八九年十一月，通過與蘇聯的交涉（通過多種途徑，冷戰的八國首腦全部參與），正如甘迺迪總統預言的那樣，柏林圍牆最終開放了，使柏林和歐洲重新統一；而且沒過多久，就迎來了長期鬥爭的終結。為紀念甘迺迪的領導作用，他一九六三年發表演說所在的柏林廣場，被命名為「約翰・甘迺迪廣場」。

> 所有的自由人，無論生活在哪裡，都可以說是柏林公民，因此，我自己作為一個自由人，也要自豪地說：Ich bin ein Berliner!
>
> ——約翰・甘迺迪

左圖
柏林圍牆上的塗鴉：「只有一個柏林！」／攝影者不明

右圖
貝爾瑙爾大街一角，該街道位於柏林圍牆西段外沿，多個東柏林人試圖越牆逃跑時死於此處。

# 最自豪的誇耀

**聯邦德國，西柏林市政廳**
**一九六三年六月二十六日**

我很榮幸受貴市尊敬的市長之邀來到這座城市；市長先生是向全世界展現了西柏林的戰鬥精神。我很榮幸能由貴國尊敬的總理陪同，訪問聯邦德國；總理先生多年來一直帶領德國致力於民主、自由和發展。我也很榮幸我的美國同胞克萊（Lucius Clay）將軍[122]能同行到此，克萊將軍曾在這個城市的危機時刻留在這裡，如果有需要，還會隨時到來。

兩千年前，最自豪的一句誇耀是：civis Romanus sum. 今天，在自由世界裡，最自豪的一句話是：Ich bin ein Berliner！

非常感謝我的翻譯教我說了這句話的德語！

世界上有許多人真的不理解，或者聲稱自己不理解，自由世界和共產主義世界的最大分歧在哪裡。讓他們到柏林來看看吧。有些人說，共產主義是未來的潮流。讓他們到柏林來看看吧。還有些人說，我們在歐洲和其他地方可以與共產主義者合作。讓他們到柏林來看看吧。甚至還有少數人說，共產主義固然是個邪惡的體制，但它還是讓我們的經濟得以發展。Lass' sie nach Berlin kommen。讓他們到柏林來看看吧！

自由之路困難重重，民主制度並不完美，但我們從來沒有必要建起一堵牆，把我們的人民攔在裡面，防止他們離開自己的國家。我想要代表我國的人民——那些與你們隔著大西洋遙遙相望的人們——對你們說，雖然距離遙遠，但他們卻能與你們共同書寫近十八年來的歷史，他們因此而十分自豪。我從沒見過任何城鎮、任何城市，能像西柏林市這樣，被包圍了十八年，卻依然保持著生機、動力、希望和決心。

全世界都可以看出，這堵牆是共產主義體制失敗的最鮮明、最生動的顯現；然而我們並不滿足於此。因為正如貴市市長所說，這堵牆不僅冒犯

上頁圖
約四十五萬西柏林人聚集在廣場上聽甘迺迪總統的演講。一九六三年六月二十六日。／攝影：羅伯特・拉肯巴赫

左圖
甘迺迪在勃蘭登堡門對西柏林人發表演講，該處為柏林市地標，位於新近被分裂的東西柏林交界上。／攝影者不明

122 克萊（1898-1978），美國軍官，一九四五至一九四九年任美國駐德國占領軍副司令、總司令，幫助德國戰後重建。

了歷史，還冒犯了許多離散的家庭，讓夫妻手足不得團聚，讓一個期待統一的民族分裂開來。

這個城市的現狀也是整個德國的縮影——每四個德國人中就有一個人被剝奪了自由公民的基本權利，那就是做出自由選擇的權利；只要這種狀況存在，歐洲真正、持久的和平就絕不會得到保證。十八年的和平與自信，讓這一代德國人贏得了自由的權利，包括與家人團聚的權利、享受國家持久和平的權利；這一代人也對所有人心存善念。你們生活在一個防衛森嚴的自由之島上，但你們的生活也與整體密不可分。因此在結束演講時，讓我來請求大家，把目光放遠一些，越過今天的險阻，看到明天的希望；不僅看到柏林這一座城市或是德國這一國的自由，也要看到世界各地自由的推展；不僅看到這堵牆，還要看到將來實現公正與和平之日；不僅看到你我，還要看到整個人類。

自由是不可分割的，一人被奴役，所有人都不得自由。當所有人都獲得自由之時，我們就可以盼到那一天，那時候這座城市會統一起來，這個國家、這塊偉大的歐洲大陸，會生存在一個和平而充滿希望的世界之中。當那一天最終到來之時——那一天也終將到來——到那時，西柏林的人們就可以毫不自誇地認識到，他們曾在將近二十年來一直處於自由的第一線上。

所有自由的人民，無論生活在哪裡，都可以說是柏林公民，因此，我自己作為一個自由的人，要自豪地說：Ich bin ein Berliner.

他……在柏林的演講，乾脆俐落、鏗鏘有力，而且面對的或許是他一生中反響最強烈的一群聽眾……是一首憤怒的詩篇。

——邁克爾・比齊羅斯

左圖
甘迺迪的柏林之行突出了該城市戰略上的重要性——它成為了共產主義控制下的東歐的一個民主陣地。
／攝影：約亨・布盧姆（Jochen Blume）

右圖
「我從沒見過任何城鎮、任何城市，」甘迺迪說，「能像西柏林市這樣，被包圍了十八年，卻依然保持著生機、動力、希望和決心。」
／攝影：斯坦・韋曼

# 點燃一場
# 全國性的運動

## 葛洛麗亞·斯泰納姆談〈同等報酬，同等機會〉

從現在來看，很難說清當時的約翰·甘迺迪對我這代人意味著什麼。甘迺迪當選時，我正當二十五、六歲的年紀，當時我還從沒有見到過哪位政治領袖與我這代人有什麼關聯。我崇敬羅斯福那一代，但他們是我母親那個時代的英雄。史蒂文森比艾森豪更為鼓舞人心，但後者卻打敗了前者。尼克森也許是現代社會最不具備個人魅力的國家領袖，還幫助麥卡錫議員毀掉了我崇敬的許多作家、演員和活動家的畢生事業。

在這樣的荒漠當中，出現了頗具個人魅力的傑克·甘迺迪——麻薩諸塞州議員、總統候選人。雖然他大我將近二十歲，但他的言談卻面向未來，他邀請新一代人介入政治，他娶了一個有思想、有魅力的妻子，他把整個國家的觀念從「冷戰」式思維推廣到了「新邊疆」式思維。他剛一入主白宮，就建立了和平隊，那是一項政府計畫，邀請各個年齡段的人作為志願者，參與到全世界的各種社區專案當中去。

對我來說，僅這一點就足以讓甘迺迪總統與眾不同。大學畢業以後，我在印度生活了兩年的時間，就是這個擁有超乎我想像的幾千年歷史的嶄新的民主國家，永久地改變了我的人生。然而，在國內，每當我談起印度，人們卻敬而遠之、漠不關心。就是在這時候，甘迺迪總統的和平隊產生了，為各個年齡段的人們打開了通往亞洲和非洲的大門，讓那些原本就有意瞭解、施助、服務的美國人走出去。白宮從一個受人仰視卻了無生趣之地變成了一個充滿活力的中心，一個人們非常願意去的地方。我和其他許多人一起，第一次感覺到個人與政治、與政府有了關聯。

問題在於，女性在甘迺迪政府並沒有比以往任何一屆政府的參與度更高。我們女性可能在和平隊當志願者比在華盛頓更受歡迎一些。比如說，每屆總統一當選，就會任命六千多個聯邦職位。接著還有聯邦法官，最高法院、所有聯邦機構的高層官員，加起來差不多有七千個其他職位。

這還沒有算上美國國家鐵路客運公司（Amtrak）這類國有企業的董事會成員，以及白宮自身的五千多名職員。一九六〇年，在所有這些職位中，僅有百分之二‧四的女性，和艾森豪時期基本持平。根據蓋爾‧柯林斯（Gail Collins）在她的著作《當一切都已改變》（When Everything Changed）中所述，埃莉諾‧羅斯福本人作為自成一派的壓力集團，促成了民主黨內和羅斯福新政下任用大量女性，她曾對記者談到過甘迺迪在任用女性問題上的失敗，「男性只有被提醒才會意識到女性的存在」。

甚至就連埃絲特‧彼得森（Esther Peterson），第一位支持甘迺迪政府的工會領袖，做到了勞工部婦女事務局局長，是甘迺迪政府中女性擔任過的最高職務，也評論說甘迺迪「新邊疆政策」下所任用的少量女性，其實只是「舊邊疆」中的一部分而已。由於「厭女主義」造成的雙重標準，女性需要用更長的時間向上攀登，因此到達之時也就比男性老一些。彼得森就比她的上司甘迺迪大了十多歲。

當然，偏見也會進入它所禁錮之人的內心。許多女性已經接受了事實，覺得自己就該比同等位置的男性工作更努力、時間更長一些。同時，很少有女性成長於父母平等的家庭。婦女事務局當時是致力於改善工作條件的，但它認為母親還是要盡可能留在家裡。根據該局一九六四年發表的報告所說，「婦女事務局的政策並不是在鼓勵已婚女性離家謀職」。該局的雇員們本身的年工資最多也只有兩千美元。正如一位國會議員所說：「世上沒有哪個女人值得賺再多錢了。」

在這樣的大環境之下，甘迺迪總統向前邁進了一大步。一九六一年，

上圖
工作中的婦女，一九六一年。那一年，男性每賺一美元，女性只賺五十九美分。二〇一六年，這項數字是八十美分。／攝影：沃爾特‧桑德斯（Walter Sanders）

右圖
羅莎琳德‧懷曼（Rosalind Wiener Wyman），洛杉磯市議會當選的第二位女性，一九六〇年民主黨全國代表大會代表。／攝影：格雷‧維萊

（它）做了一件開創性的事：它讓婦女們走到了一起，互相學習，並不僅僅是在國家層面，而且是在每個州的層面上……

——葛洛麗亞·斯泰納姆

他成立了總統婦女地位委員會。他甚至請過去總是批判他的埃莉諾·羅斯福擔任委員會的主席。兩人都同意一個議程：證明即使沒有平等權利修正案（Equal Rights Amendment, ERA），婦女地位也能得到提高。在婦女獲得了投票權之後，ERA 就成了婦女政權論者的下一個目標，但許多工會組織一直都把為婦女設立的「保護性法律」當作一個突破點，用以組織起來對抗雇主，他們可不想放棄這來之不易的勝利成果。然而從邏輯上說，體能比性別更能檢驗一個人——許多女性在不拿報酬的家裡有力氣舉起那麼重的孩子，但卻不被允許她們在有報酬的工作崗位上舉起同樣的重量——那些建立在性別基礎上的歧視性法律的確該被平等權利修正案所取代。這種利益上的衝突往往使工會運動站在了平等主義女性運動的對立面上。甘迺迪成立的這一委員會，和埃絲特·彼得森領導下的婦女事務局一樣，致力於為工作母親的托兒和減稅提供更多便利、維持對女性勞動者「合理的」限制與保護等，但並沒有致力於讓托兒和兒童早期教育成為每個孩子的權利。

我們前進的方式往往是：前進兩步，再後退一步。然而，無論是否有意如此，甘迺迪的婦女地位委員會做了一件開創性的事：它讓婦女們走到了一起，互相學習，並不僅僅是在國家層面，而且是在每個州層面上的委員會裡都可以互相學習。全國婦女組織（National Organization for Women, NOW）的創始人之一、女權主義先鋒、非裔美國律師波利·默瑞（Pauli Murray）說，甘迺迪在各州的婦女地位委員會後來成了啟發人們覺醒的各種團體，最終促成了 NOW 的產生，促成了性別和種族相關的

國會立法，促成了平等機會委員會（Equal Opportunity Commission）的產生，促使人們理解投票權不是唯一一項不分種族和性別、人人都該享有的權利。有些婦女在維護民權和和平的運動中認識到，即使在這樣廣受愛戴的爭取社會公正性的運動中，女性也很難得到平等；這些覺醒的女性在導火索上又添了燃料，點燃了一場全國性的婦女運動。

　　同時，這種前進兩步、後退一步的模式也可以用來描述甘迺迪總統在白宮那段短暫而輝煌的時光。賈姬‧甘迺迪是一位鼓舞人心的第一夫人，她恢復了白宮的活力，而且走遍了全球，有時和她丈夫一起，有時獨自出行；這也創造了歷史。在他們的法國之行中，賈姬展現了她對世界各種問題的豐富知識和完美的法語，她的光環蓋過了她丈夫。傑克也承認，他是「陪同賈桂琳‧甘迺迪出訪巴黎」的男人。他與其他女人的風流韻事為人熟知，而且也許就連賈姬也不驚訝；她自己的父親就曾和她同學的母親鬧過婚外情。而傑克曾讓自己年幼的孩子出現在總統辦公室並留下了照片，還鼓勵男性和女性互相跨界，這在當時的總統當中是很少見的。甚至可以說，即使當時就有了性騷擾方面的法律，和他有過關係的女人們也不會站出來說他的主動接近是「不受歡迎的」、違反了法律。女性和男性一樣，都受到甘迺迪太空計畫的鼓舞，雖然那一計畫將合格的女性太空人拒之門外；非裔美國女性受到了一九六三年小馬丁‧路德‧金恩的華盛頓遊行和甘迺迪《民權法案》的鼓舞，雖然那次遊行中並沒有女性民權領導者發言，雖然當時的非裔美國女性不得不加倍工作，以應對性別和種族歧視的「雙重威脅」。

　　甘迺迪啟迪夢想、促使我們開始為實現夢想而努力，正是他的這種激勵人心的力量，被我這一代人在他去世之後深深地緬懷哀悼著。我們再次緬懷哀悼這種力量，是在羅伯特‧甘迺迪遇刺之後；他對沒有權力的弱者，可能還更為同情。

　　當過去死去時，我們為逝者哀悼。當未來死去時，我們為自己哀悼。這兩兄弟之死——以及小馬丁‧路德‧金恩、麥爾坎‧X（Malcolm X）[123] 之死——就是我這一代人的未來之死。然而正如作家愛麗絲‧沃克（Alice Walker）寫過的，破碎的心也是敞開的心。懷著敞開的心，我們繼續前行。

上圖
伊夫琳‧林肯，一九五三年到一九六三年之間甘迺迪的私人祕書。／攝影者不明

右圖
甘迺迪總統簽署《同酬法案》，一九六三年六月十日。／攝影：阿比‧羅

123 麥爾坎‧X（1925-1965），伊斯蘭教教士、美國黑人民權運動領導人物之一。

小亨利・蓋茨（Henry Louis Gates Jr.），文學批評家、教育家、歷史學家、電影製作人。哈佛大學哈欽斯非洲及非裔美國人研究中心主任，美國公共廣播公司《尋根》（Finding Your Roots）系列節目主持人。

# 道德的授權令

## 小亨利・蓋茨談〈關於民權問題敬告美國人民〉

一九六三年的甘迺迪不太願意把民權法案的優先順序提到他其他的立法提案之前。相反，他本來的策略是依賴行政措施和打破種族界線的雇傭方式來推動民權問題向前發展。

正如我在〈黑人如何成為甘迺迪的卡美洛王宮〉一文中所寫：「甘迺迪從個人來說也許將歧視作為一種道德問題去反對；但從政治來說，他卻奉行實用主義，一邊小心翼翼推進立法，另一邊又通過在白宮和白宮周邊單位任用的方式，努力消除種族隔離、推行多元化。」比如說誰會忘記在一九六〇年選舉前夕，當小馬丁・路德・金恩被關在亞特蘭大一所監獄裡時，他打給金恩的妻子科麗塔的那通及時電話呢？那通電話讓他贏得了老馬丁的支持，外加百分之六十八的黑人選票（超過了對手尼克森）。

同樣具有重要象徵性意義的是，在甘迺迪就職後的頭六個月裡，他的白宮就指派了大約四十五個黑人（包括女性）就任各種執行性的分支職位。被指派者包括安德魯・哈徹（Andrew Hatcher），白宮新聞發言人助理；卡爾・羅恩，國務卿副助理，分管公共事務；小柯利弗德・亞歷山大（Clifford Alexander Jr.），國家安全委員會外事官員；以及利昂・希金博特姆（A. Leon Higginbotham），聯邦商務委員會委員（也是第一個被指派進入聯邦監管機構的非裔美國人）。甘迺迪政府還形成了一項慣例，即不針對被隔離開的觀眾群體進行講話；總統自己也會見了新近獨立的一些非洲國家的領導人，並與他們留有合影。在外部危機的管理方面，以羅伯特・甘迺迪為部長的司法部，不得不將美國法院執行官派進最南部地區，去保護那些「自由乘客」。而在一九六二年十一月，總統建立了「住房機會平等委員會」，要求在聯邦資助的住房上消除種族隔離。

然而，雖然這些措施總體上來說是鼓舞人心的，但甘迺迪總統卻非常小心，不讓自己民權方面的行動在南方發出太大的聲音，也不願過多的在立法問題上施壓，以避免國會的兩極分化，這是考慮到自己的其他優先提案還需要許多盟友的支援，他不想因此疏遠了那些盟友。民權問題會把事

左圖
清涼一下。一九六三年，紐約哈林黑人區。／攝影：倫納德・弗里德（Leonard Freed）

上圖
《噴射機》（Jet）雜誌一九六一年一月文章。

情更複雜化，他當時就是這樣的想法。因此，從一九六一年到一九六二年，從一九六二年又到了一九六三年，只要黑人媒體的報導能滿足他贏得黑人選票的需要，他也就任憑事態放任自流、把自己的主要精力放在早已迫在眉睫的外交政策上，其中就包括越來越棘手的越南軍事衝突問題。

這並不意味著他在民權問題上保持了沉默。事實上，一九六三年的整個冬天，他都在為選舉權的神聖性尋找支撐材料、為消除種族隔離對於經濟繁榮的重要性尋找論據、請求國會消除種族鴻溝，還提醒整個國家，在「所有人擁有平等權利的諾言得到兌現」之前，還有許多事情需要去做。

這一諾言險些就被放任自流了，但就在至關重要的那一年春天，阿拉巴馬州的南方基督教領袖聯合會（SCLC）組織了民權運動。具體來說，如果不是那位惡名昭著的員警署長、外號「公牛」的尤金·康納（Eugene "Bull" Connor）用高壓消防水龍頭和警犬對著孩子們，這種放任自流險些就會一直持續下去。這是一九六三年五月的事，當時全國的媒體都打開了攝影機，全國的民眾都打開了電視機。更重要的是，許多美國白人自民權運動開始以來，第一次把道德的羅盤調轉了方向。

當時，甘迺迪曾因為此前在南方任命了若干名隔離主義者擔任聯邦法官，以及沒有及時切斷聯邦資助、最終導致了針對黑人公民的暴力事件而受到質疑，他本人已經對此表示悔過、懇請原諒。然而，已經在伯明罕市激起了怒火，無所作為就變得難以忍受。當甘迺迪在《紐約時報》的頭版上看到一隻狂吠的警犬準備襲擊一名少年的照片時，他覺得「噁心」。他讓司法部直接參與進來，並大聲呼籲，希望南方基督教領袖聯合會和伯明罕市的領導層通過協商找到解決方法，雖然此時的外部壓力——包括來自三 K 黨的壓力——使得問題的解決變得十分困難。

接下來，五月二十二日，奉行隔離主義的阿拉巴馬州州長華萊士，當眾宣布要對抗聯邦法庭關於阿拉巴馬大學種族融合的裁決。阿拉巴馬州的局勢不斷惡化，而甘迺迪在州長府中又找不到一個願意與他合作的人。由於擔心種族衝突會在整個南方爆發，他知道，是時候讓國會參與進來了。總統在仔細考慮民權法案可能會包含的內容時，讓他的弟弟羅伯特——當時的司法部長——先試試水深，包括私下會見了一些有影響力的黑人，其中包括鮑德溫（James Baldwin）[125]、漢斯貝里（Lorraine Hansberry）[126]及貝拉方特（Harry Belafonte）[127]。

與此同時，六月二日，州長華萊士再次重申要與聯邦法庭就阿拉巴馬大學的裁決對抗到底，他在全國性的電視頻道中發誓，會運用自己的權力

甘迺迪所取得的功績，是史上任何總統都沒有取得過的：讓美國做出承諾，在法律意義上保證給予非裔美國人充分的公正待遇。

—— 小亨利·蓋茨

125 鮑德溫（1924-1987），作家、散文家、戲劇家和社會評論家。
126 漢斯貝里（1930-1965），劇作家。
127 貝拉方特（1927-），演員、作曲家、編劇。
128 美國的國民警衛隊由各州的民兵組成，由各州政府指揮，只有個別時候才受聯邦召命。
129 泛指當時美國南部各州對有色人種實行種族隔離的法律。吉姆·克勞（Jim Crow）的名字來源於一名白人演員將臉塗黑、衣衫襤褸地上臺醜化黑人的表演，節目的名字叫作《跳吧，吉姆·克勞》（Jump Jim Crow）。

去阻止兩名非裔美國學生——馬隆和胡德——在六月十一日進入學校。已經攤了牌，雙方都爭取了對自己有利的立足點。司法部拿到了對付華萊士的法庭裁決，而州長則在阿拉巴馬大學的塔斯卡羅薩校區穩坐，「躲在一大堆民兵和新安裝的空調轟鳴聲後面」，歷史學家泰勒·布蘭奇（Taylor Branch）在他的著作《分水嶺》（Parting the Waters）中這樣寫道。賭注下得很大，甘迺迪政府對發生暴力事件的可能性深感憂慮。聯邦調查局的情報人員警告稱，如果兩名黑人學生被接收入學，那麼許多全副武裝的三 K 黨成員就準備到塔斯卡羅薩市來。僅在八個月前，梅雷迪斯融入密西西比大學時就遇到了白人至上主義的暴力襲擊。

對峙發生的那天上午，雙方被迫會面，一方是華萊士，「一隻極端無恥的野貓」，丹·卡特（Dan Carter）的《憤怒的政治》（The Politics of Rage）一書中這樣形容他；另一方是尼古拉斯·卡岑巴赫（Nicholas Katzenbach），司法部副部長。卡岑巴赫做了一個重要決定，讓馬隆和胡德在一輛小轎車裡等候，他自己則向華萊士走過去。他想讓對峙發生在聯邦政府和州政府之間，而不是兩個種族之間。據卡特在書中所說，卡岑巴赫「在一頭被鏈子拴牢的鬥牛面前昂首闊步地走來走去」，請華萊士站到一邊，讓馬隆和胡德能入學。州長拒絕了，不但沒有讓開，還發表了一場七分鐘的講話，堅稱要維護各州應有的權利。這個對峙的畫面後來提升了華萊士的影響度，讓他從一個無名的隔離主義政客升級為一九六八年競選的總統職位爭奪者。

卡岑巴赫向華萊士和聚在周圍的媒體記者保證，馬隆和胡德會留在學校裡。「他們今天將去註冊。明天就開始上學。」說完這些，卡特寫道，卡岑巴赫護送馬隆來到一間宿舍餐廳，在那裡，「六、七個年輕的校友微笑著」和她打招呼。幾分鐘後，卡岑巴赫打電話給甘迺迪總統，請他授權聯邦召命國民警衛隊[128]。當天下午晚些時候，國民警衛隊的主將，別著聯邦旗徽章，向華萊士走過去說道：「我深感難過，但受總統之命，我在此履行我的職責，請您往旁邊站一站。」州長站到了一旁，眼前的危機結束了，馬龍和胡德註冊入學了。

氣勢洶洶地威嚇之後，華萊士最終還是鬆動了——甘迺迪在與《吉姆·克勞法》[129]的爭論中取得了標誌性勝利，在推行民權法案的問題上占了重要的優勢。他感覺到，當他所要發出的終止公共設施種族隔離的授權令並不只是一項政策上的授權令，而且是一項道德上的授權令。

然而，塔斯卡羅薩市並不是讓《吉姆·克勞法》遭到挑戰的唯一南方

社區。在佛羅里達州的達拉哈西市、北卡羅來納州的格林斯伯勒市、馬里蘭州的劍橋市、維吉尼亞州的丹維爾市，幾百名抗議者遭到了逮捕，大多數是年輕人。就在卡岑巴赫與華萊士對峙的同一天，哈默（Fannie Lou Hamer）和另外五名南方基督教領袖聯合會下屬幾所公民學校的學生被送進了密西西比州威諾那市的一所監獄，哈默在那裡遭到了拷打，導致她雙腎受損，一隻眼永久失去了部分視力。同時，在塔斯卡羅薩市對峙的上午，《紐約時報》頭版刊登了小馬丁·路德·金恩的計畫——在當年夏天晚些時候準備組織華盛頓大遊行，為贏得更強有力的權利法案施壓。

甘迺迪六月十一日發表的民權講話，因此可以看作是對華萊士州長阻擋校門行動的直接回應。這一演講也表明，甘迺迪和他的顧問團已經意識到，民權運動進行到現在的階段，需要小馬丁·路德·金恩和其他人所疾呼的那種政治和道德上的領導力，而這樣的領導力，只有總統能夠提供。

在這樣的紛擾當中，六月十一日，甘迺迪抓準阿拉巴馬新聞事件的時機，安排了當天傍晚的電視講話，宣布了向國會提交的民權法案提議。他沒有向非裔美國人許下摘月亮這樣不切實際的諾言，但一項民權修正案會是一個開端。正如他當天早餐時對參議院領袖曼斯費爾德（Mike Mansfield）說的，他想要的效果是「提出最小的要求，支持最大的主張」。

壓力現在轉移到了甘迺迪的白宮幕僚們那裡，尤其是他的首席國內事務顧問、演講撰稿人索倫森，他負責撰寫的這篇演講將會成為甘迺迪總統任上里程碑式的演講之一。索倫森做好了準備。他用上了一九六〇年甘迺迪與尼克森的首次電視辯論上由沃福德（Harris Wofford）收集的統計資料，寫出美國白人和黑人所受到的不平等待遇，令人動容。

根據布蘭奇在《分水嶺》中所述，索倫森擔心的是，沒有徵求國會的意見就在電視上宣布民權立法的提案是不是過於「倉促而突然」。顧問歐布萊恩（Lawrence O'Brien）和歐唐奈擔心的是，全面的民權法案本身在政治上已經十分危險了，再加上總統個人在這件事上的投入風險就更大了。羅伯特·甘迺迪是支持他哥哥的，但也同意這樣的擔心。可總統自己沒有動搖。據布蘭奇所說，甘迺迪總統讓索倫森開始執行任務，給他這位可信賴的演講撰稿人只提供了「一些大致的想法和他引自路易士·馬丁（Louis Martin）的隻言片語」。

那天甘迺迪在幾場會議間繁忙奔走，有的是關於他提議的《部分禁止核子試驗條約》的進展，有的關於國家航空暨太空總署，同樣重要的還有與一個世紀以來最偉大的廣播電視媒體人之一的默羅會面。甘迺迪就在內

下圖
三位民權工作者被謀殺後打撈出來的他們乘坐的轎車。密西西比州內肖巴，一九六四年六月。／攝影：史蒂夫·夏皮羅

誰讓和平的革命
變得沒有可能，
誰就會讓暴力的
革命變得不可避
免。

—— 甘迺迪在進步聯盟
一週年紀念活動上的講話，
一九六二年三月十三日

閣會議廳裡修改索倫森的草稿，羅伯特做了補充。就在甘迺迪上全國電視直播的五分鐘之前，索倫森把最終的草稿交給他，總統迅速進行了審閱。

接下來發生的事情改寫了歷史。

我也觀看了甘迺迪的演講，就在我家的客廳裡，和我的父母坐在那臺小黑白電視機前。我父親坐在那裡，震驚得說不出話來；我看到我母親流下了眼淚。我擁抱了她。

約翰·甘迺迪所取得的功績，是史上任何總統都沒有取得過的，包括林肯在內：讓美國做出承諾，在法律意義上保證給予非裔美國人充分的公正待遇。「即使過了半個世紀之久，那些話語還在我們耳邊錚然迴響。」珀德姆（Todd Purdum）在他的《恰逢其時的思想》（An Idea Whose Time Has Come）一書中這樣寫道：「在甘迺迪說出這些詞句的那個夜晚，這些話語就像一道道閃電，劃亮夏日的夜空。」

小馬丁·路德·金恩此前一直要求甘迺迪開始把種族問題當作道德問題來討論，這次聽了總統的演講備受鼓舞，他在發出的電報中稱這場演講是「歷任總統中為實現所有人的公正和平提出的最雄辯、最深刻、最明確的懇求」。關於甘迺迪本人，金恩博士對他的顧問萊文森（Stanley Levinson）說：「他真的很了不起。」金恩和萊文森還一直認為，計畫於當年夏天稍晚舉行的華盛頓大遊行，現在的主要目標應該是說服國會，而不是說服總統，這一點金恩博士在前一天就已向《紐約時報》透露過。

然而這樣的喜悅之情並沒有持續多久。在密西西比州的傑克遜，埃弗斯的妻子邁麗·埃弗斯（Myrlie Evers）和三個孩子正一起收看演講，滿懷期待地等他們的父親從全國有色人種協進會的戰略會議會場回家來，好問問他對總統演講的想法。埃弗斯此前曾主張邀請金恩博士參加密西西比州的運動，遭到同事們的強烈反對。那天他到家時已過午夜，他疲憊地抱著一疊印著「吉姆·克勞必須走開（Jim Crow Must Go）」的長袖運動衫，這些衣服可能更適合芝加哥市的冬季，而不是傑克遜的夏天。正當他從自己的車裡走出來時，一個躲在灌木叢後的男人——現在得知名叫貝克威思（Byron De La Beckwith）——舉起他打鹿的獵槍，射中了埃弗斯的後背。子彈從他胸前穿出，打進了他家的冰箱裡。一小時後，埃弗斯被宣布死亡。

對於那些順利度過了騷亂時期而活下來的人來說，甘迺迪總統的電視演講開拓了一片「新邊疆」，使聯邦政府在延展和保護民權方面發揮了作用。從埃弗斯遭暗殺，到八月份爭取就業機會和自由的華盛頓大遊行，再

到九月份伯明罕教堂的爆炸事件，都清楚地表明，即使是最崇高的夢想也不可能一夜間就得以實現。實際上，甘迺迪的民權法案，甚至在他十一月在達拉斯慘遭刺殺的很久以後，還一直在國會的相關委員會被束之高閣。一部分原因就是為了將他為推進民權而在自己黨內攪起的浪潮平息下去。法案一直在那裡擱置到了一九六四年，當時甘迺迪總統在白宮的接任者，曾任參議院多數黨領袖的詹森，用盡了一切手段，以保證民權法案從委員會走出來、走到白宮的地面上、經歷參議院歷史上最漫長的阻撓，最終在七月二日放到了他的辦公桌上給他簽署。這個時候距離甘迺迪提出該法案，已有一年多的時間了。

前一年的十一月，在甘迺迪遇刺後立即召開的國會聯合會議上，詹森總統沉痛地說道：「我們這個時代最偉大的領袖，已經被這個時代最邪惡的勢力擊倒了。今天，約翰・費茲傑羅・甘迺迪仍活在他身後留下來的不朽的話語和著作當中。」那些「不朽的話語」就包括甘迺迪總統在一九六三年六月十一日發表的演講——「關於民權問題敬告美國人民」。

左圖
米蕭（Lewis H. Michaux）經營的非裔國家紀念書店門前，紐約哈林黑人居住區，一九六三年。這裡成了民權運動的非官方圖書館，也滋生了圍繞黑人穆斯林組織「伊斯蘭民族」（Nation of Islam）引發的一系列爭議。／攝影：倫納德・弗里德

# 關於民權問題
# 敬告美國人民

**關於《一九六四年民權法案》提議的電視講話**
**總統辦公室，一九六三年六月十一日**

今天下午，在一系列的威脅和挑釁性言論之後，阿拉巴馬州國民警衛隊被派遣到阿拉巴馬大學，去執行阿拉巴馬州北區的美國聯邦區法院的最終裁決命令。命令要求該大學讓兩名阿拉巴馬州居民入學，他們有明確的入學資格，只不過恰巧生來是黑人而已。

……我希望每個美國人，無論住在哪個地區，都靜下來捫心自問，想一想這個事件，以及其他相關的事件。這個國家是由來自許多國家、許多背景的人們建立起來的。它所建立的基本原則就是人人生而平等；如果任何一個人的權利受到了威脅，那麼每個人的權利就受到了削弱。

今天，我們致力於進行一場世界範圍的拼搏，來提升和保護所有嚮往自由者的權利。而當美國人被派往越南和西柏林的時候，我們是不去問這些人中是否只包括白人的……

因此，任何膚色的美國學生都應該可以加入他們所選擇的任何公共院校，而不要求有軍隊。任何膚色的美國消費者都應該可以在旅館、餐廳、劇院和零售商店這樣的公共設施中接受平等的服務，而不必去訴諸街頭示威活動；任何膚色的美國公民都應該可以在自由選舉中登記和投票，而不會受到干預、不必害怕遭到報復。

總而言之，每個美國人都應該可以享受身為美國人應得的權益，而不必考慮種族和膚色。也就是說，每個美國人都應該有權利得到他們所期待的對待方式，也讓他們的子女得到所期待的對待方式。但現今的情況並不是這樣。

現今在美國出生的黑人孩子，無論出生在該州的什麼地區都一樣，與同一天、同一地區出生的白人孩子相比，只有一半的機會能讀完中學，三分之一的機會能讀完大學，三分之一的機會能成為專職人員，兩倍的機

會失業，七分之一的機會能得到一萬美元的年薪，比白人短七年的平均壽命，以及僅能達到白人一半工資水準的期望。

這不是一個局部的問題。隔離與歧視所造成的問題存在於合眾國的每個州、每個城市。在許多城市，不滿的情緒一浪高過一浪，威脅著公共安全。這也不是一個黨派性的問題。在國內產生危機的時刻，友善而寬容的人們應該能夠團結起來，而不必考慮黨派和政治。這甚至不單純是一個法律上或立法上的問題。當然，這些事情在法庭上解決總比在街頭解決要好，每一個層次也的確都需要新的法律；但僅靠法律，無法讓人們明辨是非。

我們所面臨的主要是一個道德上的問題。它像《聖經》一樣古老，像《美國憲法》一樣清晰。

問題的核心是，所有的美國人是否都該被賦予平等的權利和機會，我們是否會期待別人怎樣對待我們的方式，去對待我們的美國同胞。如果一個美國人，只是因為他的皮膚是黑色的，就不能在一家對公眾開放的餐廳吃午餐，如果他不能把自己的孩子送到所能找到的最好的公共學校上學，如果他不能為將來會代表自己的政府官員投票，總而言之，如果他不能享受到每個人都想要的充分而自由的人生，那麼我們當中誰會願意換成他的膚色、處在他的位置？如果真能換位，那麼聽到有人建議他要耐心、再等一等，又有誰會滿意？

自從林肯解放了奴隸，已經等了一百年，而他們的子孫後代還沒有得到充分的自由。他們還沒有擺脫不公平待遇的束縛。他們還沒有擺脫社會壓迫和經濟壓迫。而我們的國家，即使再充滿希望，再自我誇耀，如果不能讓所有公民得到自由，那麼整個國家就不能實現充分的自由。

我們向全世界宣揚自由，我們也的確是真誠的，而且我們在自己的國家裡也珍惜自由。但我們是不是要對全世界說——更重要的是彼此提醒——這裡是個自由的國度，除了黑人以外；我們沒有二等公民，除了黑人以外；我們沒有階級和等級制度、沒有貧民區、沒有優等種族，除了考慮到黑人問題以外；是這樣嗎？

現在，到了這個國家履行諾言的時候了……

不滿和衝突的火焰在每個城市燃燒著，無論是北方還是南方，而現在的法律中卻找不到解決的方法。人們只能到街頭，在示威、遊行、抗議中去尋找補救的辦法，而這又造成了緊張局勢，有演變成暴力的危險，還威脅到了許多的生命。

上圖
甘迺迪會見全國有色人種協進會代表，一九六一年七月十二日。／攝影：羅伯特・克努森

右圖
一千多名北方學生在一九六四年和密西西比州人一起參與了投票註冊的勇敢行動，行動稱為「自由之夏」。／攝影：史蒂夫・夏皮羅

**我們所面臨的主要是一個道德上的問題。它像《聖經》一樣古老，像《美國憲法》一樣清晰。**

——約翰·甘迺迪

因此，我們作為一個國家、一個民族，面臨著一場道德危機，不能用警方的鎮壓行動去面對它，不能將它留給不斷升級的街頭示威活動，也不能用象徵性的行動和商談將它平息下去。是時候採取行動了，在國會行動起來，在每個人所在的州、在地方立法機關行動起來，更重要的是，在我們的日常生活中行動起來。

指責他人說這是我們國家某個地區的問題，或單純譴責我們面對的現實，是無法解決問題。我們正面臨著一場巨大的變革，而我們的任務、我們的義務，是讓這場革命、這場變革，能夠以一種和平的、積極的方式進行，讓所有人都能接受。

無所作為者其實是在自取其辱、縱容暴力。而敢於行動者卻是在承認正義、面對現實。

下星期我會請求美國國會採取行動，請求他們通過於本世紀從未充分考慮過的一項修正議案，使得種族差別在美國的生活和法律上毫無立足之地。聯邦司法部門已經在一系列的明確案例上支撐了這一議案。行政部門已經在事務管理中採用了這一議案，包括聯邦人事的任用、聯邦設施的使用，以及聯邦資助住房的銷售。

但是還有一些必要的措施，只有國會才能規定採用，而且國會必須在這一會期內做出規定。我們衡平法[130]下的悠久體系，要求每個不公正的事件都要有解決的方法，但在太多的社區，在全國太多的地方，當不公正的事件發生在黑人公民身上時，法律上卻找不到解決的方法。如果國會不採

130 衡平法（equity law），英美法系中與普通法平行發展的、適用於民事案件的一種法律，以「正義、良心和公正」為基本原則，以實現和體現自然正義為主要任務。

取行動，他們唯一的解決方法只能是走上街頭。

因此，我請求國會立法，賦予所有美國人權利，讓他們能在對公眾開放的設施——旅館、餐廳、劇院、零售商店以及其他類似設施中——有接受服務的權利。

我認為這是一項最基本的權利。剝奪這樣的權利，是對人格的恣意侮辱，一九六三年的美國人不應該去忍受這樣的侮辱，但許多人卻在忍受著。

……我也請求國會批准聯邦政府，使之更充分地參與到旨在結束公共教育領域種族隔離的訴訟案件中。我們已經成功說服了許多行政區自願取消種族隔離。有十幾個學校已經接收了黑人學生，且沒有發生暴力事件。今天，我們的五十個州中，按比例來說，每個州都有一名黑人學生進入了州立院校，但是步伐還非常緩慢。

……其他方面也需要提出請求，包括更大程度地保護投票權。但是我再重申一遍，僅靠立法是不能解決這個問題的。這個問題必須在全國的每個社區、每個美國人的家裡得到解決。

從這個意義上說，我要向那些在各自的社區裡辛勤工作、致力於改善所有人生活的美國公民們致敬，無論他們在北方還是南方。他們的行動並不是本於法律上的職責，而是本於為人的道德意識。正如我國派往世界各地的士兵和水手一樣，他們在前線的火線上面對著對自由的挑戰，因此我要向他們的榮譽感和勇氣致敬。

我的美國同胞們，這是我們所有人面臨的問題；在每一個城市，北方和南方都一樣。如今，失業的黑人數量是白人的兩到三倍之多，他們得不到充分的教育，向大城市流動，找不到工作，尤其是年輕人，因為沒有工作而失去了希望；他們被剝奪了平等的權利，被剝奪了在餐廳或是午餐櫃檯吃飯的機會，被剝奪了去影劇院的機會，被剝奪了受到良好教育的權利，就在今天，雖然他們具備了資格，卻又險些被剝奪了進入一所州立大學的權利。我認為這些事件與我們所有人都息息相關，不是僅僅與總統、國會議員或是各州州長相關，而是與每一位美國公民相關。

這是一個國家。它之所以成為一個國家，是因為我們所有人、當初所有來到這片土地的人，都擁有平等的機會去發展他們的天賦。

我們不能對百分之十的人說，你們不能擁有那項權利；你們的子女不能擁有發展自己天賦的機會；我們不能說，他們爭取權利的唯一途徑就是走上街頭示威。我覺得我們虧欠他們，我們也欠自己一個更好的國家。

右圖
在這次表示支持的行動中，整個運動的各派都聚集在一起，加入埃弗斯的送葬隊伍。這位全國有色人種協進會的代表，在甘迺迪發表電視講話的次日凌晨遭到謀殺。
／攝影：查理斯·莫爾（Charles Moore）

因此，我在此請求大家的幫助，讓我們能夠更順利地將事情進展下去，能夠提供我們自己想要的那種平等待遇；能夠給每個孩子受教育的機會，讓他們盡可能發揮出自己的天賦。

正如我曾說過的，並不是每個孩子都有同等的天賦、同等的能力和同等的進步動力，但他們應該擁有同等的權利去發展自己的天賦、能力和進步的動力，去讓自己有一番作為。

我們有權利去期待黑人社區對法律負責、維護法律；但他們也有權利去期待法律是公平的，去期待憲法對所有的膚色一視同仁，正如哈倫（John Marshall Harlan）法官在世紀之交說過的那樣 [131]。

這就是我們要討論的問題，它關係到這個國家及其主張。而在面對這個問題的時刻，我請求我國的全體公民予以支持。

131 哈倫（1833-1911），一八七七至一九一一年任最高法院大法官。在著名的種族隔離案件「普萊西訴弗格森案」（Plessy v. Ferguson）中，他是唯一的異議者，他認為種族隔離在憲法中是不能容忍的，所有公民不應受歧視。

泰德・威德默（Ted Widmer），
歷史學家，圖書館館長，曾任柯
林頓總統的演講撰稿人。曾與卡
洛琳・甘迺迪合作，共同撰寫了
《傾聽內幕：約翰・甘迺迪的祕
密白宮錄音》（Listening In: The
Secret White House Recordings
of John F. Kennedy）。

# 更多元的國家

## 泰德・威德默談〈我們都是移民〉

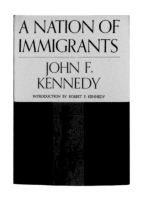

左圖
甘迺迪與塞內加爾總統桑戈爾
（Léopold Sédar Senghor）在一
起，攝於一九六一年。甘迺迪啟動
了美國的開放進程，迎接來自非
洲、亞洲和拉丁美洲的移民。／攝
影：羅伯特・克努森

上圖
甘迺迪一九五八年出版的書，《移
民國家》，迎接文化的多元化。

一九六三年六月十一日，也許是甘迺迪的「千日任期」中最最特別的一天。上午，甘迺迪總統向聯邦授權，調集阿拉巴馬州國民警衛隊，並授權國防部長麥克納馬拉必要的時候使用武力說服阿拉巴馬州州長華萊士，以實現阿拉巴馬大學的種族融合。晚上，他面對全國發表了關於民權問題的直播演講，完全稱得上是標準的甘迺迪演講當中最偉大的篇章之一。

在這兩個事件之間，他還發表了簡短的講話，當時沒有受到太多關注，也從未收錄到任何選集當中。在會見義裔美國人的代表團時，甘迺迪宣布他打算向國會遞交一項移民改革的議案，並給出了議案背後的若干緣由。

這些想法有很深的根源。約翰・甘迺迪終其一生都在考慮移民的問題，因為這既是一個影響到他議員選區席位的政治現實，又是與他自己家庭歷史相關的、讓他很感興趣的話題。他的祖父，與他同名的約翰・法蘭西斯・費茲傑羅，一生都在努力維護移民的權利。「甜心菲茨」最有趣的回憶之一要追溯到一八九七年，當時作為一名僅在初屆任期上的國會議員，他走進白宮向總統克利夫蘭（Grover Cleveland）進行遊說，勸他不要簽署那項規定移民必須通過識字測試才能參與投票的提案。

在波士頓市範圍內，這在政治上是生死攸關的事。在這座清教徒建立的古老城市蓬勃發展的十九世紀，城市大大地多元化了。一八九〇年的人口普查顯示，百分之三十五的波士頓人是在外國出生的。新的人口統計資料不可避免地導致了新的政治局勢，移民們不斷努力，想要平衡競技場。第一位愛爾蘭裔的美國市長休・歐布萊恩（Hugh O'Brien）於一八八四年當選，不久後又出現了很多人，包括「甜心菲茨」。

但進展斷斷續續。這座城市雖然以自由開明著稱，但它一旦保守起來，卻可像冰川般頑固不化。被克利夫蘭總統否決的法律又被另一個波士頓人亨利・洛奇（Henry Cabot Lodge）提出來。一個全國性組織「移民限制聯盟」將總部設在了波士頓，領導了一場要求採用限制性配額的鬥爭，並最終形成了一九二四年的法律，該法對來自北歐的移民給予特別照顧，對

來自南歐和東歐的移民予以限制，並排除來自大部分其他地區的移民，尤其是來自亞洲的移民。

對於生活在一九六三年的大多數人來說，柯立芝總統的政府已是古老的歷史，但對一個聽著祖父的故事長大的年輕人來說卻並非如此。甘迺迪於一九四六年當選國會議員，就是來自「甜心菲茨」原來的第十一選區，包括北區、西區、查爾斯頓、劍橋及薩默維爾。這顯然是個移民區，但又不止於此：這裡熱鬧非凡、層次豐富，住著許多長期爭鬥的族群、各種分合的聯盟。有些居民區，比如北區，「甜心菲茨」時代的愛爾蘭居民已被義大利人取代。其他地區，像西區，居住著東歐猶太人、敘利亞人、立陶宛人、俄國人、希臘人，及非裔美國人。這裡簡直是州議會大廈籠罩之下的一個小聯合國。漠視他們關注的問題，等於是漠視自己的連任選舉。

基於這種情況，甘迺迪埋頭研究移民及其後代的問題，包括第二次世界大戰之後重新安置難民和尋找失散親人的過程中遇到的重重困難。在他一九五二年競選參議員時，義大利裔和愛爾蘭裔的選民幫助他戰勝了小亨利‧洛奇──「甜心菲茨」老對手的孫子。（洛奇一九一六年就是在這個議員席位的競爭中戰勝了「甜心菲茨」。）

但一個共和黨的時代很快就要開始了。在他當選議員的同一年，《麥卡倫 - 沃爾特法案》（McCarran - Walter Act）[132] 由國會起草，在很大程度上保留了一九二四年的種種限制，並增加了對左翼「危險分子」的限制。杜魯門以激烈的言辭否決了該修正案，但這一修正案的文字材料卻得以保留，並在整個萎靡不振的二十世紀五〇年代一直得到保留。

甘迺迪開始逐漸削減修正案中不公平的規定，代之以擴展配額、消除種族偏見的議案。他還頻繁地在講話和寫作中提到這一話題，熱情迎接一個多樣性、黑白融合的時代的到來。一九五八年，他與「反誹謗聯盟」合作，出版了一本篇幅簡短的書：《移民國家》。這本不像《當仁不讓》那麼有名，但同樣也闡明了重要的立場，為即將到來的辯論做好準備。這本書不但提供了很好的史料，且主張採用新的移民政策，政策要建立在現實、公正的基礎上，並要充分認識到，作為世界上追求自由的領軍力量，首先要將自家的事情理順。

甘迺迪後來也的確是這樣做的。移民改革是一九六〇年競選中分化對方支持者的「楔子議題」之一（尼克森是反對的），但這種改革正好結合了甘迺迪現實主義的對外政策，及他對五〇年代開始反抗殖民統治的各有色人種民族的同情。然後，一九六三年，度過了最嚴重的冷戰危機後，甘

> 該立法⋯⋯描繪了一幅動人的新美國藍圖──更年輕、更時尚、更多彩。事實上，美國也的確開始變成了那樣的美國。
>
> ── 泰德‧威德默

132 即一九五二年通過的《移民與國籍法》，奠定了美國現代移民法的基本架構。

迺迪開始致力於此。在這非同尋常的四十八小時內，六月十日到十一日間，他在美利堅大學的演講中重新定義了美國的對外政策，呼籲建立一個健康共存的世界；接著他又重新定義了美國的對內政策，表明白宮全力支持民權運動的態度。在這兩個開創性的偉大演講之間，這篇呼籲移民改革的簡短講話放在中間再合適不過。一個嶄新的世界正走近人們的視野。

七月二十三日，總統發給國會的一項咨文中給出了這項即將產生的立法的框架，該立法將開始廢除舊的民族來源配額制度，並強調「我國所擁護的平等原則和個人尊嚴原則」。該立法還特別呼籲放寬亞洲移民的規定，並描繪了一幅動人的新美國藍圖──更年輕、更時尚、更多彩。事實上，美國也的確開始變成了那樣的美國。

八月四日，甘迺迪為《紐約時報》週日版撰寫一篇短文，這也是他出版的最後一篇文字，他在文中呼籲實行「開明的移民新政策」。他極力主張，「在這樣的政策之下，我們才能清白、問心無愧地面對世界」。他這最後的主張讓人不禁暢想，這樣一位不斷自新的總統，在他的第二屆任期上本該會在這一問題上──和其他幾個問題上一樣──領導一場革新運動。

事實上，這樣的革新運動終究還是到來了。在一九六四年和一九六五年為致敬約翰·甘迺迪而樹立起的諸多豐碑當中，很難找到哪一座比《一九六五年移民與國籍法案》（Immigration and Nationality Act of 1965）更有意義了，該法案的基礎正是他一九六三年的新主張。詹森拿著這一法案巧妙周旋於國會之中，援引了甘迺迪的例證，請一位新手參議員泰德·甘迺迪充當具體執行主管。甘迺迪兄弟中這位最年輕成員，還記得一九四六年他哥哥首次競選國會議員時，才十四歲的他就曾幫忙分發宣傳冊頁；他也永遠忘不了祖父的熱情，祖父堅信公平公正地對待所有來源的移民政策對美國非常重要，也經常向他的孫輩們表達這一觀點。與新邊疆政策密不可分的，正是這樣久遠的歷史淵源。

這一法案當然並不完美；它允許以各種形式歧視美國的同性戀群體，此條款在文件中一直保留到一九九〇年。但它在生效的最初五十年當中使美國的狀況大為改觀，其影響直到現在也遠未消失。大量的移民已從加勒比、中美洲、非洲、亞洲等地來到美國。他們的到來使美國不再與世界其他地方格格不入，也反過來幫助美國更好地對全世界發揮激勵作用。

約翰·甘迺迪經常引用希臘人的話，將幸福定義為「充分發揮自己的力量，追求卓越」。以這個標準來看，一九六三年六月十一日，的確是幸福的一天。

上圖
甘迺迪駐足愛爾蘭的高威市，這是他一九六三年六月拜訪祖鄉行程的一部分。他稱這次行程是「我一生中最美好的四天」。／攝影：約翰·多米尼斯

吉米·卡特，美國第三十九任總統，一九七七年至一九八一年在任，是出生於喬治亞州的一位政治家。卸任之後因致力於人道主義行動而受到國際認可。二〇〇二年，他因在卡特中心（Carter Center）從事的工作獲諾貝爾和平獎。

# 為了和平，不懈努力

吉米·卡特談〈人類大家庭〉

一九七九年十月二十日，我在甘迺迪總統圖書館暨博物館揭幕儀式的致辭上說過，甘迺迪總統相信，「自由的前景將會與一直被我們稱作第三世界的地區越來越緊密地聯繫在一起」。他於一九六三年十一月八日接受「人類大家庭獎」時發表的講話，就是對這一主題的重要陳述。

在我撰寫此文的二〇一六年，他的話仍有重要意義。作為美國總統，他相信他的首要責任是對自己的國家負責，但他也深知，美國人民是人類大家庭的一部分，成員們分布在一百多個國家裡，大多數不是白人，不是基督徒。他說，人類大家庭中大多數人「對什麼自由市場經濟、法律正當程序……之類的東西一無所知」。然而他相信，美國和其他發達國家的公民有義務與低開發國家的公民努力進行溝通。

他首先談到促進世界和平的必要性。當時處於冷戰階段，共產主義與自由世界之間的鬥爭占據了我們大部分的注意力。但他預言說，即使東方和西方之間實現長久的和平，僅僅如此也無法保證整個人類大家庭的和平。他說到了無數「小規模戰爭」，他認為那樣的戰爭在核時代也是危險的。他認識到，爭取和平很不容易，有挑戰性，但他說，在這個目標上，「我們沒有人能夠置身事外」，「沒有人能夠舉棋不定」。

不幸的是，自甘迺迪總統呼籲爭取和平、實現「更好的團結與和諧」後，美國與其他國家一直都過於頻繁地採用以暴制暴的方式。我也不相信暴力總是能夠避免，但和平解決衝突應該是我們首要的選擇。如果能聽從甘迺迪總統當時的勸告，我們的國家乃至整個世界的狀況本該會好得多。

演講接下來講到了其他一些困擾著人類大家庭的問題，尤其是「貧窮、痛苦和絕望」。他提出質疑，社會以我們所知的存在形式，是否能夠「長久忍受貧富差距的不斷增加」。他主張，「富有者必須幫助貧困者」。他說美國和它的諸多盟國必須要在對外援助方面做得更好，並為美國國會

左圖
哥斯大黎加的聖約瑟市，甘迺迪簇擁在仰慕者中間，將要去參加一個元首會議，討論「進步同盟」和西半球其他一些項目啟動的相關事宜。一九六三年三月十八日。／攝影：約翰·多米尼斯

的反對態度感到難過。

　　他一方面相信，對外援助有利於我們自身的經濟利益，另一方面也相信，援助對於防止「所有人的和平與自由」受到威脅，也是有必要的。他強調，自二戰結束以來，美國兩大黨的總統和領導人都支持過對外援助，並舉出了這一計畫在日本、黎巴嫩和西歐十四國的成功先例。他承認，在提供援助的過程中也出現過失誤，而且我們的計畫也沒有給我們買到持久的聲望。然而，他說，「它是建立一個更美好、更和平的世界的一個至關重要的途徑」。

　　我本人，和甘迺迪總統一樣，也一直對世界上不斷增大的貧富差距感到憂慮。和他一樣，我也發現有些對外援助沒有起到效果，但我也看到，自他的時代直至今日，也取得過不少相當顯著的成就。和他一樣，我也相信我們的國家不難做到兌現承諾、幫助那些需要幫助的人。他說，國會抱怨，將我們國民生產總值百分之一當中高達七成的數額撥到了對外援助上，而在一九五一年，我們的國家還沒有那麼繁榮的時候，我們的撥款是這一比例的四倍之多。難以置信的是，撥款比例後來還一直在進一步下降。二〇一四年的比例是我們 GDP 百分之一當中的兩成。

　　甘迺迪指出，有些人說美國人已經厭倦了國際上諸多問題的錯綜複雜。現在我也聽到有類似的說法，我的回應方式和他當時幾乎一樣：「難道我們也厭倦了生活在自由世界上嗎？」我想要看到的是，「美國要向關心世界大家庭未來的所有人傳達一個訊息，我們不會厭倦於行善。」

　　讓人心酸的是，甘迺迪總統發表這篇演講的兩週以後就遇刺了。這對我個人來說，是一個悲哀的、重大的損失，永遠難忘，也是對美國精神的一次驚人的打擊。我希望重讀他的話語會讓我們所有的人重新受到鼓舞。

上圖
賈桂琳‧甘迺迪在印度次大陸地區訪問，攝於巴基斯坦的開伯爾山口，一九六二年三月。／攝影：塞西爾‧斯托頓

右圖
甘迺迪夫婦出訪墨西哥時，甘迺迪夫人在當地「全國兒童保護協會」與孩子們見面，一九六二年六月三十日。／攝影：塞西爾‧斯托頓

# 人類大家庭

### 獲「人類大家庭獎」的感言
### 紐約市基督新教協進會，一九六三年十一月八日

2

But just as the family of man is not limited to a single race or religion, neither can it be limited to a single city or country. The family of man is more than 3 billion strong. It lives in more than 100 nations. Most of its members are not white. Most of them are not Christians. Most of them know nothing about free enterprise or due process or the Australian ballot.

If this society is to promote the family of man, let us examine the magnitude of your task.

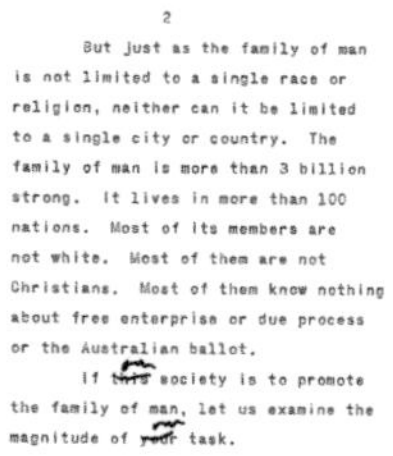

我今晚想簡短地談一談……超越美國之外的人類大家庭。正如人類大家庭不限於哪一個種族或宗教，它也不應限於哪一座城市或是哪一個國家。人類大家庭非常壯大，有三十億成員。它存在於一百多個國家裡。它的大部分成員不是白人。大部分成員不是基督徒。大部分成員對什麼自由市場經濟、法律正當程序、澳洲式無記名投票法之類的東西一無所知。

如果我們的社會準備推進人類大家庭的發展，就需要認識到我們的任務艱巨到什麼程度。這任務會讓人警醒起來。因為人類大家庭在今天的世界來看，境況不是很好。

一個家庭的成員之間應該和睦相處，但並不是這回事。敵意不僅限於東方和西方的幾個大國之間。恰恰相反，美國和蘇聯各自都已經意識到了相互間的破壞能力，意識到了它們在整個世界上的責任和義務，有時候也已經開始對處理衝突方式的選擇變得更加謹慎……

正如我最近在聯合國說過的，在這樣的核時代，即使是小規模的戰爭也非常危險。為了和平而付出艱苦努力，是每個國家面臨的任務，無論大國小國，對人類大家庭的每個成員都是如此。在這個目標上，我們沒有人能夠置身事外。在這個目標上，沒有人能夠舉棋不定。如果人類大家庭不能實現更好的團結與和諧，我們的星球，我們的家園，未來就會面臨險境。

但還有其他一些問題困擾著人類大家庭。這個家庭中還有許多成員生活在貧窮、痛苦和絕望之中。根據聯合國糧食和農業組織的資料，超過三分之一的人承受著營養不良或是營養缺乏——而超過十分之一的人生活在「赤貧線以下」。根據聯合國教科文組織的資料，整個地球上五分之二的成年人是文盲狀態。八分之一的人患有沙眼或生活在瘧疾仍然具有明顯威脅性的地區。一千萬人——幾乎相當於我們紐約市再加上洛杉磯市所有男人、女人、孩子的數量總和——仍患有麻風病；還有無數人受到熱帶肉芽腫、肺炎或是腸道寄生蟲的困擾。

左圖
賈姬在印度齋浦爾，與妹妹李·拉齊維爾在一起。一九六二年三月十九日。／攝影：塞西爾·斯托頓

上圖
甘迺迪總統在紐約市基督新教協進會獲「人類大家庭獎」感言講稿中的一頁。

幸福的人生並沒有平均分配給人類大家庭的所有成員。在我們這個最為幸運的國家，人的壽命已經達到了聖經中所說的七十年；但在非洲、亞洲和拉丁美洲的一些低開發國家，絕大多數嬰兒出生以後不能指望活過四十五歲。在那些大洲，超過一半的小學年齡的兒童沒有上學；超過一半的家庭居住在低標準的住房中；超過一半的人年收入不足一千美元；三分之二的成年人處於文盲狀態。

人類大家庭能夠容忍種族和宗教的差異存在下去。與赫魯雪夫先生所下的斷言相反，它能夠接受意識形態上、政治信仰上和經濟體制上的差異。但人類大家庭，以我們所知的存在形式，在一場核戰爭中卻無法存在下去；它也不能長久忍受貧富差距的不斷增加。

富有者必須幫助貧困者。工業化國家必須幫助發展中國家。而美國，與它的諸多盟國一道，應該通過對外援助計畫把這件事做得更好——而不是更差，而對外援助計畫目前在美國參議院卻面臨著強烈的爭議。

我們在強調對外援助的必要性時，過多地從我們自身的經濟利益來考慮了。當然，對外援助確實有利於我們自身的經濟利益。它為每個州的勞動者增加了五十多萬個就業機會。它為我們的出口提供了越來越大的財政資助，建立起了新的出口市場並使之不斷發展。它使得其他國家的政府開始向我國購買軍用和民用設備。它使得我們有可能在共產主義的周邊部署三百五十萬軍隊，開支僅相當於供養同樣數量美國士兵的十分之一。它還幫我們避免了一些可能出現的騷亂、共產主義的顛覆或攻擊，而那些情況很可能會消耗我們大量的注意力、大量的財力。僅在南北韓的衝突上，暫時先不考慮美國有幾千人為此失去生命，只是在財力上，其消耗量就相當於本年度我們對所有國家援助總預算的四倍之多。

這並不是黨派性的問題。十七年來，這個項目貫穿了三屆政府，兩黨的總統和領導人都給予支持。如今，國會的兩邊坐席中都有一些領導人意識到這項計畫對於爭取和平與自由的緊迫性，他們也支持這項計畫。然而仍有一些人不能夠或是不情願去接受這些簡單的事實——他們覺得反對對外援助在政治上很有利，卻又自相矛盾地譴責共產主義的威脅。我並不是說在援助的實施上沒有出現過失誤。我不是說它讓我們買到了聲望，或是買到了眾多臣服的衛星圍繞著我們。我是說，它是建立一個更美好、更和平的世界的一個至關重要的途徑。我是說，它在全球範圍內，讓堅強取代了懦弱，鼓舞著許多國家為自由、為自立而奮鬥。我也不會說，僅僅因為其他一些國家可能不想分擔壓力，美國就不去承擔自己的那份責任。

下圖
與迦納總統恩克魯瑪（Kwame Nkrumah）在一起，華盛頓，一九六一年五月五日。／攝影：保羅．舒策

右圖
哥斯大黎加的白宮通訊局電話總臺接線員，在甘迺迪於一九六三年三月十八日到訪的幾天前就在提前做準備。周邊通訊工作在總統還未啟程時提前進行了準備。／攝影：塞西爾．斯托頓

……那麼我們終將收穫一個值得擁有的世界，而且也將有資格生活在那樣的世界之中。

——約翰·甘迺迪

　　面對那些批評對外援助非常失敗的人，我們該怎樣衡量什麼是成功呢——是西歐、日本、西班牙、黎巴嫩等地的十四個國家經濟恢復了活力——我們在那些地區實行了經濟援助並在任務完成後撤出；是五十多個聯合國新成員中的任何一個國家都拒絕走共產主義道路；是印度瘧疾的患病數量從七千五百萬降低到兩千；是「進步聯盟」項目之下的一萬八千間教室、四百萬冊教科書促進了拉丁美洲的教育。是用這些來衡量嗎？

　　將近兩年前，我和我的夫人訪問了哥倫比亞的首都波哥大，當時「進步聯盟」下的一個大型住房工程正在建設中。今年早些時候，我收到了這個一千二百所新住房開發專案的首位入住居民的來信。「現在，」他寫道，「我們有了尊嚴和自由。」

　　尊嚴和自由——這兩個詞是根基，自一九四七年以來就一直是共同安全計畫的根基。

　　我想我們能夠履行這些義務。我想我們有實力兌現這些承諾，因為這些撥款中有百分之九十其實是反過來用於在美國國內購買商品和服務，比如說，其中包括我國化肥出口總量的三分之一，鋼鐵面向全世界出口量的四分之一，以及機車出口量的三分之一。對外援助計畫的開支如果減少十億美元，可以讓我們在收支差額上節省一億美元——但卻會讓我們在出口方面損失九億美元的收益。

　　我想美國人民是願意分擔這種壓力的。與經常聽到的警告相反……我沒聽說有任何一個官員就因為支持這項計畫而在競選中被打敗。如今這種

壓力其實比以往任何時候都已經減輕了……

如今國會的許多成員都抱怨說，對外援助占聯邦預算的百分之四，投入過多了——然而在一九五一年，那項計畫占我們預算的將近百分之二十——一九五一年是百分之二十，今天是百分之四。他們如今拒絕為這一目標投票撥款四十億美元——而在一九五一年，在我們的國家還不像現在這麼富有的時候，國會為同樣的事情投票撥款了八十億美元。他們如今不願意將我們國民生產總值的百分之一輸送給別國的人民，害怕產生不良效果——但在一九五一年，我們為這一目標投入的比例接近現在的四倍……

本屆國會已經將今年的援助預算削減到比克萊委員會的建議還低六億美元。我們的國家難道是在說，我們沒有能力多支出六億美元的花銷去幫助世界上的發展中國家變得強大、自由、獨立？這一花銷甚至低於我國每年在口紅、護膚霜、口香糖上的總支出。我們難道是在說，我們無法幫助拉丁美洲的十九個需要幫助的鄰國、為這十九個國家所付出的總量還不如社會主義陣營為一個古巴島付出的那麼多，是這樣嗎？

有些人說，他們對這項任務興趣不大，或者說他們厭倦了國際上諸多問題的錯綜複雜，厭倦了聽說有些接受我們援助的國家與我們觀點有分歧。但是我們難道也厭倦了生活在自由的世界上嗎？我們難道指望整個世界一夜之間都和美國齊平嗎？難道我們就因為還沒有徹底成功，就止步不前了嗎？

我不相信我們的對手也厭倦了，我也不能相信一九六三年的美國人會如此疲倦不堪。

二十世紀六〇年代的美國人一定可以做到五〇年代一半那麼好。我們一定不會因為一時氣惱、一時灰心而丟掉我們的希望，丟掉我們爭取和平發展的途徑。我不想讓人像艾略特（Thomas Stearns Eliot）多年前說別人那樣說我們：「這是個體面的民族。他們唯一的豐碑：柏油馬路和一千記輸掉的高爾夫球。」[133]

我想我們可以做得更好……

總而言之，至關重要的是美國要向關心世界大家庭未來的所有人傳達一個資訊，我們不會厭倦於行善。我也堅信，如果我們保持行善的步伐，那麼我們終將收穫一個值得擁有的世界，而且也將有資格生活在那樣的世界之中。

右圖
甘迺迪為夫人的印度和巴基斯坦友好訪問之旅送行。他說過：「為了和平而付出艱苦努力，是每個國家面臨的任務，無論大國小國，對人類大家庭的每個成員都是如此。」
／攝影：阿比·羅

133 出自艾略特的作品《岩石》（The Rock），對原句略有改動。

道格拉斯·布林克利，作家，萊斯大學歷史學教授，通曉二十世紀六〇年代的政治與文化。曾圍繞甘迺迪在任時期撰寫多部著作。

# 我們周圍的海洋

## 道格拉斯·布林克利談〈保護我們的自然資源〉

　　一九六三年九月二十四日，當甘迺迪總統得知參議院已經批准了《部分禁止核子試驗條約》時，非常興奮。該條約是美國、蘇聯、英國於八月五日在莫斯科簽署的。擁有核能力的國家不再允許在地面以上進行核武器試驗。從一九四五年到一九六三年，美國進行了二十次系列試驗，名稱包括「三位一體計畫」（Project Trinity）、「紅翼鶇行動」（Operation Redwing），「壓縮餅乾行動」（Operation Hardtack），其結果是在大氣層中引爆核武器二百二十八次。這些爆炸對環境造成可怕的破壞，其程度是難以估量的。因此當媒體主要以一種冷戰的戰略視角來報導《部分禁止核子試驗條約》的時候，甘迺迪察覺到，這一條約對於居住在核子試驗爆炸區域附近的公民來說，在公共健康和環境方面也是非常有益的。他希望這一禁令能夠阻止核爆炸後的放射性墜塵釋放到地球的大氣層中。

　　就在那個九月的下午，甘迺迪由車隊護送來到賓州的米爾福德，這是他歷時五天、跨越十一個州的資源保護之旅的第一站。這裡是一九〇五至一九一九年美國林務局局長吉福德·平肖（Gifford Pinchot）的最後一處家鄉，甘迺迪就在這裡發表了一篇內容廣泛的關於新邊疆環境論的講話。甘迺迪稱平肖是「美國自然資源保護之父」，並自豪地介紹了他這屆政府最近建成的三處國家海濱公園。「我不知道為什麼，整個大西洋海岸線上僅有百分之六至七對公眾開放，」他哀歎道，「其他部分都歸私人所有，我們的幾百萬公民同胞都無法進入。經本屆國會的批准，三處國家海濱公園建成，對全民開放——包括大西洋沿岸的科德角，太平洋沿岸的雷伊斯角和墨西哥灣的帕諸島——它們是我們十六年來貫穿東西海岸的國家公園體系當中首批新增地點的代表……已經超過了有史以來批准過的海濱公園的總數。」

　　甘迺迪將海濱資源保護放在他米爾福德講話的重要位置，這不足為

奇。約翰・甘迺迪最喜歡的書目之一就是梭羅（Henry David Thoreau）出版於一八六五年的《科德角》（Cape Cod）。甘迺迪在華盛頓哥倫比亞特區時是一名帆船愛好者，他總是熱切地渴望著科德角的海風和大西洋洶湧的浪潮。他在楠塔基特海灣的水域駕駛帆船，徜徉在沙洲和淺灘，身體健康得到了恢復。大海孕育的大自然神力幫他克服了愛迪生氏病的病痛，讓他的頭腦擺脫紛繁散亂的政治，重新清醒起來。梭羅在寫到科德角時曾說：「站在那裡，可以將整個美國拋於腦後。」甘迺迪完全理解這位自然主義者的觀點。

在他海恩尼斯港的家中，書架上擺在《科德角》旁邊的兩本書是瑞秋・卡森的《我們周圍的海洋》（The Sea Around Us）和《海之邊緣》（The Edge of the Sea）。談到資源保護，海洋相關的問題讓甘迺迪尤為關注。科德角是幾百萬的沙禽、海鳥和沼澤鳥類季節性遷徙的中途停留地點，甘迺迪作為麻薩諸塞州奧杜邦協會（Audubon Society）的熱情追隨者，對此深感敬畏；他要讓大西洋的海岸線免遭過度工業化的污染。甘迺迪剛剛就職時，卡森正為她那本環境宣言《寂靜的春天》積極工作。讓她受到鼓舞的是，甘迺迪在當選前不久，發表觀點說：「國家應該劃出海岸保護區，必須保護這樣的區域發揮原本的作用、不受到商業性開發的干預。」卡森希望甘迺迪入主白宮以後，美國政府能夠開始關注禁用特定種類農藥的必要性，阻止大氣層核子試驗排出放射性墜塵，保護海灘地區不遭到破壞。

早在一九六一年六月就發生過一次環境問題的對決。當時，德拉瓦州

134 《湯姆叔叔的小屋》，又譯作
《黑奴籲天錄》，一八五二年發表
的反奴隸制度小說，作者為美國作
家哈里特·斯托（Harriet Beecher
Stowe）。

的民主黨人州長卡維爾（Elbert N. Carvel），試圖擾亂甘迺迪建立「普
萊姆胡克國家野生動物保護區」的計畫，這裡是遷徙性沙禽在春秋兩季主
要的中途停留地點。這真的惹惱了甘迺迪，他給卡維爾寫了一封威脅信，
責令他「撤回反對意見」。卡維爾服軟了，甘迺迪將（位於德拉瓦灣西海
岸的）普萊姆胡克建成了一處國家野生動物保護區。不僅如此，甘迺迪還
利用《一九〇六年古跡法案》（Antiquities Act of 1906）授予他的執行
權，建立了兩處國家保護區：阿拉巴馬州的羅素洞和美屬維爾京群島的巴
克島礁。

到了一九六二年，新邊疆戰略已經開始加強陸地水資源的保護，並支
持卡森呼籲禁用 DDT 殺蟲劑以保護環境的呼籲，這種殺蟲劑在《寂靜的
春天》一書中有詳細描述。實際上，總統在讀了《紐約客》雜誌上《寂靜
的春天》的書摘之後，就準備維護卡森，讓她不受化工巨頭的猛烈攻擊。
實際上，政府一邊著手幫她出版這本新書，一邊還為甘迺迪準備了緩衝
之策，以防她的研究結果在同行審查中站不住腳。最高法院法官道格拉斯
（William O. Douglas）是新邊疆戰士中的先鋒，他宣稱《寂靜的春天》
是《湯姆叔叔的小屋》（Uncle Tom's Cabin）[134] 以來最具革命性的一本
書。自二十世紀五〇年代以來，道格拉斯就和總統的弟弟羅伯特·甘迺迪
一起野外徒步，足跡遍布全世界，從馬里蘭州的切薩皮克和俄亥俄運河，
到荒涼的西伯利亞。道格拉斯法官幾乎是甘迺迪家的一名附屬成員。他在
每月讀書會（Book of the Month Club）的新聞中寫到《寂靜的春天》時，
拋出的犀利言辭是無法忽略的。「這本書，」他寫道，「是人類本世紀編
年史中最重要的一部。這本書呼籲我們立刻採取行動，對所有的有毒農藥
生產商進行有效控制。」

那些大公司，像美國氰胺（American Cyanamid）、維爾斯科
（Velsicol）、孟山都（Monsanto）等，很快會得知，甘迺迪政府正把
化工巨頭設為玷污我們星球環境的罪魁禍首。在白宮的一次新聞發布會上
（發布會恰巧與道格拉斯在每月讀書會新聞裡推薦《寂靜的春天》的時間
重合），甘迺迪向卡森提供了出版許可——至少是在一定程度上的許可。
甘迺迪作為一個政治家十分精明，不可能認可卡森所有的研究結果，但他
清楚地表明，他的政府對待《寂靜的春天》這本書態度是認真的。他在一
次電視新聞發布會上說，正是因為「卡森女士的這本書」，農業部和公共
衛生署已經發起了全面調查行動，調查殺蟲劑是否會導致人類的疾病。甘
迺迪這一做法的果敢程度，堪比老羅斯福當年認可了揭發黑幕派小說家辛

克萊（Upton Sinclair）創作的《屠場》（The Jungle）（該書激烈控訴了芝加哥不衛生的肉類包裝工廠，使得一九〇六年《純淨食品和藥品法案》得以通過）。甘迺迪將《寂靜的春天》當成了催化劑，用它來對抗殺蟲劑和污染問題，鬥爭的方式是把老式的資源保護與新式的環境保護論連接起來，新理論提倡的是保護地球、空氣和水（當然還有地球上居住的所有生命）。

白宮新聞發布會事件的第二天，甘迺迪宣布建立了總統科學顧問委員會的專家諮詢組，由備受尊敬的威斯納（Jerome B. Wiesner）博士領銜，目的是研究諸多健康問題和環境問題與殺蟲劑使用的關係。《寂靜的春天》引起的喧囂局面讓甘迺迪得以繼續與化學藥劑污染源進行抗爭。換成別人當總統，很可能會用躲閃和遮掩的方式來回應卡森和她所做的工作。但《寂靜的春天》的確助力了甘迺迪設定的目標——保護大西洋沿岸的濕地生態環境，讓美國政府規範管理為擴大農業產量而噴灑有毒農藥的行為。雖然甘迺迪不想危言聳聽，但他也寧願有卡森這樣一位新邊疆的戰友，英勇地帶頭衝鋒。

關於《寂靜的春天》的大辯論，終於以卡森的勝利告終：一九六三年五月十五日，甘迺迪的總統科學顧問委員會公開了一份長達四十六頁的報告，題為〈農藥的使用〉。（報告稱作〈瑞秋·卡森的勝利〉也未嘗不可。）雖然這份報告對於人類健康和殺蟲劑的關係並沒有確定性的結論，但它建議要加強對公眾的教育，讓人們知道生物製劑帶來的威脅，這樣的建議是讓人震驚的。就好像每一頁都打上了「警告」的標誌一樣。「在瑞秋·卡森的《寂靜的春天》出版之前，大多數人都沒有意識到殺蟲劑的毒性。」總統科學顧問委員會的報告指出：「政府應向公眾提供資訊，讓公眾在瞭解殺蟲劑價值的同時，也意識到其中的危險。」

甘迺迪與他的內政部長尤德爾（Stewart Udall）密切合作，成立了戶外休閒局，並在五十年內第一次舉辦了資源保護會議。甘迺迪對他這屆政府在公共衛生方面的作為頗感自豪，而且也意識到二十世紀六〇年代的環保運動正在展開，於是更進一步，從米爾福德開始，進行了這場旋風式的資源保護之旅。在明尼蘇達，甘迺迪呼籲成立一個新的「青年資源保護隊」（套用了小羅斯福總統的「民間資源保護隊」的模式），並呼籲恢復五大湖水域魚群的數量。在激發過老羅斯福靈感的北達科他州，他呼籲一場環保上的觀念革新。「這個問題事實就是，在資源保護方面，每失去一天，都等於浪費了一次寶貴的機會。」他說，「每一次——尤其是在人口

僅在現今的時代，尤其是本世紀，才剛剛出現了一個物種——人類——擁有改變世界性質的巨大力量。

——瑞秋·卡森，《寂靜的春天》

如此密集的東部──每一次只要有一畝本該用於大眾的土地淪為私人開發和開採的用途，我們就失去了一次機會，再也無法挽回。」

　　僅在西部之旅的兩個月之後，甘迺迪就在達拉斯遇刺。然而他期待建立一個生態合理化的美國的願景，在詹森的「偉大社會計畫」中得以繼續。為紀念甘迺迪，第八十八屆國會於一九六四年九月三日頒布了《荒野保護法案》（Wilderness Act）；建立了猶他州的峽谷地國家公園、紐約州的火島國家海濱公園，以及阿肯色州的奧索卡國家風景河道。另外，受甘迺迪啟發的三處國家海濱／湖濱公園：馬里蘭州的阿薩提格島、密西根州的彩岩，以及印第安那州的印第安那沙丘，也在詹森當政期間建立起來。「所以我現在想說的是，從某種意義上說，我們是老羅斯福的繼承者，我們今天要做的事，就是為我們的繼承者做好準備。」甘迺迪在北達科他州格藍福克市的演講中這樣說道，「我們為資源保護和休閒場地所採取的這些步驟，對我們此時此地的人、在十年之內，都幾乎沒有什麼直接影響。我們這項工作的真正意義，是為我們的來者做準備。」

下圖
在明尼蘇達州的杜魯斯市，一九六三年九月二十四日至二十八日，期間穿行十一個州的「資源保護之旅」當中的一站。／攝影：塞西爾·斯托頓

# 保護我們的自然資源

在平肖資源保護研究院的講話
賓州米爾福德，一九六三年九月二十四日

……每一項偉大的工作都要依賴於一個人的付出——我覺得沒有幾個美國人能夠像吉福德·平肖那樣，創下如此傑出的業績——而我認為，這個研究院只是他留下的可觀遺產中最近期的一個展現，但它卻適時地提醒著我們，在現今的時代還有那麼多工作等待我們去開展。

對於我走遍美國各地的這五天行程來說，沒有什麼比這裡更適合作為開端了，此行的目的就是要看一看能夠做些什麼來調動起全國的關注，使得我們二十世紀六〇年代的人能夠讓美國做好準備，迎接尚未到來的子子孫孫。再沒有比這裡更引人注目的地方來開始這次行程了，就在賓州，這座城鎮，這所建築裡。詹姆斯·平肖（James Pinchot）是美國林業協會早期的領導者之一，他的一個兒子阿莫斯（Amos Pinchot）在許多方面都為頗有名望、為我們熟知，在自然資源保護方面更是一位積極的鬥士。詹姆斯·平肖三個兒子中的長子，當然就是吉福德·平肖了，他的畢生事業可以用他自己的一段話來總結，那是他在自己參與建立的林務局成立四十週年的活動上所講的。「我曾間斷地當過幾次州長，」他說，「但我從來都是一個護林人……而且有生之年會一直如此。」他不僅僅是一個護林人，他是美國的自然資源保護之父。他相信，這片土地上的財富應當被用於為所有人提供豐足的生活，他也相信，對這些資源的浪費，或是僅交給少數人來開採，會對我們國家的民主生活造成威脅。

但這樣對自然資源的強烈感受之所以意義重大，是因為這種感受被賦予了規範，給出了方向。他看待美國自然資源，用的是一個訓練有素的科學家的分析視角。他的事業開創了用專業的方式保護自然資源的先河。他是天生的管理者。他是口才出眾的宣傳者。他是幾任總統的導師。在短短幾年的時間裡，正如平肖博士所說，他使得人們把保護資源看成一種受到認可的美德，看成我們當今生活中理所當然的一部分。我們要做的不僅僅是梳理他已經做過的工作，我們更應該做的是在今天，讓這個機構繼續積極地開展工作。這個機構在本質上是面向未來，而不是面向過去的。事實

左圖
博物學家在黃石國家公園勘查，約攝於一九五九年。甘迺迪在保護自然空間方面的不懈努力，包括監控指定三處國家海濱公園地點的工作，這項工作早在他發表那篇自然資源和環境保護的重要講話的前一年就已進行。／攝影：納特·法布曼

上圖
帶有修改痕跡的演講稿複本的一頁，用於甘迺迪在平肖研究院的演講。

在於，這個機構我們是非常需要的，而且全國各地都需要許許多多類似的
機構，現在比過去任何時候需要的都多，因為我們的基本需求已經快達到
極限了──包括飲用的水、呼吸的空氣、享受生活的開放空間，以及給生
活帶來方便的充足能源。

因此，當今的資源保護運動，必須本於過去人們不瞭解的學科。必須
要我們集結廣闊的技術資源，以處理資源供應問題。必須既關注核能源，
又關注人工造林；既關注水的物理和化學性質研究，又關注田納西河流域
管理局的經營方式；既關注開放空間的經濟因素和工程學因素，又關注所
有風景資源的維護。

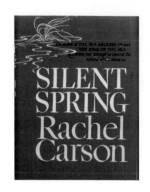

政府必須提供一種全國性的政策框架來配合資源保護的新重點；但歸
根結柢，工作的開展還是要靠人民自身。美國人民並不是天性鋪張浪費。
他們也並非對前人留下的遺產不知感恩。但是如果我們作為一個國家，不
能夠在政府的支持乃至引導之下，與州政府的領導者共同努力，與社區共
同努力，與所有公民共同努力，那麼我們在接下來的二十五年留給後人的
遺產，將會與前人留給我們的大不相同。

我們有沒有想過，為什麼我們的海灘中只有那麼小的比例對公眾開
放，為什麼許多大城市發展到現在卻沒有公園或遊戲場地，為什麼我們有
那麼多河流受到污染，為什麼我們呼吸的空氣那樣不純淨，為什麼在這個
州，還有俄亥俄州，以及再往西直至西海岸，受到侵蝕的土地面積如此之
大？

我認為有足夠的理由讓我們的國家行動起來了，這樣的行動會讓後來
者感激我們，這樣的行動會把殘害者和破壞者轉變為盟友。我們應該修築
各種用途的水壩，修建州立的、地方的、國家級的公園，提高農場的產量，
挽回被侵蝕的土地，阻止水土的流失。

諸如此類的種種行動毋庸置疑地表明，吉福德·平肖所開創的理念現
在已經得到接受，沒有人再固執地認為這件事情的未來應該聽天由命。資
源保護，歸根結柢是我們所有人的責任。

並不僅僅是某一個人污染了我們的河流，或是在我們的高速公路上亂
扔雜物，或是往森林裡扔了根火柴，或是獵殺光了我們的動物、捕光了我
們的魚類資源，不是這麼簡單。一些私人商業機構有時會通過露天採礦、
浪費資源，使這片土地傷痕累累，然後卻一走了之。因此，我覺得我們所
有的人，在一九六三年，在這個州，在這個國家，都應該竭盡所能，毫不
動搖，努力維護現有的資源，改善我們目前所擁有的，最有效地利用留給

上圖
瑞秋·卡森一九六二年對殺蟲劑危
險性的揭露具有里程碑意義，對甘
迺迪在環境問題上的立場有重大影
響。圖為《寂靜的春天》英文版封
面。

右圖
一臺 DDT 殺蟲劑噴霧車，二十世
紀四〇年代，在灣塔地區的瓊斯海
灘國家公園進行公開測試。這種有
害的殺蟲劑直到七〇年代早期才停
止使用。／攝影者不明

我們的一切資源。而且我可以向大家保證，在這方面，聯邦政府會發揮應有的作用。聯邦政府的態度、行動，以及立法，一定要為整個國家樹立榜樣。聯邦財政預算的分配方面競爭很激烈，這也是應該的，我們必須要在許多不同的工程項目上做出選擇。但在資源保護這個領域，我們現在喪失的機會，永遠無法再次挽回。考慮了平肖先生提出的規範，我們兩年前就開始通過多種方式努力改善和維護資源：

第一，本屆國會在水資源保護方面的全國總投資創下了歷史新高，超過二十五億，在九個得到批准的新的再利用工程當中，就包括「煎鍋河-阿肯色河工程」和「聖胡安河-納瓦霍印第安工程」，兩者都是一屆國會當中批准過的最大的工程項目之一。

第二，新建了三處國家海濱公園。我不知道為什麼，整個大西洋海岸線上僅有百分之六到七對公眾開放，其他部分都歸私人所有，我們的幾百萬公民同胞都無法進入。經本屆國會的批准，三處國家海濱公園建成，對全民開放，包括大西洋沿岸的科德角，太平洋沿岸的雷伊斯角和墨西哥灣的帕諸島，它們代表了我們十六年來貫穿東西海岸的國家公園體系當中首批新增地點——更多的海濱公園，而且我可以肯定地說，這些雖然還遠遠不夠，但已經超過了有史以來批准過的海濱公園的總數。其他的公園和休閒地點還在增加，而在列表中，我希望很快會包括德拉瓦河上的托克島國家休閒度假區。我們需要在人口聚居地建立許多休閒度假地，盡可能讓全國的人都能在更近處找到這樣的地方。而且我也有信心，國會將推動此事的進展。

第三，漢福德原子反應堆的蒸汽曾四處吹散而被浪費掉；現在這裡將會用來產生能源，產量相當於兩個邦納維爾壩的發電量。

第四，全面打擊水污染的工作已經開始，在《水污染控制法案》（Water Pollution Control Act）一九六一年修正案的規定下，我們所做的工作比以往的總量超出了三倍，而這些也還遠遠不夠。

第五，海水淡化工程已經受到了進一步的重視。目前有三家示範廠正在運行。但即使在這個領域，這個比其他任何科學突破都更有希望獲得豐收的領域，仍有大量工作尚未完成。

第六，我們的很多城市地區，在一九六一年《住房法案》（Housing Act）的規定之下，得以獲取許多開放空間，用於修建公園、休閒區等多種用途。

最後，在一項新的全國性計畫下開展一些研究，向各州和地方政府提供有關管理洪泛區使用和儘量減少洪水損失的資訊。

在我們的森林裡、土地上，仍有許許多多的事等我們去做，但我希望，我這次遍及美國的五天行程，這次有著幸運開端的行程，能夠提醒我們，當我們每次駕車穿越一處公園，趕往一處海濱公園時，當我們每次在西部見到一處國家資源受到了保護時，能夠想到，這些都歸功於某些人的努力。我希望在未來的年年歲歲裡，這些年年歲歲不僅是我們生活的、我們為之負責的年歲，而且會被看成是我們維護、發展我國資源的富有成就的時期；這些資源不僅屬於我們大家，不僅屬於生活在當代的人們，而且屬於所有的後來者。我希望，吉福德·平肖、老羅斯福、小羅斯福、阿莫斯·平肖等所有人在本世紀前半葉的努力，會在本世紀後半葉繼續激勵我們所有的人，把我們熱愛的國家變得更加美好。

**我們這項工作的真正意義，是為我們的後來者做準備。**

—— 約翰·甘迺迪
在北達科他大學的講話，
一九六三年九月二十五日

左圖
在加州北部的拉森火山國家公園，「資源保護之旅」途中，一九六三年九月。／攝影：塞西爾·斯托頓

右圖
在南達科他州的奧阿西大壩，一九六二年八月十七日。「這個大壩的工程……有它的意義，有傳達出來的訊息……在美洲的這片腹地，永遠都有土壤和水，讓那些饑餓和無家可歸的生物們來此棲息。」／攝影：塞西爾·斯托頓

# 社會的質疑者

## 勞勃・瑞福談〈藝術家的力量〉

勞勃・瑞福（Robert Redford），多次獲獎的演員、導演和製片人；除自己的電影事業之外，他還致力於慈善活動和環保主義行動。他是日舞協會（Sundance Institute）的創始人。

左圖
蒙娜麗莎的微笑也無法掩蓋第一夫人的光芒，攝於國家藝術展覽館，達文西（Leonardo da Vinci）這幅代表畫作的展覽上，一九六三年一月八日。／攝影：阿比・羅

上圖
先鋒派藝術雜誌《展覽》（Show）以無處不在的甘迺迪夫婦作為一九六三年四月刊的封面，這種圖解的手法預示著次年安迪・沃荷發表賈姬的肖像畫作系列。

是我們在使用權力？還是權力在奴役我們？

我最初接觸到甘迺迪這篇紀念弗羅斯特的演講，是在我準備自己的一次關於藝術在社會中的重要性的演講之時。他的演講中有一段話我仍記憶猶新。他把弗羅斯特以及藝術家所起到的作用說成是我們社會的質疑者，他是這樣說的：「創造權力的那些人對國家的強盛做出了不可或缺的貢獻，但質疑權力的那些人所做的貢獻同樣不可或缺，尤其是在這種質疑無利可圖的情況下更是如此，因為他們能夠決定，究竟是我們在使用權力，還是權力在奴役我們。」

我們在使用權力的時候，究竟應該如何去使用？

我第一次體會到權力得到恰當地運用，是在三年級的時候。有一次我又在數學課上偷偷畫畫。老師發現了，要求我告訴全班同學，究竟是什麼事情這麼有趣，讓我都懶得注意聽講。老師要我展示並講解我畫的畫。那幅畫表達的是暴力會導致冤冤相報的閉環效應：西部牛仔朝印第安人開槍，印第安人以射箭還擊，B-51 轟炸機又朝西部牛仔扔炸彈。

這時候意想不到的情況發生了。其他學生被我的那幅畫和裡面的故事深深吸引住了。當時我完全沒想過要製造任何藝術效果去挑戰當時「正義的西部牛仔殺死野蠻異教徒故事」的主流；我只是想畫畫娛樂一下而已。但這竟然打動了我的觀眾們。

接下來老師做出的選擇，我至今仍深懷感激。她本可以去羞辱我一番，拿我做個樣子。但她沒有這麼做，而是提出要和我做個交換：我要在每週三用十五分鐘的時間給全班同學講解我畫中的故事。作為交換，每週餘下的二百三十五分鐘課堂時間裡，我必須要認真上課。

我的老師在那一刻處於權力之位。更簡單的選擇本可以是貶低那幅畫，以及畫畫的學生，並以恐懼感控制住整個教室。但她卻沒有。她允許

創造力旺盛地生長，她欣然接受了不同的表達方式。

直到今天，我仍對她運用權力的方式深懷感激。從那時開始，我一直生活在藝術之中，受益良多。

藝術對世界有益。甘迺迪知道這一點。他說：「在我看來，對於我國的未來和文明的進步來說，沒有什麼比充分認識藝術家的地位更重要了。」我真心贊同他的觀點。許多政治家、許多總統是不會贊同的。我們的領導者們談到製造就業機會時，他們可能不會想到「詩人」或「劇作家」這樣的職業吧。他們說到美國人的聰明才智時，通常說的都是企業家、發明家，而不是藝術家。

然而藝術家和發明家、企業家一樣至關重要。而藝術家所扮演的角色當中，沒有什麼比社會的質疑者這一角色更重要的了──不是因為藝術家喜歡指責，而是因為她是個理想主義者，要求我們向自己能夠成為的典範看齊，而不是只滿足於自己現在的樣子。甘迺迪在那篇演講中說：「如果說我們那些最偉大的藝術家有時候成了我們社會上最具批判性的人，那也是因為他們的敏感度、他們對社會公正的關注──這些激勵所有藝術家的內在動力──讓他覺察到我們國家巨大的潛能正在流失。」

我有時會想，如果甘迺迪在世，他對我們國家的今天，對我們的政治領導者們運用權力的方式，會怎麼看呢？他或許還是會像那篇演講裡提到的一樣，引用威爾遜的那句話：「一個政黨如果不能服務於國家的偉大目標，還有什麼益處呢？」

你會經常聽到有人在談到一件藝術作品時就那麼簡單地提出質疑：「這幅畫的意義何在？」我倒是要反問回去：「一個政治家的意義何在？」藝術有上千種用意：鼓舞、質疑、激發、慰藉心靈、穩定情緒、表達憤怒、使人團結。我們的政治家們通常只有一種用意：不惜一切代價抓牢權力。這樣的現象使我們的國家處於一種看似良性的凝滯狀態，活力似乎被凍結了。我們美國人對這一棘手的現象毫不在意，對這種幾乎難以忍受的政治衰退委曲遷就。

在甘迺迪在任的那個十年裡，我們把人類送上了月球，還通過了《民權法案》。

現在呢，我們要通過一項法案，或是為確認一項最高法院的裁決要安排一場聽證會的時間，都要費力爭取。

然而，對政府的僵化現象司空見慣、不管不顧，是愚蠢的、危險的。它會助長一種非常危險的壟斷式的政治氛圍，在這樣的氛圍之中，我們這

上圖
接見美國芭蕾舞團的舞蹈演員，他們剛剛在白宮演出了《比利小子》（Billy the Kid），攝於一九六二年五月二十二日。／攝影：傑克・米切爾（Jack Mitchell）

右圖
第一夫人與詩人弗羅斯特在一起，攝於白宮為四十九位諾貝爾獎得主舉行的慶祝活動，攝於一九六二年四月二十九日。攝影：阿特・瑞克貝

個時代的許多大問題（氣候變化、不平等現象、宗教迫害、極端主義）得不到解決，而且任何不同意見，無論是媒體上還是藝術上的不同意見，也都得不到包容。

但我們的團結一直都在受到各種威脅。我們的嘗試雖然易敗，卻總在呼嘯前行。

作為一個國家，我們要在暴政取得掌控地位之前懸崖勒馬。

甘迺迪說他自己是一個不空想的理想主義者。我覺得我自己也屬於這個陣營，而且在內心深處，我相信美國會守護好自己，防範權力的僵化和濫用。我也相信，藝術家在這場鬥爭中是我們最了不起的勇士。我同意甘迺迪所說的，「在我看來，對於我國的未來和文明的進步來說，沒有什麼比充分認識藝術家的地位更重要了」。

甘迺迪時期，美國經濟實力處在頂峰，牢牢握住權力、讓美國永遠留住那個時代的地位，是極具誘惑力的。然而正是在這樣的誘惑之下，才能衡量一個人的人格。甘迺迪熱情地擁抱藝術，擁抱思想的多樣性。

真希望甘迺迪能夠活到今天，在此向我們提出他那個永不過時的問題。我們能為自己的國家做些什麼？

我的回答（或許也是他的回答）：質疑它，挑戰它，也鼓勵更多的人這樣去做。

**我們的領導者們談到製造就業機會時，他們可能不會想到「詩人」或「劇作家」這樣的職業吧……通常說的都是企業家、發明家，而不是藝術家。**

—— 勞勃·瑞福

# 包容一切

### 柯拉姆・麥卡恩評論〈藝術家的力量〉

柯拉姆・麥卡恩（Colum McCann），世界知名的愛爾蘭裔作家，主攻文學小說，作品以多達三十五種語言出版。目前在亨特學院（Hunter College）任創意寫作專業傑出教授。

現在很難推測，當那三顆銅殼子彈從德州教科書倉庫中射出以後，究竟都有哪些東西消逝了。一個本可以利用自己豐富的想像、更有力地展示自我的國家。一片本可以被反對濫用權力的人進一步塑造的土地。一個本可以更深入地認可對立及矛盾之必要性的民族。一個本可以更看重困難而不是避重就輕的共和國。一種精巧的希望語言。一種對有同理心之國家意識的努力追求。一種對藝術家社會力量的認可。一種熱情歡迎辯論和爭執的精神。一個捍衛獨立思想的大眾。一個聽得進去、甚至欣然接受激烈批評的國家。

約翰・甘迺迪一九六三年十月在阿默斯特的演講——就在他遇刺的一個月之前——是一次對藝術家在美國社會的地位進行廣泛而深刻的疾呼。他呼籲藝術家們揭露國家的黑暗，以便人們能夠理解什麼才是可以爭取到的光明。他進而呼籲整個國家認清權力和傲慢可能會如何在民主的心臟生根。

甘迺迪呼籲的，正與惠特曼一百年前呼籲的一樣：擁抱矛盾，包容一切 141。藝術是我們參與著一場全國範圍的交流儀式。我們超越事實探索國家的肌理，而這國家肌理進而揭示了我們是誰：作為一個國家，我們必依附於我們創造的精神。甘迺迪明白，頭腦中冒出的一句話，空氣中飄來的一個音符，畫布上鬃毛筆的一道筆觸，都有著塑造一個社會，或是再現——甚至是改寫——國家敘事的力量。

走過五十年的時光，回頭再來重讀這篇演講，不禁驚異於其傳遞的資訊竟然會如此清晰：一個國家如果沒有藝術、沒有藝術家，會是什麼樣？如果沒有充滿生機、精巧複雜的詩歌，塑造認同感又有什麼用處？如果不

141 出自詩人惠特曼的《草葉集》，這句話原文是：I am large, I contain multitudes.（我偉大。我包羅萬象。）根據引用時的上下文，譯法有改動。

能體會到事物的細微精妙，權力又有什麼益處？藝術家，無論他們自己樂意與否，都處在人們如何看待一個國家的核心位置；反過來說，一個國家也會被它如何對待本國的作家、歌唱家、音樂家所影響。藝術至關重要，能夠將一個國家從精神缺失中拯救出來。一個好的藝術家會逆流而上，一個好的國家會給藝術家創造這樣做的空間。一個好的藝術家會相信，在不導致暴力的前提下我們需要表達適當的憤怒。而一個好的國家會給他以表達這種憤怒的尊嚴。

從很多方面來說，甘迺迪是在進行自我剖析，他從個人的角度發出了警告：「當權力讓人變得不可一世時，詩歌會提醒他看到自己的局限。當權力讓人的關注點變窄時，詩歌提醒他看到自己生存狀態的豐富多樣性。當權力腐化人心時，詩歌則起到淨化作用。」

我們如今生活的世界，已經在很大程度上不再認可藝術家的社會力量：國家藝術團體的投入資金大幅度削減，藝術方面不再有那麼多不同觀點的辯論，藝術家們躲進室內關起門來，不去理會自己的公民義務；這樣看來，甘迺迪的演講即使說不上有點天真，至少似乎是有些脫離實際了。但實際情況是，這種樂觀精神呼籲我們客觀冷靜地面對困難。

然而緊接著，子彈來了。

死亡可以帶走很多東西，但它卻帶不走我們說過的話語。或許我們的失敗之處在於當時沒有認真傾聽；又或許在於，我們如今依然沒有在認真傾聽。

死亡可以帶走很多東西，但它卻帶不走我們說過的話語。

—— 柯拉姆・麥卡恩

左圖
一九六三年十一月二十二日，他的千日總統任期的最後一天，總統和夫人離開德州沃斯堡市的卡斯韋爾空軍基地，去往達拉斯。這次行程原本的計畫是一次為期五天的巡迴競選活動。／攝影者不明

右圖
甘迺迪和副總統詹森與沃斯堡市商會人員共進早餐，十一月二十二日。／攝影：阿特・瑞克貝

AN IDEA LIVES ON
思想
永恆

唐·德里羅（Don DeLillo），小說家，劇作家，評論家。曾兩度入圍普利茲小說獎決賽，並曾獲一九九二年的筆會／福克納小說獎（PEN/Faulkner Award）。他所著《天秤星座》（Libra）一書，推測性地敘述了奧斯維德的人生經歷和那些最終導致他刺殺甘迺迪的系列事件。

# 當時你身在何處

### 唐·德里羅談約翰·甘迺迪遇刺事件

我坐在亂糟糟的書桌前，敲擊著一臺老式手動打字機的鍵盤。生命中又一天。在我身後，是一個橫跨了整個房間的書櫥，共分成五個部分，在最頂層的架子上，從左到右，滿滿地擺放著將近一百卷書，有精裝的，也有平裝的，有預印本，也有一、兩本新近出版的，還有一些已經書脊破損、字跡模糊——那是歷史的重負，印在書本上成為了實體；這些書所涉及的同一個事件讓它們一起出現在書架上，出現在我的房間裡。

在書架頂層占了總跨度三分之一位置的，是長達二十六卷的《沃倫報告》（The Warren Report），更正式的名稱是《總統特別委員會關於甘迺迪總統被暗殺的調查報告》（Investigation of the Assassination of President John F. Kennedy: Hearings Before the President's Commission on the Assassination of President Kennedy）。

架上其餘的書也都在廣義上屬於這個系列，自一九六三年十一月二十二日在達拉斯定格的那一時刻之後陸續出版，有些書的題目中包含了總統的名字，還有一些提到了那名受指控的刺客，他的全名也永遠被世人牢記：奧斯維德，他的刺客稱號由國家授權，並在大大小小的各類報導之中不斷傳承下去。

他似乎是一個典型的美國流浪者，這裡住一住，那裡住一住，四海為家；他臉色蒼白，身材瘦削；父親早亡，由性情古怪的母親養大；但他也不是那麼容易讓人看透。二十六卷的《沃倫報告》中有三張照片：童年的奧斯維德，拍攝於紐約市布朗克斯動物園；進入美國海軍陸戰隊的奧斯維

上頁圖
十一月二十四日下午十二點零八分，一臺沉重的箱車載著甘迺迪的棺木離開白宮去往美國國會大廈，追悼儀式將在那裡舉行。一小時後，奧斯維德死於達拉斯。／攝影者不明

左圖
巴黎的人們在閱讀報紙上最新報導的美國總統遇刺新聞。／攝影：拉爾夫·克蘭

德；叛逃到蘇聯明斯克的奧斯維德。

此人死後的故事當中，包括最近他的兄弟發起的一場法律之爭，焦點是盛放奧斯維德的棺木的所有權問題。

我已經讀過了《沃倫報告》將近一半的內容，並從頭至尾通讀了大量其他書籍。但我早在得到這些書之前，就已經悄悄地為自己規劃了一條參觀路線。這也就是我在一九七一年發表的第一部長篇小說《美國的傳說》（Americana）中故事敘述者所走過的路線。

> 早晨，我沿著達拉斯市中心的大街向西行進。我在休士頓街右轉，再左轉進入埃爾姆街，然後用手按了汽笛。我的手一直按著汽笛，駛過了教科書倉庫，穿過了德利廣場，從三通立交橋下通過。我一直鳴著汽笛，穿過斯蒂蒙斯高速公路，駛出後路過了派克蘭醫院。在拉斐爾德機場……

達拉斯的那一時刻成了歷史的轉折，改變了我們生活和思考的方式，日復一日，年復一年。

——唐·德里羅

這些地點的名字，後來竟成了我每日誦讀的內容——那是十五年後了，我真的走在達拉斯的街道上，帶著記事本和原子筆，同樣我也在其他地方步行、乘坐巴士：在沃斯堡，在邁阿密，在紐奧良，在紐約。我去這些地方是為了一部正在創作中的長篇小說，寫的是約翰·甘迺迪遇刺事件相關的人和事，我寫這樣的小說，自己都感到震驚。

我還記得那條狗的狂吠聲，它阻止我進入一所住宅的後院，就是在那裡，瑪麗娜·奧斯維德（Marina Oswald）給她丈夫拍了一張照片，照片上他一手持來福槍，另一隻手拿著幾本左翼的刊物。

我花了三年時間寫成了《天秤星座》，但這本書現在卻沒有放在我身後的書架上。書架上那些書都是紀實的，書的作者從諾曼·梅勒到雷·布朗（Ray "Tex" Brown）都有。有一本是法語的，還有一本義大利語的有六百多頁的篇幅。有喬賽亞·湯普森（Josiah Thompson）的《達拉斯六秒》（Six Seconds in Dallas），該書過了四十五年才得以發表；也有《達拉斯的最後一秒》（Last Second in Dallas），還是由同一位專注於此的作家所著。

奧斯維德是開槍者，是獨自作案的刺客。或者說，真的是嗎？那幾發射擊之後，沒過多久，就有各種相互衝突的理論浮出水面，至今仍不絕於耳。這個問題的答案，幾十年來在我們的文化中一直有著重大影響力——另一名射擊者，第二名槍手，一個或真實或想像的人物，在車隊駛來之前

就做好了埋伏。

這個疑團後來又讓我多了兩個探訪地，在地標清單上又增添了兩個地名：草坡、柵欄。另外還有澤普魯德（Abraham Zapruder）的錄影，裁縫澤普魯德用家用攝像機拍攝的那段二十六秒鐘的錄影，圖像抖動不定，更是給誤讀提供了空間。

還記得我站在那道柵欄後面的停車場上，看著埃爾姆街上車來車往。

那些散亂的記憶，本來都已經不那麼重要了，除非有一個人在頭腦中將那個時刻進行三維立體的重現。

還記得我走進了奧斯維德經過一番掙扎之後被捕時所在的那家影院。他當時不買票就入了場，而我也是，只因為售票處已不再售票。

最近我在一間儲藏室發現了一個箱子，裡面裝了很多關於刺殺事件的新聞報導，大多是德州的報紙，紙質已經脆化，墨蹟也模糊了，讓人強烈感受到了已在圖文之中支離破碎的過往。

當時你身在何處？

我們過了幾個月，甚至幾年，還會彼此這樣詢問。

事件過後，我們進入了一個胡猜亂想的時期，關於刺殺事件產生了無數的論調。達拉斯的那一時刻成了歷史的轉折，改變了我們生活和思考的方式，日復一日，年復一年。美國完全變了樣，幾次捲入了國外的戰爭，陷入種族暴力、總統醜聞；城市在燃燒，年輕人從生活的陰暗處溜出來，開槍射向兩位總統、一位參議員、一位州長、一位民權運動領袖，還有一位搖滾巨星。

槍與攝像頭。走進新世紀，這一對組合已經成了一個主題，讓我們看到一組組暴力的鏡頭從眼前飛過，每個小時都在發生，無論我們身在何處，望向何方。

還記得當時我正在紐約市，走進四十八街的大通曼哈頓銀行，去兌現支票。櫃檯玻璃後面的女人一臉迷惑的表情。她告訴我，總統剛剛被槍擊了。這是一件世界各地的人們都開始彼此告知的事。

我等她接著說，但她所知道的也僅止於此了。

# 六〇年代
# 的希望

瓦茨拉夫・哈維爾
在甘迺迪圖書館的講話，一九九五年六月

尊敬的參議員先生[142]，尊敬的各位來賓，這座圖書館用以命名的姓氏，參議員先生，您的姓氏，您家族的姓氏，所能引發的反響之強大，很少有其他姓氏與之相比。在幾代人當中，這個姓氏與波士頓的歷史、麻薩諸塞州的歷史、美國的歷史，乃至整個世界的歷史，都是緊密相連的。

對於我，對於很多人，與這個姓氏相連接的主要是世界各地深受影響的整整一代人，以及那個影響力之深遠持續至今的時期。我所指的當然是六〇年代。我永遠不會忘記甘迺迪總統當選時，那種精神為之振奮的感覺。我永遠不會忘記聽到他遇刺的消息時，那種震驚的感覺。就是在那個時候，我意識到了人性中，乃至世界上，還有如此黑暗的力量。我也永遠不會忘記六〇年代末自己在美國度過的幾個星期，那時我親身體味到了這個國家當時的氛圍。那種氛圍再也無法重來。

歷史維度上的年代，不總是與紀年上的年代相合。六〇年代，從一九六〇年準時開始，當時很多人都希望您的兄長約翰・費茲傑羅・甘迺迪能夠當選美國第三十五任總統。同樣是這個六〇年代，卻在一九六八年的混亂和幻滅中提前結束了，當時在巴黎發生了學生暴亂，您的兄長羅伯特・甘迺迪在洛杉磯遭到刺殺，華盛頓舉行了反對越南戰爭的示威活動，華約組織入侵了捷克斯洛伐克。在紀年意義上六〇年代餘下的一、兩年並不真正屬於那個時代。甚至那十年的末尾最後一個歡欣的時刻，「這個十年終了了之前」的人類登月，似乎也只不過是把眼光放在新邊疆上的前總統所留下來的遺贈。但是，他還沒來得及親眼目睹這一突破，就遭到殺害。

142 指泰德・甘迺迪。

　　人類歷史上很少有哪個年代能夠聚焦如此之多的活力、歡愉、希望，但同時也聚焦了如此之多的痛苦、悲傷和失望。這樣看來，很少有哪個年代的遺產，給後人如此之多的爭議。這也就不足為奇了。很難想出什麼地方會比甘迺迪圖書館更合適去反思這項遺產和它對我們今天所帶來的啟示。

　　自六〇年代伊始，我們就聽到了已故總統的呼籲，要求我們為了勇氣和擔當邁出新的一步。「不要問國家能為你做些什麼，而要問你能為國家做些什麼。」在整個六〇年代當中，民權運動獲得了勝利，卸掉了不少沉重的歷史包袱。在六〇年代的混亂當中，打破了性別的障礙，開拓出自由的新領域──性別自由。六〇年代的創造力衝動產生了空前繁多的原創性文學、音樂和藝術作品。科技方面的進步，在征服太空的努力中得到了加速，開啟了資訊革命，而這一革命的勝利成果，我們當今的時代享受得最為充分。在世界上的共產主義國家方面，那個年代的末尾，在捷克斯洛伐克爆發出反對極權主義之荒謬的大眾呼聲。

　　如果僅止於此，那麼我們如今記憶中的六〇年代就應該是人類的黃金時代了。然而，六〇年代開始時的期望，卻在很大程度上沒能被實現。障礙去除後，並沒能自然而然地帶來普遍的繁榮與和諧。那個時代的創造力在破滅的幻想和商業利益中煙消雲散。新的個體自由，在享樂主義、恣意妄為和毒品濫用當中自我消耗。

　　科技的進步也帶來了殺傷力空前強大的新一代武器。由於雙方都確定會互有威脅，這才沒有使用它們。捷克斯洛伐克反抗極權主義的鬥爭潰敗了，一部分原因是在五十萬軍隊的占領之下自身目標的矛盾態度，而其他國家卻只能袖手旁觀。

上圖
刺殺事件的出事地點，達拉斯的德利廣場。／攝影：羅伯特・凱利（Robert W. Kelley）

右圖
賓州大學博物館舉辦的紀念甘迺迪展覽，吸引了大量參觀者。攝於賓州費城，一九六四年六月。／攝影：鄧尼斯・斯托克（Dennis Stock）

但如果僅把失敗歸因於不利的形勢，幾個殺手，或是極權政體的軍事力量，那未免把事情看得太簡單了。同樣，如果說我們的希望從一開頭就是錯誤的，只不過是涉世不深的年輕人心血來潮，那也同樣是把事情看得太簡單了。

我們的期望沒能實現是因為，和歷史上多次出現過的情況一樣，我們沒有注意個體的責任，及為共同利益的服務。為公共利益努力的機會，逐漸退化成了為小團體及各自宗派利益服務，甚至單純為個體利益服務的局面。富有愛心的六〇年代之後，就是自私自利的八〇年代。

我覺得我們也不必在這裡捶胸頓足，好像犯了什麼不可饒恕的過錯一樣。一個人為自身利益努力、趨向於發揮自己的潛能服務於自身，這是人性之中不可或缺的一個方面，也是最終讓世界得以向前發展的推動力。同時，人性中不可或缺的另一個方面就是能夠愛與被愛，能夠團結、利他，乃至自我犧牲。有些科學家，比如威爾森（E. O. Wilson），以及有些神學家，認為這兩種趨向都是最基本的生命驅動力的一部分。

一位猶太法典學者提出過這樣的問題：「我若不為己，誰來為我？我若僅為己，我又是誰？」這個問題仍然需要去尋找答案。

如今，我們又老了三十歲，希望我們在智慧上也都有了增長——雖然實在很難確定是如此。那個瘋狂的年代，我們回想起來會付之一笑，有時候笑得還有點尷尬。許多那個年代的一切，不可複製、充滿錯誤、思慮不詳，我們都可以釋然了。我們永遠不應放手的，就是希望。

# 謝辭

　　我要感謝我的表姊妹，童年最親密的玩伴，Caroline Kennedy Schlossberg，是她一直支持本書的成書創意。同時，也感謝我的未婚妻 Cheryl Buchanan，沒有妳的支持和敏銳眼光，我是無法完成這項工作的。感謝傳奇人物 Ike Williams（著作經紀人領域中如 Cary Grant 級別的明星），他是第一個對此項目有信心的人。我還要對 Douglas Brinkley 表達深深的感激之情，感謝他的慷慨和他的洞察力，感謝他對我個人的幫助，成為本書的聯合編者，寫出如此雄辯有力的文章，對甘迺迪總統人生的解讀讓人印象深刻。還要感謝偉大的歷史學家、我忠實的朋友 Ted Widmer，他是無與倫比的智慧之源，完全擔得起聯合編者之名，但卻謙遜地推辭了這一頭銜。Andrew Dunn 是我的編輯助理，以他的風度、智慧、充分的研究、對細節的關注，做出了貢獻。還要非常感謝我親密的朋友，眼光敏銳、洞見深刻的教授 Theo Theoharis。同樣萬分感謝尊敬而可靠的 Narayan Liebenson。

　　我還要深表謝意的是我的朋友，才華橫溢的 Lawrence Schiller，感謝他認可了此書成書的可能性，感謝他富於感染力、富有才華的合作；還要 Nina Wiener 提供的建議和支持。同時感謝 Larry 的團隊、J. M. Rappaport、Henry Sanders、Matt Maranian、Alejandro Veciana、Anna Studebaker Quinn、Leon Gonzalez，他們籌集的照片、他們對整本書的設計，如此生動地重現了甘迺迪總統的生活，重現了他所生活的那個時代。也要感謝 Jeff Klein 為此書撰寫了圖片說明文字，感謝 Jenna Dolan、Nora Reichard 的審稿和校對工作。

　　我還要感謝所有做出貢獻的人，其中有很多在美國乃至全球都是成就卓著的人，感謝他們捨棄了自己寶貴的工作時間，去思考 JFK 對我們國家的持久影響以及當今的現實意義。我尤其要感謝我的朋友 Colum McCann 和 Walter Isaacson，他們是最先為本書貢獻文章的人；還要感謝 Jonathan Alter、Kofi Anna、Michael Beschloss、Douglas Brinkley、Jerry Brown、Jimmy Carter 總統、Dick Cavett、第十四世達賴喇嘛、Robert Dallek、Don Delillo、E. J. Dionne Jr.、Jorge I. Domínguez、Maureen Dowd、Dave Eggers、Joseph J. Ellis、Drew Gilpin Faust、Henry Louis Gates Jr.、Richard Goodwin、Kathleen Hall Jamieson、David M. Kennedy、John Kerry、Henry Kissinger、Paul Krugman、John Lewis、Chris Matthews、John McCain、David McCullough、Conan O'Brien、George Packer、Samantha Power、Tariq Ramadan、Robert Redford、Gloria Steinem、Joseph E. Stiglitz、Ron Suskind、Paul Theroux、Elizabeth Warren、Rick Warren，以及 Ted Widmer。我同時也要向 Václav Havel，以及我的拳擊玩伴 Norman Mailer 的遺作致敬，雖然他們已經離開，但他們的聰明才智留存至今。

　　我也要感謝約翰·甘迺迪總統圖書館暨博物館的非凡團隊：感謝 Ken Feinberg，他是自然神力的化身；Ed Schlossberg，他在關鍵時刻默默提供著慷慨的幫助；感謝 Steve

Rothstein 的活力和才能；感謝 Rachel Day Flor、Jennifer Qua、Lindsey Havensek。尤其感謝國家檔案和記錄管理局的檔案管理員 Maryrose Grossman、Laurie Austin、Stacey Chandler、Heather Joines、Dana Bronson 以及 Jamie Roth，感謝他們調查研究、提供了本書中發表的許多照片和文章。

供我們使用的攝影作品和視覺資料如此豐富，這要感謝 Getty Images 圖片庫的 Bob Ahern、Eric Rachlis、René Aranzamendez、Katie Walker，他們是二十世紀新聞攝影材料的重要維護者。我也要感謝海瑞得拍賣行的 Jim Halperin 和 Margaret Croft；瑪格南圖片社（Magnum Photos）的 Michael Shulman；感謝國際攝影中心；Hugo Fleischmann、Michelle Wild，以及 Jacques Lowe 一家。馬克·肖攝影檔案室（Mark Shaw Photographic Archive）的 David Shaw 和 Juliet Shaw；理查·阿維頓基金會（Richard Avedon Foundation）的 Erin Harris；《紐約時報》的 Phyllis Collazo 和 Jeff Roth；歸來圖片社（Redux Pictures）的 Rosemary Morrow；國會圖書館的 Kia Campbell；Kim Vestal 以及維斯塔爾家庭藏品；貝茨學院（Bates College）艾德蒙·S. 馬斯基檔案與特別藏品圖書館（Edmund S. Muskie Archives and Special Collections Library）的 Elaine Ardia；Cora Weiss 和非裔活動家檔案專案（African Activist Archive Project）；以及 William Everhart。

我也要感謝我的朋友 Fang Chu、Grant Kettering、Kaiyuan Wang，感謝他們對史密森尼美國藝術博物館（Smithsonian American Art Museum）配合本書的出版活動而舉辦的 JFK 展覽活動的支持。

與此同時，我要感謝許許多多做出貢獻的幕後工作人員：季辛吉事務所的 Meredith Potter；勞勃·瑞福工作室的 Wendy Hopkins 和 Julie Mack；卡特中心的 Lauren Gay；國務院的 Drew O'Brien、Matt Summers 和 Nik Steinberg；《紐約時報》的 Raphael Rabin-Havt；國會議員約翰·路易斯辦公室的 Brenda Jones；參議院麥凱恩辦公室的 Julie Tarallo；伊莉莎白·沃倫辦公室的 Dan Geldon；Anya Stiglitz；康納·歐布萊恩辦公室的 Sona Movsesian；與達賴喇嘛一起工作的 Bobby Sager 和 Michael McCullough；白宮幕僚團隊的 Ben Rhodes。

同樣感謝 North Market Street Graphics 製圖公司的 Lainey Wolfe、Vicky Dawes、Nancy McGaha、Dennis Bicksler、Virginia Carroll，以及 Stewart Smith，感謝他們對製作過程的幫助。同時，本書的出版當然也離不開我的編輯 Jonathan Jao、出版商 Jonathan Burnham、Sofia Groopman、Leah Carlson-Stanisic、Michael Siebert、Cindy Achar，以及哈波柯林斯出版集團整個團隊的支持。

全球中文版的發行，我要特別再次感謝 Bill Wang 和尹麗喬博士；尹博士在台策畫處理中文版的發行，並仔細審訂譯稿，費心辛勞。同時，我也要感謝閻紀宇、何志偉、David Ackert、林芥佑、邵瓊慧、莊瑞琳及宋欣穎為中文版之出版所提供的種種協助以及寶貴意見。最後，為了本書中文版，我要感謝大塊文化董事長郝明義的支持、李清瑞編輯的細心工作及大塊文化團隊的辛勞。

——史蒂芬·甘迺迪·史密斯

# 圖像授權

Photo by 保羅・斯萊德 Paul Slade / Paris Match: 228, 338
Photo by 泰德・斯皮格 Ted Spiegel / Corbis: 103
Photo by Don Carl Steffen / Rapho: 197B
Photo by 斯圖爾德 B. A. Stewart, 弗萊徹 J. E. Fletcher / National Geographic: 394 swim Ink 2, LLC: 258F
Photo by 克洛伊德・泰特 Cloyd Teter / The Denver Post: 402
Photo by Estate of 史丹利・特里蒂克 Stanley Tretick, LLC / Corbis: 26, 132, 157, 215H, 461 Photo by Estate of Stanley Tretick, LLC / Corbis / Courtesy Library of Congress, Prints & Photographs Division, L9-63-1558-A-Frame #9: 466 ullstein bild: 63; / Photo by 約亨・布盧姆 Jochen Blume: 392; / Jung: 254; / Schirner: 334 Underwood Archives: 251
Universal History Archive: 322; UIG: 54F

**Getty Images / The LIFE Picture Collection**
Photo by 埃德・克拉克 Ed Clark: 24–25, 55D, 73J, 97H, 120 (bottom), 121, 166–67, 200–201, 211, 278E
Photo by 拉爾夫・克蘭 Ralph Crane: 114, 256–57, 476
Photo by 約翰・多米尼斯 John Dominis: 224, 371A, 371F, 384, 426–27, 432
Photo by 艾爾弗雷德・艾森施泰德 Alfred Eisenstaedt: 156–57, 174
Photo by 約瑟夫・法布里 Joseph Fabry: 231
Photo by 納特・法布曼 Nat Farbman: 93, 448
Photo by 阿爾・芬恩 Al Fenn: 479
Photo by 鮑勃・戈梅爾 Bob Gomel: 236, 278L, 292, 301, 315, 343
Photo by 耶爾・喬爾 Yale Joel: 56, 60, 68, 182–83, 284, 295, 400
Photo by 羅伯特・凱利 Robert W. Kelley: 139, 482
Photo by 羅伯特・拉肯巴赫 Robert Lackenbach: 381
Photo by Lisa Larsen: 73E
Photo by 約翰・洛恩加德 John Loengard: 286–87, 332, 348–49, 364
Photo by 湯瑪斯・麥卡沃伊 Thomas D. McAvoy: 47, 118 (top), 187 (top)
Photo by 法蘭西斯・米勒 Francis Miller: 404–5
Photo by Carl Mydans: 259I
Photo by 林・佩勒姆 Lynn Pelham: 233
Photo by 阿特・瑞克貝 Art Rickerby: 22, 290–91, 370N, 457, 458, 469
Photo by 泰德・拉塞爾 Ted Russell: 122, 123
Photo by 沃爾特・桑德斯 Walter Sanders: 396
Photo by 保羅・舒策 Paul Schutzer: 12, 14, 19, 23, 73L, 126, 135, 136, 140, 142–43, 146, 150, 158, 159, 162 (top), 170, 171, 188–89, 197G, 198, 205, 212, 213, 214C, 214I, 234, 248, 438
霍華德・索丘雷克 Photo by Howard Sochurek: 80 (top), 138
格雷・維萊 Grey Villet: 112–13, 397
漢克・沃克 Hank Walker: 82, 98, 106, 111, 214J, 238
朱利安・瓦塞爾 Julian Wasser: 117
斯坦・韋曼 Stan Wayman: 102, 105 (top), 110, 134, 393

海瑞得拍賣行 Heritage Auctions (ha.com): 32G, 43J, 55B, 55C, 55E, 55G, 72A, 72E, 72G, 72H, 73B, 73C, 73D, 100, 105 (bottom), 177E, 177F, 177H, 177J, 196E, 196F, 214B, 214H, 214K, 214N, 258C, 258G, 259B, 259K, 271 (upper right), 272 (top), 278–79, 278F, 278H, 279D, 279E, 279F, 350C, 350F, 351B, 351D, 370G, 370K, 370L, 370M, 371E

**Magnum Photos**
© 康奈爾・卡帕 Cornell Capa / © International Center of Photography: 104, 108, 116, 144–45, 151, 160, 165, 255, 266, 307, 335
© 康奈爾・卡帕 Cornell Capa / © International Center of Photography / Courtesy Library of Congress, Prints & Photographs Division, LOT 10499-3 (H): 152–53
© 雷蒙德・德帕東 Raymond Depardon: 129, 306
© 倫納德・弗里德 Leonard Freed: 412, 418
© 保羅・富斯科 Paul Fusco: 488–89
© 菲力浦・哈爾斯曼 Philippe Halsman: 封面照
© 丹尼・萊昂 Danny Lyon: 409
© 康斯坦丁・馬諾斯 Constantine Manos: 274
© 韋恩・米勒 Wayne Miller: 328
© 鄧尼斯・斯托克 Dennis Stock: 483

**其他**
© American University Archives and Special Collections: 356, 358
Photograph by 理查・埃夫登 Richard Avedon © The Richard Avedon Foundation: 193
CSU Archives / Everett Collection: 71, 237
Courtesy Everett Collection: 258E
Courtesy William Everhart Collection: 43G, 96D, 148 (bottom)
Courtesy Houston Metropolitan Research Center: 128
© 羅伯特・拉肯巴赫 Robert Lackenbach. All rights reserved: 388–89
© Estate of 雅克・洛 Jacques Lowe: 4, 15, 16–17, 20, 78, 94–95, 101, 107, 168, 178, 184, 190, 204, 208, 242, 246–47, 296
© The Edmund S. Muskie Archives and Special Collections Library: 18
NASA: 196C, 314, 320–21
Photo 理查・帕普斯 Richard Pipes: 172
泰德・波倫鮑姆 Ted Polumbaum / Newseum Collection: 119
© 史蒂夫・夏皮羅 Steve Schapiro. All rights reserved: 264, 324, 416–17, 421
Photo by 勞倫斯・席勒 Lawrence Schiller © Polaris Communications Inc. All rights reserved: 97C, 180, 181, 277, 366, 375, 485
© 馬克・肖 Mark Shaw / mptvimages.com: 73M, 267, 268–69, 494–95
Courtesy Stephen Kennedy Smith: 80 (bottom), 214D
喬治・塔梅斯 George Tames / The New York Times / Redux: 84, 372, 415
Courtesy, Fort Worth Star-Telegram Collection, Special Collections, The University of Texas at Arlington Libraries, Arlington, Texas: 468
Courtesy Vestal Family Collection: 331
Used by permission of Cora Weiss. Photograph from the African AmericanStudents Foundation (Cora Weiss) collection at Michigan State University Libraries, provided by the African Activist Archive Project: 124
The following images were available from multiple sources: 13, 43C, 43I, 46, 50 (top), 54A, 55H, 58, 64, 70, 72F, 73F, 73K, 86, 92, 96C, 97B, 97D, 97E, 97F, 97G, 99, 130–31, 133, 137, 161, 164, 176A, 176B, 176C, 176D, 176F, 177A, 177B, 177D, 177G, 177I, 187 (bottom), 196A, 197C, 197F, 203, 214E, 215B, 215D, 215E, 215G, 258A, 258G, 259E, 259F, 278A, 278B, 278C, 278I, 279B, 279H, 289, 298, 313, 320 (top), 329, 350B, 351A, 351E, 355, 368, 370C, 370D, 370E, 370F, 371C, 371J, 371K, 371L, 374, 385, 413, 425, 450, 455

# 作者授權

以下文章獲作者允許後使用：

**〈中文版序〉**© 2023 史蒂芬．甘迺迪．史密斯

**〈傑克喜愛的名言〉**及**〈結語〉** © 2017 史蒂芬．甘迺迪．史密斯

每章引言及**〈我們周圍的海洋〉** © 2017 道格拉斯．布林克利

**〈序〉**© 2017 第十四世達賴喇嘛

**〈喜劇世界觀〉**© 2017 康納．歐布萊恩

**〈公民記者〉** © 2017 莫琳．多德

**〈歷史學家約翰．甘迺迪〉** © 2017 大衛．麥卡洛

**〈共同的事業〉** © 2017 德魯．福斯特

**〈越南問題〉** © 2017 喬治．派克

**〈自由世界的觀點〉** © 2017 泰德．威德默。本文的幾個片斷最初發表於 2007 年六月**《波士頓環球報》**（*Boston Globe*）刊登的**〈帝國主義的挑戰〉（The Challenge of Imperialism）**一文中。

**〈一位有存在主義意義的總統〉**© 1963 諾曼．梅勒，獲 Wylie Agency LLC. 允許後使用。節選自總統檔案的**〈超人造訪超市〉（Superman Comes to the Supermarket）**一文，最初發表於**《紳士》**（*Esquire*）雜誌一九六〇年十一月刊。

**〈人的權利〉** © 2017 傑瑞．布朗

**〈帝國的喪鐘〉** © 2017 科菲．安南

**〈國家、宗教與自由〉** © 2017 塔里克．拉馬丹

**〈非天主教候選人〉** © 2017 華理克

**〈不抱幻想的理想主義者〉** © 2017 喬納森．奧爾特

**〈尼克森對決甘迺迪〉**© 2017 迪克．卡維特

**〈一場精彩絕倫的演講〉**© 2017 克里斯．馬修斯

**〈告別波士頓〉** © 2017 理查．古德溫

**〈美國的試驗〉**© 2017 伊莉莎白．沃倫

**〈使命的召喚〉** © 2017 羅伯特．達萊克

**〈開明救濟〉** © 2017 保羅．索魯

**〈拉丁美洲計畫〉** © 2017 若熱．多明格斯

**〈外交的藝術〉** © 2017 約翰．凱瑞

**〈危險時期〉** © 2017 小尤金．迪翁

**〈培育偉大的藝術〉**© 2017 戴夫．艾格斯

**〈復甦之路〉**© 2017 約瑟夫．斯蒂格利茨

**〈一項公共責任〉**© 2017 羅恩．薩斯金德

**〈甘迺迪對赤字的指謫〉**© 2017 保羅．克魯曼

**〈所有人的自由〉**© 2017 約瑟夫．艾理斯

**〈信念與想像的行動〉**© 2017 華特．艾薩克森

**〈長遠視野〉** © 2017 薩曼莎．鮑爾

**〈戰鬥的號召〉**© 2017 約翰．麥凱恩

**〈甘迺迪與媒體〉** © 2017 凱薩琳．賈米森

**〈懸崖邊上〉** © 2017 大衛．甘迺迪

**〈守望自由〉** © 2017 亨利．季辛吉

**〈我是柏林人〉** © 2017 邁克爾．比齊羅斯

**〈點燃一場全國性的運動〉**© 2017 葛洛麗亞．斯泰納姆

**〈美國的諾言〉**© 2017 約翰．路易斯

**〈道德的授權令〉**© 2017 小亨利．蓋茨

**〈更多元的國家〉**© 2017 泰德．威德默

**〈為了和平，不懈努力〉**© 2017 吉米．卡特

**〈社會的質疑者〉** © 2017 勞勃．瑞福

**〈包容一切〉** © 2017 科拉姆．麥卡恩

**〈當時你身在何處〉** © 2016 唐．德里羅。 獲作者及 Wallace Literary Agency Inc. 允許後使用

**〈六〇年代的希望〉** © 1995 瓦茨拉夫．哈維爾。節選自瓦茨拉夫．哈維爾 1995 年六月在約翰．甘迺迪圖書館的講話。

右圖
甘迺迪站在土坡上，攝於他最喜愛的海恩尼斯港，一九五九年。／攝影：馬克．肖

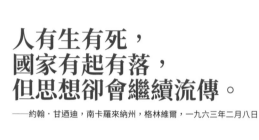

人有生有死，
國家有起有落，
但思想卻會繼續流傳。

——約翰・甘迺迪，南卡羅來納州，格林維爾，一九六三年二月八日

LOCUS

LOCUS

LOCUS

LOCUS